U0004294

她來自馬里烏波爾

沒有影子的媽媽與其歷史謎團

Sie kam aus Mariupol

娜塔莎・沃丁（Natascha Wodin）——著

宋淑明——譯

各方推薦

作者燃亮她母親遭遇的苦難，也照亮了數十、數百萬人的命運。

——《法蘭克福評論報》（ *Frankfurter Rundschau* ）

揭示的情況無法預料，令人驚訝的事件就像一部犯罪驚悚片：緊張感隨著每一個細節增加，巧合產生了一個壯觀的寬屏故事……二十世紀歷史的災難斷裂，被以微縮方式處理，但具有十足的存在力道。

——《時代週報》（ *Die Zeit* ）

作為世紀全景的家族歷史：一部非凡的作品！

——《每日鏡報》（ *Der Tagesspiegel* ）

娜塔莎‧沃丁成功地寫出了一本既經典又非凡的書。

——《南德意志報》（ *Süddeutsche Zeitung* ）

不禁讓人想起偉大的德國記憶藝術家W.G. Sebald將丟失的傳記平生，從遺忘中拯救出來的方式之一。

—— 文學評論家羅弗勒（Sigrid Löffler，在本書於 2015年獲頒德布林獎時致詞）

娜塔莎‧沃丁只描述出所發生事件的一個微小部分，但她把事件拉得如此之近，讓我們在其中看見自身的歷史反映。

——《法蘭克福日報》網路版（ *FAZ.NET* ）

這樣一個人的生命是多麼渺小，又多麼豐富，它是多麼不可挽回地陷入歷史的磨坊中，這就是作品在小說、研究、重建和記憶之間尋找痕跡所要傳達的信息……語言樸實無華，但這正是恰當的……特別是其中有如紀錄片的清醒洞察，相當傑出且充滿力道的藝術。

——德意志廣播電台文化專欄（Deutschlandfunk Kultur）

一本從第一句話就緊抓住你的作品，扣人心弦，悲慘又令人痛心，以至於你幾乎不想被翻頁的打擾。

——《科隆城市報》（Kölner Stadt-Anzeiger）

沃丁的研究就像一部驚悚片。從第一行到最後一行的巨大張力讓你內心顫抖。作者以一種常常讓你嘆為觀止的語言力量，將讀者帶入她悲慘家庭的黑暗故事中。她散文指涉的壓抑形象，獨一無二。

——《自由報》（Freie Presse）

一次非常不可思議的發現之旅……娜塔莎・沃丁總是能達到很高的語言密度。

——《德國日報》（taz）

讀者回應

「傑作！」

「給十顆星都不夠！」

「這本書適合我們當前的世界局勢。這是一本很好的讀物，儘管經常充滿戲劇性。強烈推薦！」

推薦文
理解烏克蘭過去和當下的文本

林育立

　　二〇二二年二月底，俄羅斯軍隊全面入侵烏克蘭，位於亞速海的港都馬里烏波爾是最早遭到砲擊的城市。一家專門接生的婦產醫院慘遭轟炸，震驚全世界，全城最重要劇院的地下室躲進數百名平民，仍逃不過猛烈空襲。一名試圖記錄劫難的立陶宛導演遭俄軍殺害，留下的殘缺畫面近似人間煉獄。烏軍死守亞速鋼鐵廠近三個月，終不敵砲火和包圍投降，全城九成建築受損幾乎全毀。在這場二戰以來歐洲最大規模的戰爭，馬里烏波爾成了俄軍殘暴和烏軍堅決抵抗的象徵。不過，很少人知道，馬里烏波爾曾是繁華的大都市，擁有豐富的文化傳統，戰爭爆發前一年才被選為其全國文化首都。本書說的馬里烏波爾家族故事，正好可作為理解烏克蘭過去和當前這場戰爭起因的文本。

　　德國作家娜塔莎・沃丁於二戰結束那一年在西德出生，父親是俄羅斯人，母親是烏克蘭人。當時的德國人才剛受種族主義洗腦又經歷戰敗，把仇恨一股腦兒投射在這位「低等的斯拉夫人」身上；老師侮辱她，同學訕笑她，她從小被德國社會排擠，度過淒慘的童年。沃丁先到蘇聯當口譯，接著靠翻譯俄國

文學在文壇闖出名號，快到四十歲才開始寫作。一位幫忙打掃家裡的烏克蘭婦人，刺激沃丁面對自己身世，她某次受訪時坦言：「一直不碰，因為知道會像雪球般滾來」。僅憑手上的爸媽結婚證書、父親的勞工證和三張照片，沃丁搜尋母親和家族的蛛絲馬跡，終於在二〇一六年完成這本半自傳的作品。

　　台灣人對遙遠的烏克蘭普遍感到陌生，只知道同是受強鄰威脅的國家，此刻出版沃丁的這本代表作，別具意義。首先，二十世紀初的烏克蘭身處納粹德國和蘇聯兩大強權夾縫，她的馬里烏波爾家族史就是烏克蘭、乃至歐陸東部二十世紀命運的寫照。出身貴族的母親（不會縫扣子的白色之手），一出生就遭逢革命後的清算和內戰，接著是史達林恐怖統治下的流放、勞改和大饑荒、納粹德國的佔領、流亡和強迫勞動，在異國無家可歸抑鬱而終。這個家族走過的所有災難，構成烏克蘭民族認同的核心。

　　其次，眾所周知，黃色星星是納粹迫害猶太人的象徵，同樣配戴在胸口的「東方」徽章知道的人卻很少。戰後人類對納粹暴行的記憶，集中在對猶太人的屠殺，對近三百萬奴工所受的非人待遇所知卻十分有限。原來德國當時有數萬座囚禁奴工的集中營，因戰後史達林視他們為叛徒，沃丁的爸媽從此有家也歸不得，留在德國又備受歧視。對二戰的理解來說，本書補上一塊重要的拼圖，這是第一次有作家為納粹統治下的強迫勞動立下文學紀念碑。

　　沃丁從小在德國長大，卻對這個國家感到疏離，甚至將自己的俄文姓名轉化，取了一個聽起來像德語的筆名走進文壇。

母親離世後快半世紀，她才著手尋覓自己的來歷。正如篇章開頭湖邊日出的隱喻，人物在閱讀的過程中逐漸鮮活，家族的輪廓愈來愈清晰，直到全書最後「她」、即母親形象才完整出現。此時現實與想像交融為一，記憶中母親臉上的悲傷和驚恐得到解答，童年被拋棄的失落感獲得安慰，無疑是本書最動人之處。

沃丁堅持照亮家族的「黑盒子」、正視自己邊緣人一生的勇氣，令人動容。馬里烏波爾從此不再只被西伯利亞的冰雪覆蓋，而是人種多元、魚產豐富、如地中海般溫暖的城市。無奈這些豐富的歷史記憶，正被我們眼前的這場戰爭摧毀殆盡。書中有些段落，例如父親的大俄羅斯民族主義、蘇聯時代一位主張地方認同的歷史老師突然消失，以及蘇聯解體後「醒不過來的集體噩夢」，今天讀起來彷彿預言。二十世紀的悲劇在二十一世紀重演，烏克蘭人民又一次面臨受盡屈辱，被迫流亡和結束生命的景況，一如沃丁筆下，她母親坎坷的一生。

（本文作者為記者、作家）

導讀
以文學喚回歷史的記憶

鄭芳雄

　　沃丁（Natasha Wodin, 1945-）這本自傳小說《她來自馬里烏波爾》（*Sie kam aus Mariupol*, 2017）之所以享譽當今德國文壇，主要因為它填補了文學界甚少碰觸的書寫空白，揭露二戰期間德軍除遂行大屠殺之外，還揭開繼蘇共的勞改營之後，逮捕、凌虐數百萬烏克蘭強制勞工的黑幕。作者身為奴工的遺孤，說出感人的悽慘故事，多少喚醒了世人的社會良知。

　　學界尤其肯定書中的文學社會學的題材訴求，而授予「德布林文學獎」。一般讀者也許不瞭解，為何一部自傳體的家族回憶錄會獲得如此高的評價。我們不妨從德布林（Alfred Döblin, 1878-1954）這位表現主義社會小說家的一句話來解讀，他說「一本書（所涵蓋的）必須比作者還多」，主張敘述者應排除自我主觀的立場，讓敘述客體直接陳述，使個人事物與時代社會相結合。而沃丁的文學貢獻也就在這個結合點上。

　　《她來自馬里烏波爾》不僅探究出亡母的身世，書中所描述三代家族所經歷的故事：由沙皇時代的貴族世家淪落到戰後德國難民營裡的賤民（作者自稱「人類垃圾」〔Menschenunrat〕）的演變，曲折的情節，同時述說馬里烏波爾及烏克蘭人將近一個世紀來所遭遇的悲慘命運。這樣的命運，敘述者認為是由「戰爭及共產國族主義」因素所造成，此因素未除，導致俄烏

戰爭一直延續至今。可見，沃丁這本用感性語言換回記憶、以文學建構歷史的傳記小說（2017年出書），頗具醒世和預言的魅力。

寫作動機乃出於作者的自憐、傷懷與悲情，出於同情在男性沙文主義和法西斯所主導的戰亂中被迫害的女性的悲憤，想捕捉過去痛苦的回憶：難民營裡悲慘的童年、十歲時（1956年）母親自殺的陰影，對於自稱是劫後餘生的「人類垃圾」，「德語成為我必須牢牢抓住的」浮木，此一悲傷情懷長年來一直逼著她動念去回顧過去，重現那悲慘荒謬的人生。這歷程其實暗合所謂「悲劇的誕生」、藝術救贖的主題：人生中令人悲傷之事，表象中吾人樂而觀之（取自歌德）。

小說屬於德國戰後文學的書寫架構，回憶式的敘述摻雜作者自己的幻想、寫實與杜撰，網路資訊與文檔，即連所謂姨媽莉迪亞的日記、網路搜索的情節也可能出於杜撰，不過為建構小說敘述的角度而已。

作者Wodin出生於1945年，與她的母親同屬烽火女性，時間點勉強搭上戰後文學的列車。就形式而言，作品可能受到德布林小說的啟示，因為作者的回憶運用客觀的敘述角度，直接讓網路搜尋資訊、文檔、日記筆記直接說話，「我瞪著（網路）螢幕，螢幕也回瞪著我」，這個敘述我（第一人稱敘述者）是客觀的，也符合德布林「敘述小說」（epischer Roman）的要求。內容題材也具獨特性。

作者以七十高齡才開始挖掘家族史、拼湊已逝母親的形象，所懷的悲愴與心酸，應該不亞於諾貝爾文學得主鈞特・葛

拉斯之書寫《剝洋蔥》，後者自稱他的創作越剝（自剖）越催淚，其實不過說出其作為納粹戰犯的懺悔，這是屬於個人、個體的，而前者是在重現、控訴近代恐怖獨裁統治的社會悲劇，是全人類的。沃丁個人之逃離鐵幕奔向德國社會，與目前烏克蘭之抗戰不屈、奔向自由的西方，本質相當類似。

　　這部回憶錄小說是作者晚年的成名作。巧合的是，它將讀者的視野，從目前俄烏戰爭的戰場，帶回俄共前身布爾什維克黨的暴行，也點出當時如何荼毒百姓造成內戰、飢餓、殘殺的歷史背景。讀者不只可藉此瞭解馬里烏波爾經歷過共產政權鬥爭下的面貌，何況此書又彌補德國戰後文學的不足：描述納粹迫害、凌虐烏克蘭奴工的慘狀。光第一部後段及第二、三部的內容，就可抵得上甚至超越赫塔・穆勒（Herta Müller）的代表作《呼吸鞦韆》（*Atemschaukel*）裡的主題訴求，把故事場景由羅馬尼亞、蘇聯，銜接到馬里烏波爾和德國等地，更能彰顯戰亂中歷史社會背景的來龍去脈，頗值得閱讀。

（本文作者為台大外文系退休教授）

目錄　Contents

獻給我的妹妹

第 一 部 分

Part 1

在搜尋引擎中輸入我母親的名字，然後放在俄語網路裡搜尋，這只不過是我的一個遊戲。幾十年以來我一再地嘗試尋找她的蹤跡；我寫過信給紅十字會和其他尋人的機構，還有相關資料館以及研究機構，也寫給住在烏克蘭或住在俄國再陌生不過的陌生人，我查對過褪色的受害者名單和檔案文件，但是就連她蹤跡的蛛絲馬跡、她在烏克蘭生活過的一絲證明、我出生之前她的存在痕跡——都沒能找到。

二次世界大戰期間，二十三歲的她連同我來自馬里烏波爾的父親，一起被送到德國強制勞動。我只知道他們兩人被安插進入萊比錫（Leipzig）弗里克集團的軍備廠。[1]大戰結束後十一年，我母親在西德的一個小城，離一個安置無家可歸的外國人社區不遠的地方，結束了她自己的生命。「無家可歸的外國人」（Heimatlose Ausländer），當時大家都這樣稱呼大戰時被擄進德國、強迫當勞工的人。除了妹妹和我，在這個世界上沒有其他人認識她。即使是我們——妹妹和我，其實也不大認識她。當她在1956年十月的某一天悄無聲息地離開，而且沒有再回來，那時我們還很小，妹妹才剛滿四歲，而我十歲。在我的記憶中，她只不過是一個模糊的影子，與其說是記憶不如說是某種感覺。

在這期間我早已經放棄尋找的念頭了。她九十多年前出生，在世只有三十六年，而她活著的那些年也不是隨意的那些年月，是俄國內戰、政治清洗、飢荒之時，是第二次世界大戰以及國族主義的時代。她如碎紙機般地被絞入兩個獨裁者之下，一開始在烏克蘭受史達林統治，之後是德國的希特勒。幾十年之後，想在無垠大海般的被遺忘者之中，尋找一個年輕女人的蹤跡，一個我除了名字以外一無所知的女人，真是如泡影般的幻想。

2013年一個夏天的夜晚，我在俄語網路上輸入這個名字時，搜尋引擎隨即「砰」地給出一個結果，錯愕感僅維持短短數秒，我並不驚訝。一個讓搜尋沒有那麼容易的原因是，我母親有一個在烏克蘭非常普遍的名字，烏克蘭女性中可能有幾百，甚至幾千人和她同名。雖然在螢幕上所顯示的人也冠著與我母親一樣的姓，這個人也姓葉甫根尼婭·雅科夫列夫娜·伊瓦先科（Jewgenia Jakowlewna Iwaschtschenko），但是雅科夫（Jakow）這個名字 —— 我母親的父親的名字，同樣也是非常普遍，普遍到這個搜尋結果根本不能代表什麼。

我點開條目：葉甫根尼婭·雅科夫列夫娜·伊瓦先科，於

---

1 譯注：弗里克（Friedrich Flick）是一位德國企業家。二戰期間，他的弗里克集團持有大量公司股份，尤其在軍備行業。大戰後他作為戰犯被審判，徒刑七年。出獄後重新振作，成為西德最富有的人。

　　　　　　　　　　　　　　　　　　　第一部分

1920年在馬里烏波爾出生。我瞪著螢幕上的文字，這些字也回瞪我。雖然我對母親所知甚少，但也知道她是1920年在馬里烏波爾出生的。在當時仍是小城的馬里烏波爾中，同一年兩個同名同姓的女嬰來到世界上，而且她們父親的名字都是雅科夫，這真的有可能嗎？

雖然我母親的語言是俄文，我一直以來也並沒有把它完全丟下，而且自從我搬到圍牆倒塌後的柏林，幾乎每天都在講這個語言。我並不確定在螢幕上我所讀到的，是否真的是母親的名字，還是因為俄語網路之於我是沙漠，而這個名字是海市蜃樓。在俄語網路中所使用的俄語，在我的感受中幾乎就像外語般，是一種急速更新的語言，新的詞彙不斷出現，不斷地混入美語，這些美語轉換成斯拉夫語拼寫後，經常無法認出它的來源。現在電腦上瞪著我的頁面也是，這個網頁有一個英文名字，叫做「亞速海的希臘人」（Azov's Greeks）。我知道馬里烏波爾位在亞速海（Asowsches Meer）的海邊，但是突然出現的「亞速海的希臘人」是哪裡來的？我從來沒有聽說過烏克蘭和希臘有什麼關聯。如果我是英國人，我便可以十分符合情境地用諺語形容：It's all Greek to me。（字面指，對我來說都是希臘話，意指：我不懂。）

在那個時候我對馬里烏波爾幾乎一無所知。尋找母親之時，我從來沒有想過要好好去瞭解一下這個城市 —— 她的家鄉，馬里烏波爾。長達四十年的時間，這個城市有另一個名字

叫做日丹諾夫（Shdanow）[2]，直到蘇聯（Sowjetunion）瓦解，它才得回舊名。無論如何，馬里烏波爾一直是我埋在內心裡的存在，我絕不會將它暴露在真實的強光下。長久以來我都以模糊為家、以我自己對世界所想像的圖像為家。外在的真實會威脅我內心的安適，所以我盡可能地逃避它。

我對馬里烏波爾原先的印象來自童年，當我還是孩童之時，沒有誰會去分辨蘇聯中個別的聯邦，所有十五個聯邦的居民都是俄國人。雖然中世紀時的俄羅斯，起源於烏克蘭，源於基輔羅斯[3]（Kiewer Rus），它是俄羅斯的搖籃、俄羅斯所有城市之母，但是當我的父母談起烏克蘭時，卻好像它是俄羅斯的一部分 —— 那個「世界上最大的國家」，我父親如是說，「從阿拉斯加延伸到波蘭的龐大帝國，覆蓋了地球表面的六分之一。」與之相比，在世界地圖上的德國，只不過是一塊猶如污漬的斑點。

對我來說，是烏克蘭人融入了俄羅斯。當我想像母親早年在馬里烏波爾的生活時，我總是看見她在俄羅斯的大雪中。她穿著我所見過唯一的一件大衣，一件衣領和袖子鑲邊是絲絨的老舊灰色大衣，走在黑暗、寒冷的街道上，走在永遠有風雪咆

2　譯注：為紀念蘇聯高官之一安德烈·亞歷山德羅維奇·日丹諾夫。馬里烏波爾是此城市1948年以前以及1989年之後的名字，意為「瑪利亞之城」。蘇聯時期曾對統治下的許多城市更名。
3　譯注：國名，882年至1240年位於現今烏克蘭。

哮、一個無可度量的空間裡。西伯利亞的白雪覆蓋著整個俄羅斯，也覆蓋著馬里烏波爾，這是一個永恆冰寒的陰森國度，統治著這裡的，是共產黨。

在我內心幽暗的地窖裡，我對母親的出生地懷抱著猶如孩童般的幻想，持續了幾十年。即使當我早已知曉，俄羅斯與烏克蘭是兩個不同的國家，烏克蘭和西伯利亞完全不是一回事，也無法動搖我心中的馬里烏波爾 —— 雖然我一點都不能確實肯定，我的母親真的來自馬里烏波爾，或者她的馬里烏波爾其實是我描繪出來的，因為我是如此喜愛馬里烏波爾這個名字。有的時候我甚至無法確定，有著這樣一個名字的城市是否真的存在，還是「她」只是我的一個發明，猶如許許多多跟我的來歷有關係的其他事物。

有一天，我在翻閱一份報紙，翻到運動版面，已經要翻頁跳過時，我的眼光落到馬里烏波爾這個字詞上。一個德國足球隊，我讀到，他們去到烏克蘭，為了跟馬里烏波爾的足球隊對壘。光是烏克蘭這個城市擁有足球隊的訊息，就足夠發人深省，讓我內心裡的那個馬里烏波爾立即如發了霉的蘑菇般，如粉塵般消散。世界上再沒有其他的事物像足球一般讓我興趣缺缺，但是偏偏就是足球讓我生平第一次觸及到真正的馬里烏波爾。我知曉了這是一個氣候非常溫和的城市，它位於世界上最和緩、最溫暖的亞速海海邊，是一個港口城市。人們談論這個城市的話題總是關於長長的、遼闊的沙灘、遍植釀酒葡萄的美

麗山坡，以及無邊無際的向日葵花田。德國足球隊員在接近四十度的夏季氣溫下，滿足地呻吟。

馬里烏波爾的現實比起我對「她」的幻想，似乎更不真實。自從母親過世之後，這是她第一次成為一個真實的人存在，在我內心世界之外。她突然不再站在雪地裡，而是著一襲清爽的夏衫走在馬里烏波爾的街道上，露出手臂和小腿，腳上是涼鞋。她的形象變成一個少女，並非成長於世界上最寒冷、最黑暗之處，而是克里米亞半島（Krim）附近，在南方溫暖的海邊，身處甚至可以和義大利亞德里亞海媲美的天空之下。沒有什麼比把母親和南方、太陽與海連結，更難想像的了。我必須把我對她生活的幻想移置到另一種溫度、另一種氣候中。舊有的「陌生」，轉變成為新的「陌生」。

我的母親還活著的時代，馬里烏波爾充斥寒冬時節的意象，幾年後我在一部不知其名的俄語中篇小說中，讀到的場景充分地向我闡述：「帕邁拉（Palmyra）旅店的窗外，濕答答的雪啪啪掉落。窗外的海距離只有百步，看著它我無可述說，海沙沙作響，咕嚕咕嚕、嘎啦嘎啦，平扁地、沒有意義地、無趣地發出單調的聲響。不起眼的小城市馬里烏波爾帶著它的波蘭式教堂、猶太會堂，帶著它發臭的港口、倉庫、沙灘上被巡迴馬戲團丟下千瘡百孔的帳篷，帶著它的希臘小餐館和帕邁拉旅店大門前昏暗寂寥的燈籠，緊緊地依傍著水邊。」這些語句似乎在對我親密地述說著母親的事，景象裡所有的一切，母親都

親眼見過。她一定在某個時候也經過了帕邁拉酒店，那時她也許也穿著她的灰色大衣，在相同的濕雪中，鼻裡吸進港口的臭味。

　　在網頁上，就是我現在點開的這個頁面，讓我驚異地重新認識馬里烏波爾。母親出生於馬里烏波爾的那個時間點，馬里烏波爾這個城市仍然受到希臘文化很大的影響。西元十八世紀時，凱薩琳大帝（Katharina die Große）將當時屬於克里木汗國（Krimkhanat）的馬里烏波爾送給了信基督教的希臘人。直到19世紀中葉，其他民族才被允許移民到當時名為馬里奧波利（Marioypoli）的馬里烏波爾居住。直到今日，還是有少數希臘後裔居住在此，而不知怎地，母親的名字竟將我帶到了這個為烏克蘭 — 希臘後裔而開設的交流平臺上。我心中默默生起模糊的疑竇。對母親所述說的關於她在烏克蘭的生活，我的記憶極為模糊，幾乎無法辨認，但深深刻印在我腦中的是，她的母親來自義大利。當然，經過了這麼長的時間，我無法確定這是否真是我的記憶，或者只是大腦無意中抓住的沉積。也許對我來說最大的可能，似乎像是我在小的時候發明了一個義大利外祖母，把她編進我幻想出來的冒險故事中。又或許，這個義大利外祖母來自我內心最深處的渴望，渴望我能脫去烏克蘭裔俄羅斯人的外皮，蛻變成一個不是我的我。現在我問自己，是否因為如此，我錯記了義大利人母親的母親，並非為義大利人，而她實際上是希臘人。考慮到才剛知曉的馬里烏波爾，這不是比較接近現實嗎？希臘外祖母在我腦海中隨著時間無聲無息地

漸漸幻化成義大利人，也許是因為義大利在我少年時期早已成為我渴欲的夢土？

　　我感覺原就黑暗的身世進入了新的黑暗之中，像是我的根源突然間植入更陌生、陌生得直到我終於不再認識的土地裡。我瞪視著螢幕上母親的名字，感覺我這輩子為了生存而建構起來的身分如肥皂泡沫一般地，破滅了。有一瞬間，我周遭的一切都在消解。直到我想到，這個葉甫根尼婭・雅科夫列夫娜・伊瓦先科有希臘血統之於我的意義，只是證明了這個女人不可能是我的母親，我才重新又有了安全感。我從來不曾從母親嘴裡聽到過希臘這個詞，確實如此，如果有的話，這個詞語就會在我們封閉、悲慘的營房世界裡，成為一種非凡而充滿異國情調的東西一直伴隨著我們 —— 雖然我很難相信，母親竟然不曾提過她的家鄉有希臘背景，因為我在網路平台上得知，她生活在馬里烏波爾之時，希臘文化仍然非常活躍。

　　我盡量避免過重的得失心，畢竟我的調查已經太多次都徒勞無功，但「亞速海的希臘人」也是一個提供尋找親人的平臺，所以我決定，無論如何都還是先留言。而留下訊息之前，我得先設立一個帳戶。在俄語的網頁上，我還沒有做過這樣的事。我不覺得這個技術障礙有跨越的可能。但是出乎意料地，步驟非常簡單，比在德語的網頁上申請一個帳號簡單多了。一分鐘過去後，我便有了訪問權限。

在尋人啟事的框格裡，除了母親的名字和出生地，剩下沒有多少字數能寫別的東西。她父親的姓氏雅科夫列夫娜（Jakowlewna），應該很容易推斷。她的父親名叫雅科夫（Jakow），她母親的娘家姓氏我想不起來。我知道她有一個兄弟和一個姊妹，但是他們的名字在我腦中只有空白。我有一份她在烏克蘭的結婚證書，從證書上可以推斷，我母親於1943年6月在當時德軍占領下的馬里烏波爾，嫁給我父親。萊比錫勞工局所發的勞工證上寫明，她連同我的父親在1944年一起被送進德國。這些就是我所知道有關於她的一切了。

而問題是，我究竟能尋找誰。母親的兄弟姊妹仍然在世，應該是絕不可能的事，除非他們像聖經裡的人物一樣長壽。甚至他們的小孩也是，如果他們有小孩的話，就會是我的堂表兄妹，而他們也應該有年紀了，像我自己一樣。他們是不太可能認識我的母親的，而他們是否知道我母親的存在，是否曾有人對他們述說過，也是一個大問號。當時，以及之後的幾十年，跟像我母親這樣的人 —— 被揣測是自願被遣送去德國的，或者被認為是沒有設法逃脫為敵人工作的宿命，甚至必要的時候透過自殺來自白，以符合史達林那個時代對愛國者的要求 —— 有親戚關係是很危險的。在那樣的時代，這種被視為叛國者的親人，即使他們存在，誰也不敢告訴自己的孩子，因為不想危及下一代。

過去，我在輸入俄文時，不得不切換到西里爾（kyrillisch）

字母鍵盤，而且字母搜索非常繁瑣。但現在我可以借助一個奇妙的軟體，在熟悉的拉丁字母鍵盤上輸入俄文，這個程式會自動地把拉丁字母轉換為西里爾字母。我雖然懷疑我是否能夠將轉譯程式中輸入的信息貼上俄羅斯網站，因為路途似乎非常遙遠，但滑幾次游標、點擊幾次滑鼠之後，文字真的躍上了《Azov's Greeks》（亞速海的希臘人）頁面。我把我的電郵地址放在貼文下方，然後在不知道它會流落何方的情況下發送出去。也許它將去到某個死寂之地，去到一個我的瓶中信沒有人會發現的虛無的電子空間裡。

幾周以前，我便已來到位於梅克倫堡（Mecklenburg）、我的一間工作室。這個座落在沙爾湖（Schaalsee）邊小小的公寓，是我和一位女性朋友共有的，我們輪流使用這個空間。今年夏天在湖邊的這個居所，整個季節都屬於我。吉拉（Gilla）是個女演員，她因為參加某個在外國的戲劇演出而疲於奔命，直到九月她才能歸來。我剛剛寫完一本書，正可以懶散一下。我已經不記得上一次我休息超過半天，是什麼時候了。我的資料愈堆愈高，不容我片刻遲緩，而且愈來愈讓我警醒「生而有涯」這件事。通常我寫完一本書之後，隔天便會開始新的一本。要是有比半天還長的時間不書寫、不與文字抗爭奮鬥，我便無法忍受。就這樣，我度過了大半輩子，而且自己還沒有察覺。忽然之間，現在除了在陽臺上靜坐，感覺空氣在皮膚上輕輕拂過，呆望著夏天蔚藍的湖面之外，我什麼都不想做。傍晚接近時，暑氣消退，我就會手握行步杖繞行湖緣，走個盡興，

雖然依傍水邊寂寞潮濕的地方，飢餓的蚊子會形成巨大的黑雲向我飛撲。回家的路上，不乏從湖中已得到滿獲的鮮魚的漁家在旁，讓我能購買晚餐再折返。

　　早先，德國與德國的邊界可以從湖心一劃而過。湖的一邊屬於梅克倫堡，另一邊屬於什勒斯維希霍爾斯坦（Schleswig-Holstein）。幾公里後，現在開車會經過一個路標，路標上面寫：「直到1989年11月18日16點之前，此處是與歐洲分裂的。」以前這片土地是東德的邊界禁區，動植物有超過四十年的時間在此過著自在的生活，可以盡情生長苗壯，幾乎不受人類這個物種的煩擾，有的話也只會出現邊防衛隊這樣的人形。東西德統一之後，這片雜草叢生的野地被列為自然保護區，並收編進聯合國教科文組織國際生物圈保護區（UNESCO）名錄：它成為被管理的荒野，導致漢堡市許多懷抱有機意識的精英紛紛到來。有機商店、有機餐廳如雨後春筍一家一家盛開，迎接移居此地或者來此度假、具生態保護意識的都市人。有機市集定期舉行，花50歐元可以買到保護鶴鳥的股票，地方上有一個所謂的未來中心「人 —— 自然」，是股份公司。原就居住此地、在這裡出生長大的東德居民，只能在「便宜超市」（Penny）和「利多超市」（Lidl）裡（譯注：德國廉價超市連鎖店）看到，他們在自己的家鄉成為陌生人，雖然得以生活在翻新過的東德小屋裡，卻在自己的世界中成為旁觀者。

　　從我居處大片落地窗望出去，除了湖面還是湖面。一整天

我都感覺微醺，因為眼睛不斷喝進無盡無底的蔚藍湖水，陶醉於它的深冷，我只想下沉、下沉、再下沉。戲水孩童的笑聲，從遠處飄來。學校假期、聲音和氣味、所有的歡樂，那是你以為永遠不會結束的童年夏天。幸虧水上摩托車是被禁止的，湖畔屬於在此生活的許許多多的水鳥。非常偶爾，才會看到一艘孤零零的拖船，或一艘掛著白帆的小船經過。燕子成百地飛掠過空中，有時候低到牠們羽翼的尖端似乎能觸撫到我，當我在陽臺上坐著、閱讀著，或者只是凝視著無數的鏡面在表面舞動、互相投擲銀色波光反映在湖面上。野雁排著幾何圖案在天上列隊飛行，雁與雁之間彷彿有無形的絲線相連，雨燕相互追逐，在空中進行狂野、奇特的遊戲。昏黃暮光中，水鳥的音樂會開始，鴨子活躍地嘰喳，大天鵝仰頸尖叫，鶴興奮地叭叭叭。牠們從覓食的田野飛來，為了夜晚而聚集在湖邊。有的時候會出現一隻白尾水鷹，有力的翅膀不需揮動，就能駕空盤旋在水上。牠是湖水國度莊嚴的貴族，魚族和其他湖泊物種畏懼的對象。有人跟我說，曾有一次人們從岸邊就能看到白尾水鷹如何將一隻鶴撕扯分屍。那是一個冬日，一隻鶴在淺水處站著酣睡，因為在此處有自然的保護，沒有天敵，所以牠安心地睡著直到雙腳隨著湖水一起結凍，還沒有醒覺。然而當一隻水鷹發現牠，朝牠飛撲下來時，牠無法起飛逃離，當場被分屍在冰原上。

在湖邊的這個夏天，對湖的愛意讓我嚴重到失眠，無法入睡。有時候我深夜坐在外面陽臺上，沉浸在從日溫冷卻下來的

空氣中。我望著月亮在漆黑的湖面上所投出的銀色水道，無法制止自己在寂靜中傾聽，這樣的寂靜裡，只偶爾會有隱藏在黑暗蘆葦裡的水鳥，發出幾聲飽含睡意的囈語。

有如這座湖邊類似的日出光景，我從未見過。凌晨三點時分，太陽已在地平線那一端預警，先是天空中幾乎難以察覺的粉紅光線垂拂至水面，這道粉紅光芒接著逐漸幻化成不似真實的豔光狂歡舞動。我訝異除了自己之外，其他人似乎都睡著了，訝異除了自己外，這場宇宙光影秀竟無人列席。天際燃燒著各種顏色，從淺綠到金黃，妊紫至豔紅。每天不同的穹蒼，每天都是新的篇章：太陽在天際變出各式幻光灩影秀、超現實畫作，令我彷彿置身於宇宙深處的包廂裡，在陽臺上追隨著光色每一分每一秒的變幻，耳朵幾乎被水禽瘋狂的鳴叫震聾，動物們彷彿在期待一個超出人類感知，史上未有的世界末日。光色越發濃烈，終至爆炸，然後它們開始消退，安靜地熄滅。白色的熾熱冉冉升起，越加鮮明地傾灑至湖面。動物緘默，危機解除，一個冗長的、悶熱的夏日又再開始。我從那張被我拖到陽臺上的老舊單人扶手沙發上起身，刷牙，回到我西向的臥房。臥室的窗戶被我用色彩鮮豔的遮簾擋住，以避免日曬和高溫。即使在深深的睡眠中，我仍然聽見靜寂，仍然在做某種清晰的、敘事般的夢。當我接近中午時分醒來，會立即跳下床，穿著睡袍就奔至另一個房間的窗邊，為了能再迅速見到湖面，見到它的湛藍光輝。

自從我在「亞速海的希臘人」網頁上發了貼文以來，幾乎過去一週了。我已經忘了這回事，這時有一封寄件人欄位是亂碼的電郵到達才憶起。即使我經常收到俄語的電郵，但這一次，我的電腦軟體卻無法辨識出這封電郵的西里爾（kyrillisch）字母。一位有希臘姓氏的康斯坦丁（Konstantin）出現，他請我提供更多關於母親的訊息，表示願意盡力幫助，但要做到這一點，他需要對這個人有更多的瞭解。

　　我的找尋從未達到眼前這樣的程度。一個在馬里烏波爾的人已經做好準備，而且顯然擁有幫助我的能力，如果我能進一步提供母親的訊息。但是關於母親，我已傾盡所有，已經道出所有我知道的事，再沒有更多了。不知怎地，對母親的瞭解這麼薄弱，令我猶如站在台下觀眾噓聲連連的舞臺上，羞愧不已。而同時卻又好像我又再度獲得了關於她的一點新資訊。透過這個陌生人的眼睛，我彷彿能夠望向馬里烏波爾，我將這個陌生人當成早晨每天經過母親家門前的鄰居，讓他帶著我進入母親每日穿梭的巷弄，去見她所曾見的房子、大樹、廣場、亞速海，以及現在也許還存在的希臘小餐館。只是現實的真相是，她所曾生活於其中的馬里烏波爾已經所剩無幾了，德軍早在二戰期間，已將大部分的馬里烏波爾化為灰燼和瓦礫。

　　我懷著感謝，想著這位親切、有希臘姓氏的康斯坦丁與他助人為樂的熱誠，將我的問候送去馬里烏波爾。而同時我相信，如果在這次新的嘗試失敗之後，我的母親會永遠地沉入黑

暗中。

　　事實上，我現今才在俄羅斯搜尋引擎上搜尋她的名字並非是無心使然。很長一段時間以來，我一直在思考，是否要寫出母親的生平，尤其是書寫在我出生前，在烏克蘭和德國強制勞動集中營生活的那個女人。只是我對這個女人完全一無所知。她從未述說過被強制勞動的那段生活，也未曾提起過我的父親，至少我不記得她有過。我仍存有的關於她所描述在烏克蘭生活的記憶，不過是我腦袋裡一些模糊的鬼火磷光。我只能根據歷史、我母親居住的地點和時代已知的事實，書寫一部虛構的傳記。多年來我只能一直徒勞地尋找關於被強制勞動的人的任何書籍，尋找可以用作指南的文學作品。集中營的倖存者激發出無數世界性文學作品，關於大屠殺的書籍充斥圖書館中。但是，非猶太籍的強制勞工們，透過被強制勞動而躲過屠殺的人們依然沉默。他們數以百萬地被送進德意志帝國，全德國各處的財團、公司、手工業企業、農場和私人家庭，成為隨意使用的進口的奴工隊伍，以盡可能低廉的費用最大程度地剝削他們。他們大多是在不人道的、通常類似於集中營的條件下，代替身處戰爭前線、摧毀他們村莊和城鎮，並為殺死他們家人的德國男人做工。這批被強擄進德國，為了德國戰時的經濟勞動至死的男人和女人們，他們的人數今日仍然未知。但是戰爭結束幾十年後，針對六百到二千七百萬奴工所犯下的罪行 —— 強制勞工的統計人數劇烈的浮動，因為數據來源不同，只會偶爾淺薄地出現在教會報導或地方報紙的週日版上。通常他們是

在「持續追踪報導」下才會與猶太人一起順便被提出，他們成了微不足道的小事，猶太大屠殺的附屬品而已。

在我生命中最長的一段時光中，對於自己是強制勞工的孩子，根本是全然無知的。從未有人對我提起過，我的雙親沒有說過，我周遭的德語世界也沒有 —— 在他們的紀念文化中，大規模強迫勞動這回事並不存在。幾十年來我對自己的生命一無所知，我不知道我們在戰後隔離區集聚在一起的人都是誰，他們是如何來到德國的：所有這些羅馬尼亞人、捷克人、波蘭人、保加利亞人、南斯拉夫人、匈牙利人、拉脫維亞人、立陶宛人、亞塞拜然（Aserbaidschan）人，以及其他許許多多因為巴比倫語言之亂[4]，但還是能以某種方式相互交流、相互理解的人。我只知道，我屬於某種人類雜種，我是戰爭遺留下來的廢棄物。

在德國學校裡，老師教我們的是俄羅斯人入侵了德國，摧毀了一切，並從德國人手中奪走了一半的家園。我坐在最後一排，鄰座是英格·克拉布斯（Inge Krabbes），雖然她是德國人，但是她穿著邋遢，身上有味道，所以遭遇和我一樣，也沒有人想理會她。老師在前面講臺上敘述，俄羅斯人如何用灼熱

---

4 譯注：創世記提及，古時人類只說一種語言，但因野心建造巴比倫高塔與一座城市，想榮耀自身而觸犯神怒。人類從此因天罰而有多種語言，彼此無法溝通。

的煤炭把未婚妻的眼睛挖出來，還把孩子們踩在他們穿著大皮靴的腳下。教室裡所有的腦袋都往後轉來看我，即使是英格·克拉布斯也刻意地挪開了她的桌子。我心中明白，放學之後，追逐遊戲又將開始。

　　我的謊言再也幫不了我，我不僅屬於野蠻的俄羅斯人，而且冒名是猶太大屠殺的倖存者這個身分早就被揭穿。為了提高我在德國孩子們眼中的地位，我告訴他們，我感到羞恥的父母根本不是我的親生父母，他們是在逃離俄國時，在一個溝渠裡發現了我，把我一起帶走。實際上，我可是來自一個擁有城堡和莊園的富有俄羅斯王室。但是作為一個王室的孩子，我為什麼被丟棄在溝裡？在這一點上我的解釋失敗了。但是在那一天之中，或只是那幾個小時裡，我化身為一個人所不知的神祕存在，享受著德國孩子們的驚奇讚賞。當然，在某個時候，要是我被看穿了，他們就會更猛烈地追逐我這個墮落的第三帝國的小復仇者，德國戰爭寡婦和納粹父親所生的孩子。他們把我當成所有的俄羅斯人，我是共產黨人和布爾什維克（Bolschewik）[5]、斯拉夫雜種的代表，我是戰爭中擊敗他們世界的敵人的化身。我拚命地跑，為了活下來。我不願像歇米拉（Dschemila）那樣死去，她是一家南斯拉夫人的小女兒，德國孩子也追著她跑、欺負她。有一天她被推進雷格尼茨河（Regnitz），淹死了。我一邊跑，一邊朝身後出招，像在戰爭中不顧死活地嘶吼，向他們大喊大叫。我是一名訓練有素的短跑健將，奔跑時我甚至不再感到身側刺痛，並能夠輕鬆地甩掉

他們。我只需堅持跑到鵝卵石溝，那裡是德國世界和我們世界的分野。鵝卵石溝之後，就是我們的領土開始之處，我們的未知領域，除了員警和郵差，沒有一個德國人進來過，德國孩子們也不敢越雷池一步。在鵝卵石溝之後，一條小路從柏油路上分向通向「房子」（Häuser）。我不知道德國人為什麼如此稱呼我們這個石塊堆造的街區，也許為了區別我們和住在更遠處小木棚裡的吉普賽人。他們比我們還更低一級，他們在我心中所激起的莫名恐懼，也許就像我們之於德國人那般。

只要我一越過這道神奇的邊障，我就安全了。轉過彎，確保追在我身後的孩子們看不到我了，我便立即仰身倒到綠草上，等待著我劇烈跳動的心臟恢復平靜，等待我又能夠正常地呼氣吸氣。今天我躲過了一劫，明天呢？明天會如何，我不想去想。我盡可能地磨蹭，在河邊的草地上閒逛，在雷格尼茨河平坦的石頭上跳來跳去地玩耍，把酢漿草塞進嘴裡，啃吃從田裡偷來的飼料玉米。我從來不想回家。我想離開，一直就想離開，從我有記憶以來，我整個童年只等著要長大，為了終於能夠離開。我要從德國學校離開，從「房子」離開，從父母身邊離開；我要離開定義我的一切，離開這些像是不經意地便把我禁錮於其中的一切。即使當時我有可能可以知道我的父母，和其他這些我所屬於的這群人的來處與經歷，我也不想知道，也沒有興趣知道，沒有什麼比這個更不重要了，這些都和我無

5 譯注：俄國社會民主工黨中的一個派別，領袖人物為列寧。

第一部分

關。我只想離開，沒有比離開還更重要的，能永遠地把一切拋諸腦後，終究把自己從自身分離，現實生活會在世界的某處等待著我。

我還記得對母親第一個有意識的圖像：那時我四歲，我們住在一家五金廠的倉庫裡，我的父母剛剛獲得德國的臨時難民庇護。我被嚴禁從倉庫出去，不遵從會被責罰。但是，即使是那時，我也已經持續不斷地嘗試離開。五金廠區的後方，列爾大街（Leyher Straße）上，另一個未知的世界從那裡開始。在街上有商店、電車，我不記得有任何戰爭遺留下來的建築殘骸，我只記得那些於我而言，看似石材建造、猶如宮殿般的高大房子，只記得這些房子大門厚重，挑高窗戶簾幕深垂。然後，還有一塊綠地，綠地上生長著野梨樹。我還未嚐過梨，我想知道，梨是什麼滋味。但是我太矮小，搆不到掛著果實的枝椏。我試著朝梨樹丟石頭，石頭撞到樹枝後向我反彈回來，像是迴力鏢打回到我臉上，離我左邊的眼睛只有毫髮之差。我已經不記得我是如何回到家的。我只記得我在五金廠的空地上呆站著，不敢進去我們居住的地方。熱熱的血沿著我的臉頰流下，滴到我的衣服上。倉庫敞開的窗後，我的母親在那裡。她埋著頭，正在一張洗衣板上搓洗衣服，一縷黑髮垂在她臉上。她抬起頭看到我。而我，也看到了她，看到了我記憶中對她的第一個圖像。她一看到我，立刻尖聲驚叫，我對其他餘留的印象，只剩她的雙眼，眼睛。佈滿驚懼的眼睛，成為日後母親在我心中的縮影，她看著我的眼光來自遠方、看著我卻穿過我，

看向遠方、難以捉摸，她眼裡的驚懼沒有盡頭。當她說：「如果你看到了我所看到的……」時，表達的是驚懼。「如果你看到了我所看到的……」這個句子一再一再地在我腦中迴唱，成為我童年時期的主題曲。

我有兩張她的照片，是她從烏克蘭帶來的肖像沙龍照，照片是在一家照相館拍的。其中一張是她少女時期，大概十八歲，依偎在一個個子嬌小、淺髮色的女性身邊。這位年長的女士，我並不認識。我的母親外表看來非常纖細，也許根本營養不良，穿著一襲簡樸的夏衣。濃密的墨色頭髮被剪成像一個男僕的髮型，可能這就是當時的時尚。顯然攝影師在炫耀他的藝術技巧，想讓她看起來神祕一些，因為她左側的臉被陰影遮擋而黯淡下來。她看起來像個孩子，但是她臉上的天真與惹人憐愛，卻伴隨著知曉一切的驚懼一併呈現，那麼一個柔弱的人卻能夠以這樣的醒覺支撐，彷彿成噸的重量被一根絲線懸著，簡直難以置信。她身邊的灰髮女士雖然身形嬌弱，卻帶著陽剛之氣。根據她的年齡，她可能是我母親的外祖母。一襲尖領的灰衫，站得筆直、嚴正，臉上是受著折磨與屈辱卻仍然掙扎著將脊梁挺直的驕傲。這張照片拍攝的時期應該是1938年左右，史達林實施政治迫害、饑荒與恐懼的高峰時期。

第二張照片裡我的母親明顯比較成熟，也許是戰爭時期拍攝的，在她被遣送前不久。她的眼睛向內凝視，凝視著心中遙遠、深不可測的風景，在抑鬱的臉上帶著一抹微笑。一條烏克

蘭民俗風格的圍巾鬆散地纏在她的頭上，框住她臉的輪廓。也許她去找攝影師的原因，是為了拍下她在烏克蘭的最後一張照片，一張紀念照。

多麼美麗的女人啊，看到這張黑白老舊照片的每個人都這麼說。在我孩提時候，母親的美麗就已經是我不能理解的神話。多麼美麗的女人啊，我一直聽著別人這麼說。除了美麗，別人常說的還有：多麼不幸的女人啊！美麗與不幸在我母親身上似乎是同一件事，兩者以神祕的方式並存著。

我的資料庫中還存有第三張來自烏克蘭的照片。照片裡有一位衣冠楚楚、有點年紀的紳士，一雙聰明但憂鬱的眼睛，高高的額頭，留著一半已經變灰的短落腮鬍。他站在兩位女士之間，一位女士的衣服是高領的，並且嚴密地緊閉，臉上是知識分子的神氣，鼻子上夾著一副眼鏡。另一位是年輕的，身穿白色女式襯衫，像少女一般害羞，目光流露出的，是做什麼都是徒勞的表情。照片背面有母親的字跡，是德文，寫著：「外祖父和兩個熟人」。我不知道這裡指的是誰的外祖父，我的？還是母親的？我不知道她在照片背面為什麼用德語註記，她分明一直在抵禦我的德語，堅持只跟我說俄語。

除了這三張照片，我還擁有之前已經描述過的兩份官方檔。為了能看清父母的結婚證書，我必須拿著這張明信片大小的紙對著鏡子。這是一張黑底白字，字跡顛倒的神祕照片。在

鏡中我才能讀出，我的母親 ── 葉甫根尼婭·雅科夫列夫娜·伊瓦先科（Jewgenia Jakowlewna Iwaschtschenko）1943年7月28日在馬里烏波爾與父親結為連理。這份證書發照文字是烏克蘭文，戳印已經褪色，但德語詞「戶籍登記處」（Standesamt）仍清晰可辨。每次我讀到這裡，都心生疑竇，德國人在馬里烏波爾的戶籍登記處做什麼？軍事占領區裡的日常生活細節，是我很難想像的。我總是覺得很神奇，這份不起眼的文件不僅在戰爭、遣送、強制勞動和隨後的德國戰後集中營中倖存下來，而且在那之後也隨著我遷徙，而我搬家的次數還真不算少。這份已經存在七十年以上、證明一段不太長、災難性婚姻的證書很明顯地堅不可摧。

反之，母親的德國工作證則下落不明，也許已經不巧在我辦公桌哪個黑暗、不通風的角落裡化作塵土。但是我知道，除了名字之外，這張工作證和我父親1944年8月8日在萊比錫獲發的工作證不會有什麼差別，而父親的工作證現在我還保存著。一張似肥皂般大小的紙，對折成兩半，嚴重地泛黃，嚴重地磨損。父親的名字，出生日期，以及叫做卡米申（Kamyschin）的出生地，但這個地名的聲音從他的嘴裡說出來之後，在到達德國打字員耳朵裡的路途上，變成了哈努欣（Chanuchin）。工作證上接下來所記的資料是：

國籍：不明，地方勞工
來源：東邊占領區

區域：馬里恩波爾（Marienpol）

住屋：無

勞役別：鋼鐵廠幫工

廠名：ATG機械工程有限公司

工廠地址：西萊比錫32區，巽瑙爾路101號

自1944年5月14日起居住德國

　　兩個有老鷹國徽的章，一個是警察局戳印，另一個是萊比錫勞工局的，除此之外還有寫著編號的父親的照片，這個編號也固定在父親外衣的領子上。工作證背面有兩個指印，左手的食指和右手的食指。指印之下寫著：這份證件僅授權領證人為指定的工廠領班工作，領證人一離開工作崗位，此證立即失效。領證人必須隨身攜帶此證作為身分證明。有效日期至下次通知。發證單位保有撤銷證書效力的權利。

　　這兩份歷史文件 ── 結婚證和工作證，三張黑白照片以及一張母親於遙遠路途上一直包在行李裡隨身攜帶的老舊聖像，就是我全部的遺產了。手繪在金色背景上的聖像圖，上頭的聖人是最重要的俄羅斯東正教聖徒。圖像中每一個細節都被精緻地描繪，連聖徒的指甲都看得一清二楚。

　　如果我極力去回想，比較清晰的記憶是母親所描述在烏克蘭老家的貧困，以及從沒有停止過的饑餓。在我的記憶中，對史達林的恐懼和貧困處境就是她在烏克蘭生活的寫照。但是貧

困如何跟那張她從家鄉帶出來的、價值非凡的聖像扯上關係呢？聖像本身也同樣奇蹟似地在遣送的艱難路途、勞工營生活的勞頓下倖存下來，沒有在途中遺失，它完好如初，沒有被沒收或被竊取。在我們居住過的所有陋室裡，它都被懸掛在一個角落，靜靜地發出神祕的光芒。童年時期我對著它發出最渴切的祈禱，當母親垂死，又再次將與我和妹妹離別之時，我對著它祈禱母親能夠活下去。現在這張聖像掛在我柏林的住所裡，掛在一張我在閣樓上找到的古董天主教式的椅子上方。它可能是我曾擁有過最有價值的物品了。

在這份微薄的檔案中，我只能添進一些模糊的、可疑的記憶，而孩提時的記憶根本不是記憶、只是經過幾十年發酵時間後在腦中留下的泡沫：

我在內心的記憶中找到俄語單詞advokat（律師）── 據說我母親的父親就是一個律師。她一直很掛心他這個有心臟病的人，有一天她在學校上課，家人突然要來接她的時候，她立刻就知道，他過世了。

我找到德．馬蒂諾（De Martino）這個名字 ── 據說這是母親的母親的姓氏，一個來自義大利、家境富有的女人。我不知道是什麼讓她在上個世紀，或者上上個世紀中來到烏克蘭。家族財富與「煤炭經銷商」這個詞語是相互矛盾的，但是在我的記憶中，「煤炭經銷商」這個詞語卻與德．馬蒂諾這個

名字相毗鄰。我找到了梅德韋日耶戈爾斯克（Medwezhja Gora）這個地名，德語是貝仁堡（Bärenberg，譯注：按字面理解的話，意指熊山）—— 我記得這是母親的姐姐被流放的地方。更多關於她的事，我就不知道了。我的大腦只存鎖住母親的母親（即外祖母）有一天動身前往梅德韋日耶戈爾斯克，去探視在集中營的女兒。在這幾天內，第二次世界大戰爆發，她沒有再回到家。這個事件似乎是母親生命中最大的苦痛：她失去母親，不知道母親發生了什麼事 —— 她還活著嗎？還是在德軍雪片般的轟炸中失去了生命？在我孩童的想像裡，是梅德韋日耶戈的熊把她吞吃了。

在記憶裡我還找到一個兄弟，這個兄弟應該是一個有名的歌劇演唱家，母親跟這個哥哥兩人之間友愛異常，羈絆很深。她為他流的淚，幾乎和她為她的母親流過的眼淚一樣多。

基本上所有的這一切我都不大相信。比如富有的義大利家族、曾是律師的外祖父、有名的歌劇演唱家，就連買賣煤炭的家庭也有嫌疑，是否會是我幼年時期對受人尊重家庭背景的渴望所創造出來的，因為在那時，孩童的我以為煤炭經銷商是受人敬重的。歌劇演唱家可能出現在比較晚的時期，當我成為少女之後，驚奇地發現歌劇美好的世界，很明顯地，我自然而然就給自己添加了一個舅舅，讓他為我詠唱出自貝利尼（Bellini）以及韓德爾（Händel）之手，我最喜愛的詠嘆調。而阿姨被流放的故事可能源自我對悲劇意義的幼稚渴望，又或者甚至只是

恐懼「熊山」這一詞，我可能在完全不同的上下文中聽母親述說過，也許這只是她曾經為我講述過的許多童話故事之一。

我唯一清楚記得的，是母親講述過關於她的一個朋友的故事。她不斷地重複訴說這個故事，而且陳述的時候，母親眼中所呈現的恐懼，令我感到極度害怕。即使在馬里烏波爾，納粹也在追獵猶太人。光是1941年10月的兩天內，就有八千位猶太人在城裡被射殺。巴比亞爾大屠殺（Massaker von Babij Jar，譯注：維基百科列為娘子谷大屠殺）最高峰期的死亡人數，是猶太居民人數眾多的烏克蘭一般日常的死亡人數。母親的朋友也是一個猶太人，有一天她也被抓了。她必須和其他猶太人一起合力挖掘一條長溝，然後背對德國機關槍，站在長溝之前。她成功地躲避掉原來該射中她的子彈，因為她提早了一秒讓自己掉入坑內。她在溝中等到天完全黑暗，才從埋住她的屍體堆中爬出來，然後跑來找我母親，她全身浸透鮮血地站在我母親家的大門前。

長久以來我一直想不通，在戰時，母親與占領軍之間的關係是如何？那時候在占領區生活的人都必須為德國人工作，沒有其他的選擇。勞動才能領到生活物資，沒有生活物資，誰都活不下去。但是我的母親，在戰爭爆發當時年僅二十一，她的工作職位卻非常特別。她應成為預見的強制勞工，那時卻被招攬強制勞工的德國勞工局僱用，工作內容是安排運送，將強制勞工遣送至德國，就好像她早早就在安排自己被送至德國的事

務。此外，勞工局工作人員是德國占領者中主要的掌權和控制者，每個人都必須在那裡登記，沒有人可以不經過德國勞工局就在此生活。母親在裡面做些什麼事？她的工作內容是什麼？她的心態是擁護德國人？因為若德國戰勝史達林，她就能被解放？她是出於信念在勞工局工作，還是只是德國戰爭機器上隨機的一個齒輪？她最終和其他人一樣被強制帶走，還是自願接受遣送？她是無處不在的統戰宣傳受害者嗎？宣傳內容承諾會給生活貧困、容易輕信的蘇聯公民提供一個在德國的天堂，她會相信？甚至到了1944年 —— 她被遣送的那一年，基本上每個人都已經知曉，等待著這些每天被抓，並用牛車被送到德意志帝國、那成千上萬的人是怎麼回事時，她仍然懷抱信念？在這時期，不少人已經被送回來，因為身體、心靈被德國殘酷的工作和生活條件折磨得不成人形，他們是納粹無法再使用的無行為能力的工作奴隸。如果母親還是自願前往，也許她是知曉這一切的，只是沒有選擇。當她可以預見紅軍將奪回馬里烏波爾時，她除了逃離，也沒有其他的選擇，因為作為德國勞工局的一名僱員，她很可能被判定是背叛祖國的共犯和叛徒，而被當場槍殺。而且我父親可能有比她更嚴重的理由，不得不離開蘇聯。或許，她不過是嫁雞隨雞，跟隨著這個男人，而這個男人當時是她的保護者，她唯一的避難所。她自己可能還太年輕，涉世太淺、太過不安，無法做出如此重大的決定，無法抗拒她所處時代和地點的力量。

而今在湖邊這個如魅似夢的夏日裡，我帶著驚恐的心情，

漸漸察覺到，我所計畫的，是一件什麼樣的大事。我的第一本書，幾十年前出版的，是書寫自傳的嘗試。但是當時我對自身應知的經歷是一無所知的，我不認識自己的生活與我的自傳嘗試之間的關係。母親於我，一直是停留在我內心的一個人物，一個模糊、以大致如此而穩定下來的私密的一個部分，這是我不顧政治和歷史背景、為自己創造的，它處於一個無人之地，而在此地我是一個沒有來處，沒有根源的個體。直到很晚很遲，我才開始明瞭，我的父母是何許人，他們留給我的是一些什麼樣的「資料」。現在我面臨的任務，是彌補我遺失的東西，在也許是我的最後一本書中，說出應該在第一本書裡就說的話。只是我仍然猶如舊時那樣，對母親於我出生之前的經歷與生活完全不清楚，更別說是她在強制勞動營中的日子了。我空著雙手，所有的只有遠遠無法表達這個主題深度的史料和我自己的想像力。

當那些根據赫爾曼‧戈林（Hermann Göring）所作新詞、被稱「東方勞工」（Ostarbeiter）的人，在1990年代才終於開始提出索賠，雖然已經延宕多時，但是「東方勞工」這個議題已成為焦點，吸引德國公眾的大半關注度。從那以後也開始出現我能夠閱讀並參考使用的關於第三帝國時期強制勞工的科普書、報導和論述。現在我甚至還找到長久以來一直徒勞地找尋的文學書寫 —— 維塔利‧斯約明（Vitalij Sjomin）的作品，書名的德文翻譯是「記號，為了標誌差異」（*Zum Unterschied ein Zeichen*），而且這本書在七〇年代已經出版。這位俄羅斯作家

在書中講述一個在頓河畔羅斯托夫城（Rostow am Don）被綁架的青少年的故事，他能夠在德國強制勞動的慘酷中倖存下來，是因為他堅信他所看到和經歷過的，不應該與他一起消亡，他有義務為後世作見證。他這麼寫道，生活在勞動營中比在集中營裡好過，但那只不過是因為在勞動營裡不會立刻被殺，而是一點一點地，透過不人道的工作量、飢餓、毆打、不斷地折磨以及醫藥缺乏而逐漸死亡。

我發現這本書的翻譯是亞歷山大・坎普菲（Alexander Kaempfe）時很驚訝，我在1970年代結識他之後，我們變成朋友。他經常把他的譯文念給我聽，很有可能他也曾經念過這本維塔利・斯約明的書給我聽，而我不復記憶的原因是，當時我並不知曉，原來這本書所書寫的，是與父母有關的故事，原來我的父母曾經也同樣因為差別待遇而被迫必須在衣服上製作出一個摺縫（Abnäher），以配戴這個來代表他們是「東方工人」（OST）的記號，以將他們與同樣是強制勞工，但種族地位較高的西歐的強制勞工區隔開來。

我研究得愈深，挖掘到似乎是人所未聞的暴行也就愈多。在很多方面仍然一無所知的不單只是我，那些我認為是開明、有歷史意識的德國朋友們也都不知道在德國帝國（Reichsgebiet）領土上曾經有多少納粹集中營。有些覺得是二十多個，另外一些認為有二百多個，少數幾個人估計有二千多個。然而，根據華盛頓大屠殺紀念博物館（Holocaust Memorial

Museums）的一項研究，這個數字是四萬二千五百，而且還不包括小型營地和子營地。這其中有三萬個集中營，性質是強制勞動營。美國歷史學家傑佛瑞・麥格吉（Geoffrey Megargee）在2013年3月4日發刊的《時代週報》（ZEIT）中有一篇訪談，這位在上述研究中是研究者之一的學者說：數量驚人的集中營證實，幾乎所有德國人都知道這些集中營的存在，即使他們不瞭解其背後的系統範圍，或者並不總是瞭解集中營裡的情況。他所談的研究新知基本上是已知的事實：雖然這個擁有四萬二千五百個、數量也可能更多的集中營的土地，本身一定就是一個古拉格（Gulag，譯注：前蘇聯某勞改集中營所在地，殘酷集中營的代表），但是在這片土地上卻沒有任何人知道任何相關的事。

在這個鬼影幢幢的二十世紀世界歷史中，我迷失得愈來愈深。關於第三帝國強迫勞動的報導充滿了盲點和矛盾。我的主題從「我」之內溜走，跑到我的頭上生長、蔓延。總之是不是反正已經太遲，我問自己，有生之年還有足夠的時間來處理這個巨大的物件嗎？還有能夠表達所有這些的話語嗎？那些表達關於母親為何消失於匿名之中、她的命運也等於是其他數百萬人的命運的話語 ——

對於這個「亞速海的希臘人」平台我早已遺忘，卻有一封新的電子郵件寄到我的信箱，寄件人這一欄中奇怪的象形文字後面所隱藏的意思，是康斯坦丁的希臘姓氏。我點開閱讀：

尊敬的娜塔莉雅・尼古拉耶夫娜！

　　我再次去複查，並得出結論，我們檔案中所記錄的葉甫根尼婭・雅科夫列夫娜・伊瓦先科真的有很大的可能是您的母親。請允許我從較早的時候開始敘述。19世紀的時候，在馬里烏波爾住著一位來自切爾尼戈夫希納（Tschernigowschtschina）的烏克蘭大地主，他同時也是名叫埃皮凡・雅科夫列維奇・伊瓦先科（Epifan Jakowlewitsch Iwaschtschenko）的貴族。他是您的曾外祖父。也許他屬於第一批雖不是希臘人，但是在這個時期移居到在亞速海海邊、當時只有五千居民的小商業城鎮馬里烏波爾的人。他在大都會大道（Mitropolitskaja-Straße）上買了一棟房子安家，成為樞密院議員（Hofrat）、商船主人和港口海關管理局局長。隨著時間推進，他在馬里烏波爾城裡買下更多房產，開了幾間店鋪，成為社會的中堅。他和一位安娜・馮・埃倫斯特雷特（Anna von Ehrenstreit）成婚，關於這位女士，我們只知道她來自波羅的海，是德國的鄉紳貴族，根據教堂系統的戶籍登記，她的生年卒年是1845到1908年。

　　您的曾外祖父母育有六個子女 —— 兩個男丁，四位千金。第一個孩子是男的，名叫雅科夫（Jakow），就是您的外祖父，您母親的父親。根據教堂的記載，他的弟弟列昂尼德（Leonid）在二十六歲盛年之時，因為癲癇症去世。妹妹葉琳娜（Jelena）和娜塔莉雅（Natalia）我們沒有相關資訊，但是我們知道奧嘉（Olga）—— 排行第三個妹妹，和希臘裔有名的心理學家及哲學家格奧爾基・切爾帕諾夫（Georgi Tschelpanow）結婚。這也解釋了為什麼不僅是您母親的名字，而且嫁入切爾帕

諾夫（Tschelpanow）家族的整個聯姻資訊，也都在我們的建檔之內。

您外祖父的第四位妹妹，您的姑婆瓦倫蒂娜（Valentina），她屬於當時還叫做馬里烏波爾（Mariupoler）城的知識分子精英，直到今日她在馬里烏波爾城裡仍然享譽盛名。隨信附上的文章中，您可以閱讀更多有關她的資訊。

關於您的外祖母，很遺憾，除了她的名字是瑪蒂爾達・約西芙娜（Matilda Iosifowna）之外，我們沒有任何訊息。您母親的姊姊叫做莉迪亞（Lidia），根據教堂戶籍記載，她生於1911年。她還有一個哥哥叫做謝爾蓋（Sergej），1915年出生到這個世界上。他是一個歌劇演唱家，在戰爭時期他在前線獻唱，而且獲頒獎章表揚，榮譽狀已建成電子檔，您同樣可以在附件中找到。

前不久，有一部關於格奧爾基・切爾帕諾夫的書出版了，在書中他夫人奧嘉的家族有多次被提及。您的姑婆奧嘉顯然因為精神問題痛苦不堪，43歲的時候在莫斯科跳樓自殺。我們會請求作者送給您一本。

至於您母親的兄弟姊妹，據猜測，應該都已經不在人世。而且他們的子孫應該也不容易找到，尤其是因為伊瓦先科（Iwaschtschenko）這個姓氏真的非常普遍，以及我們對您姨媽莉迪亞的瞭解只限於她的名字。如果不知道已婚女性的夫姓，那麼尋找就會加倍困難。因此，我建議我們先集中搜尋您的舅舅謝爾蓋及其後人。首先，我們可以求助於電視節目《等等我》的編輯部。這是一個眾所周知的尋親方式，在俄羅斯和烏

克蘭這個節目都有播出。

我不能明白我所讀到的內容，這位康斯坦丁是何許人？他是什麼網路幽靈嗎？還是神經病或賭徒？他難道在想，現在莫斯科又重新流行起來了，先灌注一些貴族的血到我身上，用貴族祖先當餌，引誘我付錢給他來尋求他繼續告訴我有關我家族的「知識」？母親從他所敘述的背景中出現，身世如此高貴，這我完全不能置信。我所認識的那個女人，連最低的社會階級都沒有，更不用說是如此高的層級。她的身分在所有的社會階層之外，是一個奴隸般的下等人，是一個可憐、孤單悲哀的人，走在街上會被扔石頭的人。假如她曾經絲毫暗示過我她出身的高貴，我會貪婪地將之收進我對進階社會階層極度孩子氣的渴望中。寫這封郵件的人好像讀到了我童年的胡思亂想，然後把當時我自己編造的荒誕故事講給我聽。顯然我接觸到的，是開在電子叢林中一朵曖昧不明的花。

我打開第一份附件，開始閱讀一篇標題是粗體印刷的文章：〈瓦倫蒂娜・埃皮凡諾夫娜・奧斯托斯拉夫斯卡婭（Valentina Epifanowna Ostoslawskaja）—— 我們城市令人難忘的女兒〉，標題下面是一幅橢圓形的女性肖像。我屏住呼吸，照片上這個女人我認識，自從我有記憶以來，我就已經認識她了。她就在我書桌抽屜裡，那張母親在背面寫著「外祖父和兩個熟人」的照片上。這個現在從螢幕上瞪視我的女人，她比我手中照片上的她看來更年輕、苗條一些，但是絕對是同一張臉

不會錯：高顴骨，五官嚴肅，嘴角揚著知識分子的高傲神氣。
在照片上的她也一樣穿著深色、高領的衣服，鼻子上還掛著眼
鏡。

　　我感覺窗外的湖水似乎在搖晃，我周遭的一切突然變得新
鮮而陌生。我直愣地看著螢幕上那個女人的臉，緩慢地，猶如
慢動作鏡頭般，我開始意識到這代表什麼。這張照片是令人難
以置信、如夢似幻般神奇的證明，證明我在「亞速海的希臘
人」平台上查到的葉甫根尼婭・雅科夫列夫娜・伊瓦先科，真
的是我的母親。而照片中那個我再熟悉不過的女人，我母親標
記為熟人的人，實際上是她的姑姑，她父親的一個妹妹。

　　我飛快地看過這篇文章，幾乎忘了呼吸。我得知，1870年
代出生的瓦倫蒂娜・埃皮凡諾夫娜（Valentina Epifanowna）為
貧困家庭的女孩創辦了一所私立高中。據說，她一生都是社會
正義的鬥士，正是因為她的付出，馬里烏波爾無數的女孩獲得
了接受高等教育的機會，擺脫了無知和貧困的生活。理想情況
下，她與她的兄長雅科夫關係密切，雅科夫是母親的父親，他
學習法律和歷史，甚至在學生時代就曾與布爾什維克黨人一起
做過地下工作。二十三歲時被沙皇的祕密警察逮捕，被流放到
西伯利亞二十年。

　　瓦倫蒂娜・埃皮凡諾夫娜，母親的姑姑，理論上來說是如
此，她的丈夫是瓦西里・奧斯托斯拉夫斯基（Wassilij

Ostoslawskij），一個來自非常富有的俄羅斯貴族家庭的男人，這個家族以教育良好、思想開放和自由主義而聞名。革命之後，我讀到這個人死於飢餓，與其他幾百萬人無異，在烏克蘭大飢荒期間失去了生命。瓦倫蒂娜創辦的中學在內戰期間付之一炬，之後不久她染上那時候肆虐的西班牙流感，於48歲過世。他們的兒子伊凡・奧斯托斯拉夫斯基（Iwan Ostoslawskij）成為一位傑出的空氣動力學家，他所寫的書是整個蘇聯航空工程學生都必讀的參考書。一張照片顯示的是一位看起來像聖伯納犬的老人，有著堅毅的五官，眼睛明亮閃耀。瓦倫蒂娜的女兒伊琳娜・奧斯托斯拉夫斯卡婭（Irina Ostoslawskaja）曾任公共教育部副部長，但在史達林執政時，被指為人民公敵並被放逐至西伯利亞。

我還知曉了一些其他的事。我的曾外祖父埃皮凡，從切爾尼戈夫希納（Tschernigowschtschina）出身的大地主，在馬里烏波爾生活時逐漸沉迷酒精，最後失去了所有的財產。據說，他在某個時間點消失無蹤跡，留下帶著六個孩子、身無分文的夫人。有個謠言甚至傳說，他搭上自己的一艘貨船，逃亡到印度去了。

之於我，我似乎需要第二個腦袋來抓住、消化或理解這一切。直至目前我所經歷的真實都被證實只是謊言，而我兒童時期編造出來欺騙自己的幻想，現在竟被證明其核心結構居然成為真實，這不是很好笑嗎！

最震撼我心神的，是母親一生天堂地獄的落差。她為何從不提起她的身世，一句話都不曾透露？她為什麼連與自己姑姑瓦倫蒂娜的親緣關係都要隱瞞？把她當作是一個熟人？在我眼中，母親一直是貧困出身的平民，她真實的身世對我來說，仍像是一個深奧難解的發明，給她的命運帶來完全嶄新的、我無法理解的殘酷面。

我用已經沒有感覺的指頭點開跟著「亞速海的希臘人」的電郵而來的第二個附件，我的螢幕上出現了一份已經風化、呈深褐色的文件之電子副本。檔案上嚴重褪色的俄羅斯打字字體在放大幾倍之後，我才能破譯、理解。我讀道：

紅星國家勳章頒授伊瓦先科，謝爾蓋・雅科夫列維奇（Iwaschtschenko, Sergej Jakowlewitsch），1915年出生於馬里烏波爾，黨員，中士，自1939年以來在紅軍服役，自戰爭第一天起就在前線，在基輔受徵召，沒有受傷。

身為「紅旗」（Rotes Banner）合唱團的獨唱，伊瓦先科同志為前線官兵演唱俄羅斯歌劇中的詠嘆調，為俄羅斯古典音樂做出了傑出貢獻。林姆斯基 — 高沙可夫（Rimskij-Korsakow）的歌劇《薩德科》（*Sadko*）中的「印度之歌」（Indische Lied）和亞歷山大・鮑羅丁（Alexander Borodin）的歌劇《康斯坦丁王子》（*Fürst Konstantin*）中「利茨基的詠嘆」（Galizkijs Arie）成為聆賞伊瓦先科同志演出的部隊及軍隊裡最受歡迎的旋律。他從不迴避任何危險或困難，即使在最不利的情況下他仍繼續

表演，有時候甚至冒著生命危險也在演唱。他的演出始終保持最高的藝術品質，為此，前線的士兵們喜愛並尊敬他。這位同志具備模範的工作作風和紀律，忠於列寧和史達林的黨，無私地為社會主義祖國服務。他雖然早已獲得保衛史達林格勒（Stalingrad）服務獎章，但是蘇聯政府仍然特別授予他國家紅星勳章。

新聞宣傳推廣部部長，B.F.普羅科菲耶（Prokofjew）上校

我在震驚狀態下按著日常規律過日子，照常坐在陽台上發呆、去湖邊散步、煮點東西吃。但是做著這些事的人又彷彿不是我，我看著這個陌生的人操作著我的日常。我看著她如何長久地瞪著一面牆，如何沒有任何原因地笑出聲來。這種狀況一直持續著，甚至到我在內在的、自己都無法理解的對話中，與看不見的人突然開始比劃手勢、大力反駁或點頭表示同意。若有人在我身邊，應該會認為我是一個瘋子。

我一再地重新閱讀康斯坦丁的信和附件，一再地，我必須告訴自己，我不是在做夢。我的眼睛停留在外祖母的名字上，感到很神奇。啊，她叫作這個名字，我母親的母親叫作瑪蒂爾達・約西芙娜（Matilda Iosifowna）。她是瑪蒂爾達，而她的父親叫作約西夫（Iosif）。瑪蒂爾達是一個我從未在俄語中聽過的女性名字。康斯坦丁有權限可參閱馬里烏波爾的電子化教堂記錄，他告訴我瑪蒂爾達・約西芙娜的宗教記載是羅馬天主教。因為瑪蒂爾達這個名字，所以能夠清楚地證明外祖母的義

大利身世，再不然，她源自約西夫的姓氏（父名）是朱塞佩（Giuseppe）的俄羅斯化形式至少也算線索。但是這些資訊在我的主體意識中仍然找不到安放的位置，一時之間有太多的訊息像浪濤般朝我拍打過來。

於我，知道了母親的母親的名字，就好像找到了她本人般。瑪蒂爾達·約西芙娜，母親為了這個女人，她的母親，流了這麼多的眼淚，她就是那個長途跋涉到流放的女兒莉迪亞身邊，再也沒能回到家的人。於我，找到這個名字似乎能稍微扭轉我母親部分的不幸，減輕她也不知自己的母親下落所感到的痛苦，那導致她無法再活下去的不幸，即使很微小。我一再地想像，想像著自己跑到母親的身邊，向她傾訴這個消息：是瑪蒂爾達·約西芙娜，媽媽，妳的媽媽，我找到她了！瑪蒂爾達，妳認識嗎？我真的找到她了，她在這裡，妳看⋯⋯

名字的魔法啊！有了名字，即使是母親的兄弟姊妹，突然也變成有血有肉活生生的人。莉迪亞和謝爾蓋！他們的名字就是要這麼叫，我感覺再自然不過，我甚至覺得，怎麼自己沒有想到呢，奇怪！莉迪亞和謝爾蓋，兩個和母親的名字相輔相成、綠葉襯紅花的名字。那是我的阿姨莉迪亞和舅舅謝爾蓋！我反覆閱讀舅舅的功勳 —— 他獲得國家紅星勳章的證據，在其間尋找他生命的足跡，同時母親的生命蹤跡也在其中。

每一次我想像所編造出來的歌劇演唱家舅舅，都是正當我

在聆聽一個男高音演唱「遙遠的她」（Lunge da lei）或「保重」（Care selve）這類光芒四射的詠嘆調時，但證書上提到有關這部分的資訊是，他是擔任男低音。我心中的影像馬上浮現另一種形象的男人，身材粗壯、大腹便便，說話時聲音敞亮、音域頻低。一個在戰爭前線的歌手，一個黨員，一個「紅旗」合唱團的獨唱。這份證書將我賦予歌劇演唱家舅舅的光環消除，他獲得國家勳章更大的原因是因為他對政治路線的忠誠，他作為蘇聯公民是一個模範角色，而不是他的歌唱成就。康斯坦丁覺得，出身貴族的人能進入蘇聯共產黨（KPdSU）成為黨員，並且還獲得國家勳章，在當時非常不尋常。在他想來，這根本是駱駝穿針那麼稀罕。那麼，到底誰是我母親的兄弟？他做了什麼，居然讓駱駝穿過了針眼？他的姊妹莉迪亞可是被下放到勞改營，毫無疑問，的確被視為是人民的公敵，對謝爾蓋來說，針眼不就更小、更窄。而母親為何會如此鍾愛舅舅，我很確定，母親對蘇聯共產黨的看法非常負面，它就是罪惡淵藪、撒旦本尊。若記憶中有什麼是我非常確定的，那就是我父母對蘇聯權勢的憎恨、對史達林的憎恨，這種憎恨的情感也許是他們兩人最大的共同點。我母親從未失去對紅色政權勢力長臂的恐懼，她覺得世界上沒有任何地方能逃過它，沒有地方是安全的。蘇聯國民應該為她悲慘的生活負責，數不可計的人被他們謀殺，他們毀滅了她的家園，迫使她在異國流離失所。

現在真相揭露，甚至她的父親都是一個社會主義者（Sozialist），一個創始時期的布爾什維克主義者（Bolschewik），

為了他的信念還被沙皇下放勞改二十年。我的困惑更深了。這是一個什麼樣的家庭啊？母親的父親是布爾什維克主義革命黨人，身上背負二十年下放的背景。她的兄弟是一個樣板式的蘇聯共產黨員，她的姊妹和她自己是叛國者，一個下放至蘇聯勞改營，另一個成為敵對國的強制勞工，潛在的間諜。這個家庭不是應該經歷了分裂的痛苦深淵？母親怎麼能如此憎恨蘇聯政權，同時又深愛為蘇聯政權服務的父親和兄弟？

我對母親家庭的想像雖然一直很模糊，但結果證明它應是完全不真實和荒唐的。現在我所知的比以往任何時候都更少。我只知道，母親不是我一直以來所認識的她，她是完全不同的生物，而我自己也不是我一直以來所認為的自己。

母親的父親是一位歷史學家和律師，符合我腦海中對「律師」（advokat）的記憶。但是對這個詞我一直以來所聯想的是一個堅定的中產階級，有著紳士的形象，整天坐在辦公室裡從大銅壺（Samowar，譯注：俄式煮茶用分層高高的銅壺）裡煮茶喝，接待客戶，手持長柄眼鏡（Lorgnette）研究法庭檔案的人。而二十年勞改的這個資訊劇烈地改變了這位「紳士」的形象，他不是一個腳踏實地的勤懇學生，學習著法律條文為他的職業生涯做準備，而是一個為布爾什維克主義做地下工作、叛逆的年輕人，一個女人的哥哥。那個女人為出身貧困家庭的女孩子們創辦中學。而這對兄妹，他們為社會正義奮鬥，為團結受到沙皇政權壓迫的人民奔走，為廢除他們自己也屬其中的貴

族階級戰鬥。而外祖父為這些作為付出了高昂的代價，他在西伯利亞荒野的某個地方度過二十年歲月，而這二十年正是他人生中的黃金時期。這個有著慘酷命運的人，他和我童年時期所幻想的律師形象完全沒有共同點。

根據教堂的記載，他生於1864年。如果他後來被流放23年，那麼他應於1907年，43歲的時候才重新獲得自由。但是直到十三年之後，他65歲了，母親才出世。這是我和母親之間一個醒目的相似點；我也有一個老父，我的父親比母親年長二十歲。而且她的父親跟我的父親一樣，都必需跟年輕許多的女子結婚，不然我的母親不可能來到這個世界上。也許他從西伯利亞返鄉之後，與當時年少的瑪蒂爾達・約西芙娜成婚。四年之後，莉迪亞 —— 母親的姊姊出生，再另一個四年之後，她的哥哥謝爾蓋出生，母親是三個手足裡最小的，年紀與兄姐也有一段差距。她是家裡的小寶貝，雖然1920年的當時，這個家庭可能連家都沒有了。他們的財產一定早就被沒收，正面臨嚴厲的政治報復。母親的兄姐至少還經歷過幾年革命前的生活，曾短暫地享受過他們出身高貴的特權。母親沒有他們幸運，認識的只有家族的滅亡、她從未從中受益的社會改革所帶來的劇變。她在內戰時出生，經歷恐怖政治、飢荒、清算。這些是她在烏克蘭最初一直到離開時的生活狀況，她在那裡除這些以外就不識其他了。

我逐漸地知曉，為什麼她從未提起過她的身世。她生活在

蘇聯的那個時期，沒有什麼比貴族更糟的了。身為貴族就是犯罪，貴族是天生的罪惡，是恥辱，是被判死刑的理由。在她心中，她的恐懼可能與自我厭惡和羞恥混合在一起，因為她自己逐漸相信，像她這樣的人是社會的下等產物，不但沒有權利生活在這個世界上，而且還是歷史的垃圾。她不是到了德國之後才被宣布成為下等人的，而是在烏克蘭時就已經是一個下等人，我可憐的、最後發瘋了的母親，我來自嗜血的二十世紀最深的黑暗的母親！

另外有一種版本我也認為是可能的。沒有人告訴過她，她真實的身分，是為了保護她而不讓她知道。也許她如同我一般，一輩子都對自己的來處一無所知，對自己的根源一無所知。也許她甚至聽都沒有聽說過關於她先祖的那個世界，因為在蘇維埃統治下的烏克蘭，這些已經被禁止談論、言說，因為在她童年時期，她所屬的社會階層就已經消亡殆盡，不再出現於社會生活的現實中。

也許她在這張從烏克蘭帶來的照片背面寫「外祖父和兩個熟人」，是因為她真的不知曉照片上那兩個女人是誰。照片上第二個女人，臉上掛著淡淡的微笑、年紀較小的那個，可能也是她的姑姑，她父親的另一個妹妹。也許她那個時代巨大的破壞讓人陷入這種混亂，她被連根拔起並從家中離散，所有的連結都斷裂了，誰也不再認識誰。還是難道說她將照片持握手中之時，單純只是覺得之於我和妹妹，照片上這兩個女人不會有

任何意義，因為我們無法辨識她們，而且終究也無從認識她們，因為她所來自的原生世界沒有任何東西被拯救，或可以被帶至德國這個陌生世界。

然而在我知曉現在我所認知的一切之後，有一點非常清楚：照片上那個男人並不是母親的祖父。他是母親的父親，是我的外祖父。母親是站在妹妹和我的角度給照片寫註解的。然而，母親的父親更像我對他舊有的想法，而不是新的認識。我在他身上看不到革命先鋒的銳利和西伯利亞囚徒的疲憊，他給我的印象比較是大公民的、受尊敬的律師，也就是我從孩提時代一直在眼前的圖像。他散發著平靜和溫暖的氣氛，有聰明、柔和的五官，以及在母親臉上也看得到的悲傷的眼睛。也許讓母親如此牽掛的，既不是他的年紀也不是他心臟的疾病，還有第三種危險，而這個危險也許比任何身體健康因素都更不可預測：一個政治人物隨時可能陷入史達林的死亡輪轉中。陷入死亡輪轉的危險無人能免，但尤其像他這樣的人，身上不只承繼貴族的血統，而且在沙皇時代還證明他有叛逆、不馴的精神。對任何反抗權威的行為史達林都抱有戒心，不論反的是什麼權威。當我重新檢視康斯坦丁為我辦理好權限的教堂電子記錄檔案，我察覺到一個意味深長的細節。其他家族成員除了死亡日期外，還載有死亡原因，獨獨只有母親的父親不是這樣。有關他死亡的記載只有年份：1937。這一年也許是蘇維埃歷史上最為慘厲的一年。這一年是政治清洗的頂峰，人類歷史上最大的政治大屠殺事件之一。這一年，母親17歲。

之後，我於試圖瞭解我這一生都完全陌生的親戚關係，並相互比較他們的生卒年份當中，我明白了母親作為她父親最小的孩子，不僅生在充滿暴力和毀壞的環境中，而且出生後她所進入的世界還是巨大的空無。不僅是她先祖的世界在這個世界上消失，她大多數的長輩也消失了。從離葉分枝的烏克蘭 ─ 義大利家庭裡所剩下的，幾乎可以說什麼都沒有。她的姑姑瓦倫蒂娜，女子中學的創始人，在她出生前兩年就死於西班牙流感。她的姑姑奧嘉早在十四年前就從窗戶跳了下去，結束生命。她來自波羅的海的德國祖母安娜・馮・埃倫斯特雷特（Anna von Ehrenstreit）已經埋入地下十二年。她的祖父埃皮凡，前切爾尼戈夫的大地主，逃之夭夭久已。她的叔叔列昂尼德在她出生前二十年已死於癲癇。只有她的姑姑娜塔莉雅和葉琳娜的死亡日期沒有記載，教堂的資料只有她們的生年。根據生年記載，她們出生在母親之前很久，如果母親與她們有交集，那母親認識她們時，她們也已經是蒼髮老婦。

罕有的奇蹟在我身上發生了，將入垂老之際，我生命中的黑盒子赫然開啟，即使現實於我，這個打開的黑盒子不過是一個新的黑盒子，而且這個新的黑盒子裡可能藏著一個又一個新的黑盒子，像俄羅斯娃娃一樣，我最終還是到達不了疑問的解答端，而只能找到它的起源。儘管如此，現在仍然是我這一輩子第一次感覺到自己猶如所有其他的人，是歸屬於人類歷史之中，而不是被它排除在外的。然而，到目前為止我所找到的一切，都只與母親父親的家庭有關。我們，康斯坦丁和我，雖然

也在尋找母親的母親的蹤跡，但到目前為止沒有收穫。她的婚前姓氏和出生年份都沒有被記入教堂的名冊，資料只有她的名字、她父親的名字和宗教信仰。一個羅馬天主教的約西芙娜，可能是一個義大利人，她是我所列的這道算式中最大的未知數。

在我的陽台上出現美得驚人的落葉，廚房裡那些我奮戰了幾週未果的螞蟻行列突然消失了，湖邊的秋天如此宣告它的到來。傍晚，當柔和慵懶的陽光斜倚在明鏡般平滑的湖面，當空氣凝結至連一片樹葉都不飄動，而本性聒噪的水鳥也閉上嘴巴大氣也不敢出，一種令人迷惑、不真實的和平主宰著一切，這個世界似乎不再有人居住。

提著行李上車時，我感到莫名的恐懼。我感覺，我一離開，在這個地方所找到的一切，似乎也就此被遺留，擱置身後。我無法想像這些能裝進被稱為筆記型電腦、裡面是一些晶片和電極、外形扁平不起眼的盒子裡，讓我帶回家。即使是康斯坦丁，我也感覺一離開通信的地方，我就失去他了，這個有希臘血統的烏克蘭人康斯坦丁，據我近日得知，這位根本不住馬里烏波爾的康斯坦丁，他雖然在馬里烏波爾出生，但是早已遷至俄羅斯北邊的切列波韋茨（Tscherepowez），在那裡他是鋼鐵廠的工程師，工作之餘，為希臘裔烏克蘭人主持一個通訊網頁。他已婚，育有四子，還有一堆孫子。他的兒子之一是歷史學家，生活在美國。

為什麼他會幫助我尋找母親，我不知道。但是有他的幫

助，是莫大的幸運。他對俄羅斯歷史有極深入的瞭解，不只是一般刻板印象的電腦宅，而且還是一位狂熱的系譜學家。他小時候最喜歡做的事情，就是畫出分支愈多愈好的族譜。他自家的族譜已經追溯至十六世紀，不繼續推究的話，現在他找到的祖先也足以填滿幾公尺長的紙。

他偵探事業的傑作是在戰爭結束六十多年後，在鄉間某處找到一個破損、佈滿彈孔的機翼，而機翼上能夠辨認的，是他失蹤的舅舅所駕駛的戰機的號碼。如同所有在戰爭中失蹤的人，這位舅舅在蘇聯被懷疑是逃兵。隨著康斯坦丁這個驚人的發現，真相終於大白。他的舅舅死後得到平反，因為是逃兵的後代而得不到工作、所以住在烏克蘭貧瘠地區一個村莊的兒子，由於父親的平反讓已是晚年的他得以領取一筆微薄的賠償金，有了這筆錢他終於負擔得起一副假牙。康斯坦丁甚至查出是一名騎士十字勳章得主、名叫休伯特・馮・博寧（Hubertus von Bonin）的德國飛行員將他舅舅的伊留申機（Iljuschin）打下來的。休伯特・馮・博寧是第二次世界大戰中功勳彪炳的德國戰鬥機飛行員之一，但在戰爭後期也陣亡喪生。我不費吹灰之力便在網路上找到這位飛行員的姪子，並且為他和康斯坦丁之間的電子信件往來翻譯。這位騎士十字勳章的後人似乎不太明白，這個俄羅斯人找他做什麼。也許他懷疑這個憑空冒出的陌生人想將舊帳套到他頭上，向他追討他叔叔七十年前殺死這個陌生人一個親戚的罪責，他甚至相信康斯坦丁的目的，是要他私人掏出錢來賠償。總之康斯坦丁所有的對話建議，他都回

以普魯士式的禮貌而泛泛告之。我為康斯坦丁感到難過，他只不過想要聊聊，他很想知道，給他在戰機上的舅舅致命一擊的，是怎麼樣的一個人，他一定也很高興，如果對方對他的舅舅也感興趣的話。可惜對方沒有向他提出這類的問題。雖然如此，康斯坦丁體內的大偵探還是感到勝利的喜悅。七十多年之後他在德國找到射下舅舅所駕伊留申機的後人，而且和對方還交換了幾次電郵。他現在所缺少的，是最後一塊拼圖，不找到的話，他內心永遠不會平靜下來。而這塊拼圖，就是所謂的射擊報告。早在多年以前，他就曾詢問過德國軍事檔案館，但沒有得到答覆。現在換我去問了。在康斯坦丁的幫助下，我填好一張非常複雜的表格，填完表格匯出30歐元之後，還等了兩個月，我才收到一個小包裹，裡面是一個密封的膠捲。這些影像紀錄是戰後從美國軍事檔案館買回來的，現在它又回到了原產地。影像的品質當然很糟糕，但康斯坦丁得一償夙願地看到了他所想看到的，最後的證據就在裡面。

我相信康斯坦丁所幫的忙，不只是尋找。他一從上班的地方回到家，馬上坐到他的電腦和鍵盤前面，將線索拼湊起來——這是他的熱情所在，他所癡嗜之物，他內在必不可少的需求。他把已經消逝的東西帶回到這個世界，製造出龐大而複雜的族譜，就像他小時候所做的，只是現在他使用電腦來做這件事。我猜想，之於他，前半輩子被關在鐵幕裡，鐵幕不復存在了又窮得無法旅行，網路是世界的代替品。他能在虛擬世界裡沒有障礙地去到任何地方搜索追尋。最終他也為我樹立了族

　　　　　　　　　　　　　　　　　　第一部分

蔭，而這片樹蔭不只是來自一棵族樹，而是一座我在其中不斷迷失自己的森林。那個從未有過長輩、先祖的我突然之間有了這麼多線索，以至於我弄不清楚誰是誰，經常不知道這些親戚關係和親密程度之間所代表的意義。我把族譜放大，釘在桌子上方的牆上，偶爾我會坐在它面前，把它當成世界地圖來研究。

現在我知道，我絕非是唯一一個在尋找的人。革命後，貴族和資產家都被殺或流放鄉下，農民的家產土地被沒收，並被集中到營地生活，無數知識分子在古拉格（譯注：實行嚴酷勞改刑罰的監獄）失蹤或逃到國外，接著還有兩千萬人在二戰中喪生，有些機構的統計數量遠比這個數目還高。所有這些都切斷了20世紀幾代人之間的自然聯繫。現在，經過近一百年的恐懼和沉默之後，前蘇聯各國的人民開始尋找失蹤、被捕、再也沒有回到家的親人。他們在追尋自己的起源、身分以及他們的根。在伊瓦先科家族史中，出生於1920年的母親是最後一個被列入記載的人。隨著她，我們的族史中斷了。她是世代大斷裂之前，家族最後的螢光，她兄弟姐妹的孩子們都沒有再被登錄，更不用說他們孩子的後代了。

康斯坦丁猶如對追蹤癡迷的電腦怪客，我對誰都無法提出這麼多問題。他在荊棘叢林中開闢道路，我跟隨著他。但他也跟隨著我，這對我來說是最不可理解的事情。他跟隨著我在追尋中走高爬低，隨著我狂熱燃燒，當找到的痕跡再次消失在虛

空中，又隨著我沮喪低迷。有時候我在想，他其實是我的追尋中最大的獲得。沒有他的話，我很快便會迷失在俄羅斯的網路叢林中，沒有他的毅力，在眾多的死巷搜尋中我終會在某個巷口放棄。但是康斯坦丁緊咬不放，他鍥而不捨，是我追尋的驅動力，拉扯著我向前。他是魔術師，我是他的助手，是福爾摩斯的華生。他於我是一個大謎團，在我的追尋中，他唯一永遠無法幫助我解開的謎，只有他自身。

在家中等待著我的，是一本他許諾寄給我的書：關於烏克蘭哲學家和心理學家格奧爾基·切爾帕諾夫（Georgi Tschelpanow）的書，他娶了我母親的一位姑姑奧嘉（Olga），也因為他，我才得以在網路上搜尋到母親。從德國維基百科關於他的條目中，我得知他生活在1863年到1936年之間，是一位新康德主義者，他創立了俄羅斯第一個實驗心理學研究所。出自他的筆下有一整系列的書：《大腦與靈魂》（*Gehirn und Seele*）、《邏輯教導》（*Lehrbuch der Logik*）、《實驗心理學導論》（*Einführung in die experimentelle Psychologie*）等等。母親有可能認識這位先生，因為他的妻子奧嘉自殺後，他應該還經常在她的家鄉馬里烏波爾旅行，也許他還趁此拜訪了姐夫，即我母親的父親。

這堆書籍的包裹只靠一條繩子捆住，包裹的側面貼滿低面額的郵票，顯然包裹寄出的那天，在切列波韋茨（Tscherepowez）的郵局裡剛好沒有其他面額的郵票。在一方白

色紙面上我認出跟康斯坦丁電郵往來時，我所使用的字體，康斯坦丁為了避免出錯，送件地址不用手寫而是將我的電郵內容列印出來後，將地址剪下，貼到包裹上。解開綑綁包裹的繩結很費了我一番工夫，直接剪斷的話，感覺像在褻瀆神明。這是一條磨損的、已經用了好幾次了的黃色麻繩，小時候才有的那種。包裹打開後，露臉的第一本書厚度中等，封面紙質亮度很高，顏色是烏克蘭的國色 —— 天空藍和小麥黃。馬里烏波爾和莫斯科的迷你照片像擲出的骰子般隨機灑在版面上，書的標題《格奧爾基・切爾帕諾夫：生平與著作》橫跨在照片上。

　　從康斯坦丁那裡我已經知曉，母親在書中沒有被提到。雖然如此，我之於她的生活世界突然之間如此的近，還是令我有些暈眩。當我將書打開，書卷首頁（Frontispizseite）上的一張照片立即落入眼簾，這張照片上不是切爾帕諾夫的原生家庭，而是他的妻室奧嘉・伊瓦先科的家庭。我看著屬於母親的祖父母房間的中央，我一生中從未想過，要去想像他們的存在。我看著照片中母親的祖父母一個房間裡的家人。第一眼我馬上就認出的是瓦倫蒂娜，女子中學的創始人。再仔細一點地看過去，我又認出另一張熟悉的臉。這張臉就是來自烏克蘭那張紙本照片上，坐在瓦倫蒂娜身邊的那個女人。書中照片下的說明告訴我，雖然我大概已經知曉，這個女人同樣是母親的一個姑姑，娜塔莉雅。照片是何時拍攝的並沒有說明，但是我可以推算出來。因為母親唯一的叔叔列昂尼德（Leonid）也在照片上，所以它一定是1901年之前拍攝的。這一年，列昂尼德在一

次癲癇發作中死亡。在這張照片上他穿著深色西裝打了領帶，站在他的姐妹們身後，手裡拿著一個可能是菸嘴的東西，完全不知道即將來臨的，會是死亡。

對於家人我居然已經知曉了這許多事，令我非常驚異。我清楚在照片上少了三個人，母親的祖父埃皮凡（Epifan）在這個時間點可能早已拋妻棄子，乘船逃走了。奧嘉，母親的姑姑，也同樣背離了馬里烏波爾，跟她的丈夫格奧爾基·切爾帕諾夫生活在莫斯科。至於母親的父親，我多想知道一點他的事，在那個世紀交替之際，他曾身處遙遠的西伯利亞勞改營。集結在照片中的這組家庭成員，顯然當時仍安居在馬里烏波爾。房間裡精緻的古董家具以及地毯應該是家庭景況還很好的時候購入的，當埃皮凡還未墮落、還未逃之夭夭時。他們被背景一棵站在座架上高大的室內棕櫚樹壓抑住，遵從精心安排的座位秩序，並排坐著。

娜塔莉雅，她是我從母親自烏克蘭帶出的紙本照片上認識的，她在現在這張照片上還未顯露出那種一切都是徒然的微笑，明顯年輕許多，感覺是無憂無慮的少女。她的頭髮鬆鬆地如鳥巢般高高挽起，一襲公主袖長裙，手中握著扇子。而瓦倫蒂娜則已有我已經熟悉的風格 ── 女子中學校長，精瘦、背脊端挺地坐在她的母親身邊一張貴妃榻上。兩人的母親旁邊一張單人扶手沙發上，坐著瓦西里·奧斯托斯拉夫斯基（Wassilij Ostoslawskij）── 她的丈夫。他年輕英俊，衣著高雅，是豐

裕的俄羅斯貴族，身上一點都沒顯露出日後死於飢餓的跡象。葉琳娜，母親的第三個姑姑，在這張照片上是我第一次見到她，她是所有人中最優雅的一位，穿著一件領子有花邊、緊身的錦織長裙，膝蓋上放著一本打開的書。照片正中央是安娜·馮·埃倫斯特雷特，母親來自波羅的海的祖母，坐在她在馬里烏波爾還圍繞在身邊的孩子們中央，一個嬌小的、看起來有點鄉氣的女人，穿著樸實的深色衣服，一絲不苟往後梳的頭髮很可能在腦後盤了一個髻。

　　我童年時期一個主要的陰影之一，是母親有一個苦於精神病的親戚。父親聲稱，母親的精神疾病是無法治癒的。她也曾接受一個頗負盛譽的精神醫師的治療，但是情況並沒有好轉。我父親堅信，母親和我先天也遺傳了這種疾病。我整個幼年與青少年時期都在等待自己發病。後來，當我早已不再相信父親這種關於遺傳的陰險理論，並且懷疑這個理論的背後是否隱藏了他自己害怕陷入瘋狂的恐懼，即普希金（Puschkin）在他最著名的一首詩歌中所喚出的在俄羅斯普遍存在的狂躁恐懼症。之後，當我長大成人，童年的創傷開始將我淹沒在無意義的、荒謬的恐懼裡時，才發現這種恐懼似乎沒有解藥，在那種時候我會想，父親應是有道理的。我的精神病就像根植於祖先土壤中一株東倒西歪的雜草，再怎麼努力也無法將之根除，所以我根本沒有機會擺脫童年時烙下的毀滅性印記。

　　當時傳言那位苦於精神病的母親的親戚，我現在明白，那

只可能是她的姑姑奧嘉。在書中有關她的描述是，她有心理疾病，並且如我從康斯坦丁處已得知，她34歲時便跳樓自殺了；而頗負盛名、卻無法治癒她的精神醫師，父親所指不會有其他人，應該就是切爾帕諾夫——即奧嘉的丈夫。

　　除了他和他那個時代其他俄羅斯哲學家大量的照片之外，書裡還有不少他夫人的照片。我瞪著我童年陰影的成像，原來這個親戚不是只存在於我的內心，她真實地存在這個世界上，她不是我童年時期以想像捏造出來的人物。她有血有肉，是我的一個姑婆，一個深色頭髮、五官柔和像個孩子般的女子，身形嬌小、說不盡的柔弱，而且有雙大眼睛。其中一張照片上她穿著奢華的晚禮服，頭上裝飾著滿滿的花朵；另一張在丈夫身邊，一身優雅的旅行勁裝；第三張跟家人合照，在幾乎一半陷入濃密樹叢中的俄羅斯式夏屋（Datscha）露臺上。這本書的作者描述她不只聰慧過人、受過高等教育並且無限深情。他引述她從馬里烏波爾寫給莫斯科新郎的書信，以及從莫斯科寫給在馬里烏波爾雙親的書信。大量的親暱稱呼、俄羅斯語言中的暱稱方式，溫潤如歌，充滿對母親的孺慕和對兄弟姊妹的友愛，還有對遠在西伯利亞哥哥雅科夫的憂心。早期給新郎的書信，也顯示她內心自信欠缺：她強烈建議他，重新考慮他們的婚約。他，這一個這麼了不起、人見人愛的男人，這麼年輕，在最高科學權威機構以及莫斯科最優越的文學沙龍都已為他敞開大門的人，要另一個更好的女人才配得上他。而她認為自己既不美麗也不受喜愛，一直以來身體就不好，很早便開始衰老，

也常常無法將自己從冥頑的、陰鬱的想法中解脫。

雖然如此，他們還是結婚了。奧嘉生下三個孩子，在保姆和管家的協助下，她管理著一個大家庭，經常招待莫斯科的知識和文化精英。據說她是一個溫和的母親，深愛著丈夫，很早就從政治事件中預見到他將受的苦難。她時常陪伴著他至國外包括紐約、瑞士等處旅行，他們去萊比錫拜訪德國有名的實驗心理學家威廉·馮特（Wilhelm Wundt），她的先生與之有密切的合作，也多次去柏林，拜訪夏里特醫院（Charité）[6]。據說在她生命最後的幾年裡，她一直受著瘋狂念頭的折磨，恐懼她的孩子和丈夫會有什麼不測。她的思緒圍繞著她無法解釋的事情和物件打轉，對最輕微的不公正立即高度敏感地反應，並且經常因為小事就淚流滿面。1906年她墜樓的事件，書中著墨不多，也沒有列舉證據，這件事僅停留在作者如此的描述。

康斯坦丁認識這位作者，他生活在南烏克蘭一個偏僻的村子裡，跟外界沒有聯繫。所有試圖跟他取得聯絡、詢問他有關奧嘉的事情，以及想知道他關於她的陳述來源，都是徒勞。他既不回答康斯坦丁的電郵，也不回我的。

這個故事我想得愈久，愈是不寒而慄。倡導「先天性」論點的切爾帕諾夫是否將妻子的精神不穩定視為先天性精神疾病？奧嘉會是他實驗心理學的犧牲品嗎？我們所有人，即奧嘉、母親和我都受到切爾帕諾夫實驗心理學的毒害？難道我現

在找到了可能不僅導致奧嘉自殺，而且還導致我母親自殺念頭的來源？是格奧爾基‧切爾帕諾夫的想法被我父親記住，並持續在我的大腦裡堅持了一個多世紀？我一再地觀察我面前奧嘉那雙小巧的腳，一百多年前她穿著繫帶的旅行靴在柏林街道上快步疾走，陪著丈夫拜訪夏里特醫院。她曾經離從前的我如此之近，只要20分鐘的步行，她便能到達我當時柏林的居所。

她過世後十年，革命即將爆發之前，她先生的學術生涯也綻放至頂點而生氣漸減，如她所預見。他被責難是神祕主義（Mystizismus）、唯心論主義（Idealismus）和反馬克思主義者，失去莫斯科大學專任教職。他被拒於自己幫助建立的機構門外，他的著作從圖書館裡消失，他的一個女兒成為擅長創作英雄紀念雕塑、忠於黨路線的藝術家，另一個女兒嫁給法國哲學家布萊斯‧帕蘭（Brice Parain），隨丈夫移居資本主義的外國巴黎，讓切爾帕諾夫的政治處境雪上加霜。他的兒子，德國文學家和古典語言學家，參與編輯了一部大型德俄辭典，辭典出版後被烙上反革命和反法西斯的火印。辭典的三位編輯，包括切爾帕諾夫的兒子，被判死刑後，受到槍殺。切爾帕諾夫自己卻奇蹟般毫髮無損地度過浩劫。他的晚年應該寂寞淒涼、貧困交加，徘徊在他創建的研究機構門前，苦苦詢問經過的路人是否知道他是誰。今日他獲得了平反，著作重新付梓，生平被書寫，論述也持續被研究。

6　譯注：德國柏林的大型醫院，亦是歐洲當時最大的教學醫院之一。

　　　　　　　　　　　　　　　　第一部分

我再三地審視在室內棕櫚樹下伊瓦先科的全家福照片。母親見過原版嗎？曾將照片拿在手上嗎？複製的照片上可藏有她的指紋？我望著照片的時間越長，越不覺得母親來自我在照片上看到的世界。這個世界在她身上真的連一點痕跡都沒有留下，絲毫無法被辨認出來。就算她總是恐懼地否認她的來處，這個世界應該也會偶爾閃現吧？一個人怎麼可能讓自己在自身內裡消失得如此徹底？難道現在的我才能辨識出她的暗示，而孩提時期的我是無法理解、看不出來的？

　　我搜索她來自波羅的海的祖母，但是在網路上我只在1826年奧地利貴族百科中看到了一條資料不多的紀錄：

　　1798年第一瓦拉幾亞步兵團（der erste Wallachischen Infanterie-Regiment）隊長雅各‧茲維拉赫（Jacob Zwillach）與埃德勒‧馮‧埃倫斯特雷特（Edler von Ehrenstreit）一起被冊封為貴族。

　　考慮到被冊封貴族的雅各‧茲維拉赫是我曾祖母的親戚，而且也許就是她的父親或祖父，那麼這裡所指的瓦拉幾亞（Wallachisch）應該不是來自瓦拉幾亞國的瓦拉幾亞人，而是瓦拉幾亞國本身。也許她甚至以他的名字來命名她的長子雅科夫 —— 母親的父親。由於羅馬尼亞的瓦拉幾亞當時受俄羅斯帝國的庇護，被庇護的領地中還包括波羅的海地區和烏克蘭，埃倫斯特雷特和伊瓦先科家族，總之都在同一處地域上遷徙。

安娜‧埃倫斯特雷特想來應該在很年輕時便隨著埃皮凡來到馬里烏波爾，因為根據教堂的記載，她十九歲時已產下第一胎，即女兒奧嘉。隨即在短時間內又陸續有了兩個孩子，雅科夫——母親的父親，以及他的妹妹葉琳娜。然後才是五年間歇後陸續出世的瓦倫蒂娜、娜塔莉雅和列昂尼德。如果世界上最大的痛苦莫過於母親失去孩子，那麼我的曾外祖母一生中經歷了兩次這種痛苦。她56歲時，兒子列昂尼德死於癲癇發作，五年之後，她的女兒奧嘉跳樓。在那個時候她也許已經孤身一人，已被丈夫埃皮凡遺棄。在女兒奧嘉死後兩年，她自己也離世了，死於癌症。可以想像，在她過世前居然得以再見到流放二十年後，終於回到馬里烏波爾的兒子雅科夫，對她而言是何等的安慰。

　　我的眼光為何必須一直回到曾外祖母身上？她身上有某種我很熟悉，但是不知道是什麼的東西。突然之間我恍然大悟，在這張時間跨越百年、攝自馬里烏波爾的照片上，我認出了我自己。曾外祖母的面容和我的臉幾乎是同一個模子刻出來的，甚至連她如何將一隻手肘支放在沙發扶手上、另一隻手放置大腿上的樣子，都跟我分毫不差，都是我慣常的姿態。比我整整早一個世紀出生的曾外祖母，她的基因跳過了兩個世代，重新回到我身上。也許這就是我的外貌與父母如此相異的原因。或許正是這種肉眼可見的生理差異，導致母親聲稱我不是她的親生孩子，事實上我的母親應是另一個人。她這樣說的次數如此之多，令我即使成年之後，也無法完全卸下這種認為事實確實

如此的懷疑心態。現今，這麼多的十年過去了，這張令我得見曾外祖母的全家福照片讓所有的疑慮煙消雲散。我是這個女人的曾外孫女，基於以上，我確實是母親的孩子。這個證據於我有何意義？我不知曉。但是就在我靜靜地注視著曾外祖母之時，我的心中生起一股有生以來從未有過的感受，這種感受一般人也許會稱之為血緣的親密感，但它是我體內極度的深處在感知著歸屬人類這個物種的心情。

在我閱讀有關切爾帕諾夫生平的這部著作期間，康斯坦丁將我的紙本照片之一發佈於他的網站平臺上 —— 母親依偎著一位白髮女士的那一張。有一位來自哈爾科夫（Charkow）、已經尋找她的義大利祖先多時的伊琳娜（Irina），和我一樣也打開了康斯坦丁的平臺，並且一時無法相信自己的眼睛。她在網站上看到的那張照片，就貼在她的家庭相簿裡。她也從孩提時代便已經認識這張黑白照片，照片上的兩個女人，如她所描述，「熟悉得令人心疼」。

這個尋親事件有些地方不太對勁。我剛從書桌抽屜的暗黑角落裡拿出這張古老的照片，一位遠房親戚就出現了。她可能是在這個世界上唯一一個和我擁有同一張照片，並且從小就看著這張照片長大的人。

和我相反的是，她一直就知道照片上的人是誰。她寫道，在母親身邊的白髮女士是瑪蒂爾達・約西芙娜（Matilda

Iosifowna），我母親的母親，我外祖母。我無法置信。這個白髮如霜的女人年紀看來太大，不可能是當時十八歲的母親，她的母親，她的樣子看來，我猜測她至少七十歲了；但是伊琳娜還在世的祖母卻對此不容置疑，她說這就是瑪蒂爾達・約西芙娜 —— 是她義大利祖母安吉麗娜・德・馬蒂諾（Angelina De Martino）的姊妹。

伊琳娜，與我有著無可理解的家庭關係的她，告訴我一個不可思議的故事：這位瑪蒂爾達的父親 —— 即我的曾外祖父朱塞佩・德・馬蒂諾（Giuseppe De Martino），來自那不勒斯一個貧窮的石匠家庭。朱塞佩十二歲時上船做雜役，多年努力後終於成為船長。他在香港感染天花，僥倖沒有病死，而且據說他是第一個航遍非洲的義大利人。有一天他駕駛商船來到馬里烏波爾，在這裡認識了愛上英俊船長的十四歲少女 —— 富裕義大利商人的女兒德蕾莎・帕切利（Teresa Pacelli）。一年後他們舉行婚禮，時年十五歲的德蕾莎帶著玩偶娃娃上船，從那時候開始，她就陪伴著丈夫揚帆旅航。他們總共生下十六個孩子，其中只有七個長大成人。這七個孩子中的一個就是瑪蒂爾達，我母親的母親。她和六個兄弟姊妹在馬里烏波爾一個親戚家長大期間，喜愛玩偶娃娃和義大利船長的德蕾莎，繼續在世界各大洋上航行。當我的義大利曾外祖父最後終於放棄海上生涯，並與妻子在馬里烏波爾定居之後，很快地便累積了財富。當時，移民到烏克蘭的義大利人，所做的生意不外乎買賣著名的烏克蘭小麥、葡萄酒或頓涅茨克盆地（Donezkbecken）取之

不盡的煤炭。朱塞佩‧德‧馬蒂諾選擇煤炭生意，他出口煤炭至世界各處，賺取了數百萬。將煤炭運往目的地的航船，是他未來女婿 —— 我的烏克蘭曾外祖父埃皮凡 —— 的父親所擁有的，他的兒子埃皮凡與安娜‧馮‧埃倫斯特雷特（Anna von Ehrenstreit）後來結為連理。這兩個家庭成為至親好友之後，母親的父母雙親，他們兩人也就此有機緣認識：瑪蒂爾達，義大利煤炭出口貿易商的千金，以及雅科夫，烏克蘭船運公司的少東。

伊琳娜寄過來成打的照片，我們共同的義大利祖先出現在我的電腦螢幕上。在一張照片上我看到仍然年輕的義大利曾外祖父母，顯然正在鄉下度假。船長與他的海上新娘似乎並不是特別的顯眼，但是卻有著無所畏懼的氣質。兩人都穿著黑色衣服，猶如正在去參加教堂慶典的路上。穿著沙沙作響、黑色塔爾夫（Traft：絲綢或合成纖維製成的霧面、相當堅硬的布料）裙子的德蕾莎，令我想起維斯康提（Visconti）電影中年輕的西西里寡婦。倖存的七個孩子中，只有瑪蒂爾達和她的姐妹安吉麗娜（Angelina）有照片，安吉麗娜的外表如雌雄同體的天使一般美麗，嫁給了馬里烏波爾最富有的希臘人。她所住的房子在城裡人稱「白色夏屋」（Weiße Datscha），雖然房子本身並不相似於俄式傳統夏屋（Datscha），而是一座宮殿。照片所攝時間可追溯回蘇聯時代，蘇聯國旗在希臘式支柱上方宏偉的欄杆上端飄揚，屋外庭園站著兩名戴白色帽子的護士。革命之後，這座華廈被改建，成為勞動人民的肺病療養院，並更名為

娜傑日達・克魯普斯卡婭（Nadeshda Krupskaja）—— 列寧妻子的名字。

另外還有一些鑲著金框、周圍以陰影暈飾的照片讓我能夠欣賞姨婆安吉麗娜的三個小女兒 —— 母親的表姐妹。她們飛瀑般的秀髮上紮著大大的俄式蝴蝶結，坐在價值不菲的座椅上似被擺放的玩具娃娃；或者在波蘭保姆的懷裡，裹著毛皮大衣和暖手袋，坐在冬天的雪橇上；或者穿著芭蕾舞裙在上芭蕾舞課。另一張照片上是一個戴著帽子、身穿大衣的優雅紳士，母親的希臘姨丈，他同時也是歌劇聲樂家，據伊琳娜所知，是聖彼得堡馬林斯基劇院（Mariinskij-Theater）著名的男高音。

我帶著驚異的心情看著這些陌生人，心中不禁笑了出來。居然我小時候所撒的謊一點都不誇張，甚至還謙虛了。事實是，我是一個大資本家的曾外孫女，當時他的煤礦應該相當於金礦，現在的話，等於是石油吧。這些人他們那時的生活一定是穿金戴銀，而同時，大多數烏克蘭人卻在貧困和痛苦中掙扎度日。

但是，我母親的烏克蘭父親雅科夫，那個為了革命理想付出二十年流放代價的人，怎麼可能答應家中要迎娶一個外國百萬富翁的女兒？難道他只是年少輕狂，一時糊塗跟政治宗旨是消滅他自己的階級的布爾什維克黨人（Bolschewiki）廝混？勞改營的教訓讓他回心轉意了嗎？回到馬里烏波爾是不是回到舊

時的、優越的世界，回到他青年時代的朋友、可能是他流放之前的戀人瑪蒂爾達身邊？流放多年後，當自家沒落凋零，卻能與豪門結親，對他而言是好事嗎？

我呆楞地望著照片中年少的母親與旁邊那位據稱是瑪蒂爾達·約西芙娜·德·馬蒂諾的老婦，雖然教堂的編年紀錄告訴我，瑪蒂爾達很晚才生下我母親，生產那時她已經四十三歲了。而且，母親被遣送出境時，可想而知，也不會隨便打包什麼照片，而會是她父母親的照片，我真的很難相信，這個白髮、幾乎已經是老嫗的女人會是一個十八歲少女的母親。她不是應該比較像是母親的義大利外祖母德蕾莎·帕切利，那位遲暮的海上新娘嗎？

伊琳娜再次將我對母親的印象打亂。她，是一個在海上出世的女人的孩子嗎？是船長女兒的孩子嗎？是一個長大時不但父親不在身邊，母親也不在身邊，跟著親戚居住於陸地上，被容忍大於被愛，被送走的、孤獨的、沒有真正的家的孩子所生的孩子？這個孩子成為女人之後，能夠給自己的孩子類似安全感這樣的東西嗎？突然之間我瞭解到，母親的無家可歸不是開始於德國，而是從在烏克蘭就開始了，她並不是某個時候突然從巢中掉落的幼鳥，而是從未有過一個巢，因為從她的父母開始，他們就無家可歸了。瑪蒂爾達是被送去寄養的孩子，而雅科夫則是被不再富有、有一天突然無影無蹤的船東父親所遺棄的。而且，在流放西伯利亞的二十年歲月中，雅科夫難道可能

不變成失根的人？不會被世界隔離成為陌生人嗎？這就是母親的父母？連他們自己都已經是被連根拔起、被拋棄的兩個人，找到了彼此？烏克蘭是母親的搖籃這件事如果從未存在過，現在我是否必須重新調整她整個的生平敘述？

我對自己童年記憶的可靠感到驚訝。長久以來我認為是自己胡思亂想，不知為何從自己內在所生出的情景，會重新變成真正的事實。德·馬蒂諾（De Martino）這個姓氏真的於我的來歷中存在，母親真的是一個義大利女人的女兒，即使是「煤炭生意」也不是我自己發明的，它也是我生命起源中的一個資料項目 —— 雖然我的前人所做的「煤炭生意」與一般人對這個詞的想像完全不同。

伊琳娜擁有的她曾祖母安吉麗娜一家的相片中，我找到一張有母親的哥哥謝爾蓋（Sergej）也在其中的照片。這張發黃得幾成棕色、褪色情況非常嚴重的照片攝自1927年，他12歲。應是某個人在赫爾松（Cherson）的聶伯河（Dnjepr）岸邊拍的，母親的一個義大利親人當時在那裡擁有一家釀酒廠。眼前所見的照片，呈現的是一個1927年的夏日，母親的童年時期，她七歲的時候。令人迷醉、慵懶的大自然中，岸邊繫著一艘船，一棵巨大的老樹。我們可以看見，照片裡的人不是隨意就定位，所有人所座落的位置都與樹以及彼此存在，有著非常藝術的關係。照片中間有位優雅地坐在樹枝上的女人，是伊琳娜不知道身分的年輕女子。照片下方，大樹腳下站著三個女孩，

她們是安吉麗娜的女兒，所以是母親的表姐妹 ── 三個美女，她們已經比打著俄式蝴蝶結的照片裡的樣子成熟多了，三人都留著粗長的辮子，穿著淺色的托爾斯泰式長衫。老樹一根向外伸展的樹枝上坐著一個耳朵外翻、大笑的男孩，他穿著短褲，戴著水手帽，短褲下的雙腿懸空擺盪。

這個男孩，伊琳娜知道他就是謝爾蓋，是母親的哥哥，對於他的蹤跡，康斯坦丁和我追到目前一無所獲。顯然那個時候拍照時露出微笑還沒有被發明，至少在烏克蘭還沒有。目前為止我所看到的所有照片中，引人注意的是裡面的人嚴肅的表情，包括孩子們，但母親的哥哥例外地在拍照時笑了。出於某種原因，失望的感受竟向我襲來。正好是他，曾經與母親這麼親近的他，我對他的預期是特別深沉、敏感與憂鬱的模樣，我的直覺是，他應會是母親的男性翻版吧。但他卻坐在一棵大樹的枝幹上，自由地擺盪著雙腿，對著相機鏡頭盡情大笑，完全不是我所想像的那麼一回事。一個開朗、不拘小節、似乎很健壯的男孩。即使是長相，我也找不出他和母親的共同之處。我看到的真的是她的哥哥？還是伊琳娜的訊息來源是錯誤的？這根本完全是另外一個男孩？

水面上，離河岸不遠處，可以看見一艘小船，船上可清晰辨認兩個人形，其中一個搖著槳。這兩人，我問自己，是母親與她的姊姊莉迪亞？不是理所當然如此嗎？為什麼謝爾蓋自己一個人與他的表姐妹上岸走了呢？這張照片難道不是攝自孩子

們一起在聶伯河邊，他們最喜愛的義大利叔叔家所度的暑假時光？

我不斷嘗試觀看，直到我的眼睛發酸開始流淚，我瞪著船上那兩個人影。我一再地將照片在螢幕上放大、縮小，因為從一定的尺寸開始，它變得更加模糊。即便我透過放大鏡看、列印出不同的版本，但船上的兩個人太小，太遠，褪色得太厲害，無論現代的技術多麼無所不能，它仍舊守住了照片的祕密，拒絕我看到母親年幼時的第一眼。

莉迪亞是母親的姐姐，住在哈爾科夫的伊琳娜在信中告訴我，她是母親的表妹瑪魯夏的閨密，瑪魯夏是樹底下三個女孩中最漂亮的那一個。有一天，莉迪亞和瑪魯夏大約十八歲的時候，相約一起自殺。她們為什麼決定自己結束生命，原因不明。但是伊琳娜相信，或許是基於她們的家庭背景，她們在社會的新系統中並沒有任何未來。瑪魯夏不被允許去上大學，大家知道的是，她因此撕扯自己長長的黑髮，詛咒自己的生命，陷入了嚴重的抑鬱中。莉迪亞的情形應該也是如此，無論如何，據說她是自殺行為的主導者。她們兩個從某處得到毒藥，相約在某天某時，一同將致命的毒藥服下。瑪魯夏守約服毒而亡，可能死得很痛苦；而莉迪亞卻臨陣退縮，活了下來。

這件往事聽起來顯然就是俄羅斯戲劇所擅長的驚悚故事，還是讓我有些毛骨悚然。它們接二連三地發生，母親的姑姑奧

嘉從窗戶跳了下去、母親的表妹瑪魯夏也死於自己的意志，而母親的姐姐莉迪亞則在面對死亡的最後一刻失去勇氣，最後是母親？她們大家都染上了切爾帕諾夫症（Tschelpanow-Krankheit），自殺是某種家族傳統？當時大約九歲的母親是否聽說了這場悲劇？莉迪亞讓她的表妹相信她們會一起死去，卻打破約定，之後又要如何活下去？母親的姐姐，莉迪亞，她是誰，也許在那時，流放勞改營的達摩克利斯之劍（Damoklesschwert，譯注：出於古希臘傳說，意指感到末日降臨）已經在她頭頂上盤旋？

我是可以從網路裡查知的，但是不知為何我感覺這個字詞於我太過親密，我無法將它放入匿名的搜尋引擎中。我問康斯坦丁，他是否認識一個名叫梅德韋日耶戈爾斯克（Medweshja Gora，譯注：1938年改成現在的名字，之前稱Медве́жья Гора́，意即「熊山」）的地方。他回答：

梅德韋日耶戈爾斯克是俄羅斯卡雷利阿共和國（Karelien）的一個火車站。很久以前，我從物理學校畢業後被分配到一份在彼得羅紮沃茨克（Petrosawodsk）的工作。我在那裡生活了幾年，有一次騎了160公里的腳踏車去到梅德韋日耶戈爾斯克，途中一直是森林。如果您的阿姨真的是被放逐到這個營地的，那麼她自然死亡的可能性微乎其微。這個營地的犯人必須建造「白海 — 波羅的海運河」（Weißmeer-Ostsee-Kanal），這條運河大約有230公里長，它銜接白海與波羅的海，並且開啟

列寧格勒（Leningrad）通往巴倫支海（Barentssee）的水路。犯人要在沒有現代科技工具的情況下，砍下數以千計的大樹，而且幾乎必須徒手挖開運河。這項巨大工程（勞改營）的行政中心就設在梅德韋日耶戈爾斯克，這個勞改營是位於白海一個群島上可怕的索洛夫斯基營地（Solowki）的一個分支。很久以前索洛夫斯基是一個有名的修道院，在18世紀的時候它成為沙皇時代最令人懼怕的國家監獄，在蘇聯政權下，從它之中誕生出古拉格群島勞改營的雛形。沒有人知道究竟有多少人死於建造白海 ── 波羅的海運河，估計範圍從五十到二十五萬都有。很多人直接死在工地，沉埋於泥濘中，直到今天他們仍然被埋沒在那裡。

有著無盡的森林與湖泊、安靜隱蔽的木製教堂，美麗的俄羅斯卡雷利阿，梅德韋日耶戈爾斯克，即熊山就在那裡。這個地方是真實的存在，就連它的名字，孩提時代的我都一清二楚地把它記住了。母親的姐姐沒能夠活著離開那個地方，我早有心理準備，但是我現在清楚地看見，知道她是被榨乾勞力，折磨至死，和在那個地方喪生的所有其他人一起被埋入運河床下。一條充滿屍體、230公里長的運河，河床下躺著我的阿姨……

我在地圖上查找，梅德韋日耶戈爾斯克離馬里烏波爾二千三百公里遠。一萬五千名居民居住的這個地方，座落在從北冰洋（Arktischen Ozeans）的分支流域白海（Weißen Meer）一直

延伸到芬蘭，幾乎無天無日的森林地域，只有無盡的俄羅斯針葉林、沼澤、狼、熊，以及比半年還長的積雪、極夜、短暫溫暖時期的蚊子軍團。極權政府不但利用其寬廣之距離，而且還利用嚴酷的大自然作為它的懲罰系統。我試著想像，在當時需要多長時間才能移動至兩千三百公里外。莉迪亞用了幾天幾夜的時間才到達勞改營？生平第一次我確切地感知到在這個龐大的帝國中，距離的整個維度是什麼意義，在這個廣闊的空間裡，孤獨又可以到達什麼樣的程度。如果用離家鄉有多遠的距離來衡量的話，莉迪亞的刑罰還是比較輕的，畢竟還存有距離馬里烏波爾一萬公里甚至更遠的蘇聯勞改營地。

今天的梅德韋日耶戈爾斯克以溫泉著名，是度假聖地。遊客為此處的極光秀、白夜讚嘆，他們參觀白海群島上被鬧鬼的永恆城牆環繞著的歷史建築修道院，以及另一個俄羅斯網路報導的景點：

在梅德韋日耶戈爾斯克的森林地域，曾有無數修建白海——波羅的海運河的囚犯在此亡故，在當時，時代氛圍稱這些囚犯為運河士兵。參觀這裡的紀念墓地給人一種奇異的感覺，感覺中混合著悲傷、恐懼和無力感。這裡沒有一般意義的墓碑，只有大樹，而樹幹掛著鑲嵌的照片、寫有死者姓名、生卒年月日的板子。這裡有許許多多的大樹，形成一整座的森林。森林裡風在呼號，呼號著的風，似乎在代替這許許多多被謀殺的人，向我們訴說……

母親的姐姐是一個「運河女士兵」嗎？為了找到她，我必須去卡雷利阿尋找一棵樹嗎？我會在這一棵樹的枝幹上看到我迫切渴望看見的：母親姐姐的一張照片？

　　之後，當我根據資料繼續調查，我明瞭到自己不會在任何樹幹上找到有莉迪亞出現的照片。運河建造時間是1931至1933年間。因為德國攻擊蘇聯是1941年6月開始的，所以瑪蒂爾達，母親的母親，必須在這個時間點前不久，動身前往梅德韋日耶戈爾斯克尋找她的女兒莉迪亞，也就是運河建成之後八年。這些資料都代表莉迪亞沒有死於工程期間，她倖存下來了，或者她是在1933年之後，當卡雷利阿的森林因為另外其他目的而被砍伐時，才被送進勞改營。也許她也已經在被流放的地方安居了，就像不少囚犯在刑期結束後所做的那樣。有些人永遠流落於荒野中，有些人寧願遠離權力中心，也有的是在長期流放後，與家人失去了聯繫。

　　與此同時，我與康斯坦丁交換了數百封電郵，有時候甚至每天十幾封或者更多。自從幾個月以來，我們一起繼續調查的這段期間，除了讀他的電郵以及寫信給他以外，我幾乎什麼也沒法做。儘管如此，母親的兄弟姐妹仍然杳無蹤跡。莉迪亞似乎永遠消失在世界歷史的動盪中，而尋找謝爾蓋的事，也無法更進一步。康斯坦丁透過以康斯坦丁・西蒙諾夫（Konstantin Simonov）著名的俄羅斯戰爭詩歌來命名的熱門電視節目「等等我」（Wart auf mich），來尋找他的偉大構想，由於想上節目

尋人的數量實在太多而失敗。每天有上百個欲尋親的人去登記，輪到的時間需等待長達一年以上，而且比起我們，親人的故事必須更有看頭才能夠引起轟動。而謝爾蓋名列前黨員，而作為黨員，所有生活資料應該都登記在其中的中央黨檔案館，我們的諮詢要求卻沒有收到任何回覆。康斯坦丁找出現在生活在馬里烏波爾所有姓「伊瓦先科」的人的地址，我寫了四十八封信，但只收到兩封回信，內容是否認與我要找的人有任何關係。即使是我們寫給馬里烏波爾戶政事務所的信，收到的回答也只有沉默。我們探尋一個通往亞速海海邊，某個烏克蘭村莊的線索，我寫信給一個年輕人，他聲稱他還在世的曾祖父母應該認識謝爾蓋，但是在他給出這個充滿希望的資訊以及和他對烏克蘭荒涼條件的抱怨之後，他就再也沒有消息。我們研究基輔（Kiew）某條街道的居民，因為有一個模糊的跡象表示，謝爾蓋曾經住在那條街道上。康斯坦丁甚至派出一個住在基輔的朋友去尋找，但是他無功而返。最終他寫信給幾家蘇維埃共和國一度最重要的歌劇院，有一家回覆了。明斯克（Minsk）的白俄羅斯莫斯科大劇院（Bjelorussisches Bolschoi-Theater）告訴他，謝爾蓋·雅科夫列維奇·伊瓦先科（Sergej Jakowlewitsch Iwaschtschenko）在1950年代是歌劇院的一員，屬於「第一階級獨唱」。可以知道的是，他與一個醫生結婚，有一個名叫葉甫根尼婭（Jewgenia）的女兒。他在1958年從明斯克換駐到阿拉木圖（Alma-Ata）的哈薩克斯坦國家劇院（Staatstheater von Kasachstan）。在阿拉木圖，我們只有很少的消息，其中是1962年他從阿拉木圖換至頓河（Don）邊的羅斯托夫國家劇院

（Staatstheater von Rostow）。此後我們就再也沒有他的消息。

謝爾蓋是1915年出生的，我們推算他可能不在人世了，但是至少現在我們擁有了一條重要訊息。他有一個女兒，一個絕對可能還活著的葉甫根尼婭·謝爾蓋耶夫娜（Jewgenia Sergejewna）。只是，我們該從哪裡接續我們的找尋？如果謝爾蓋有的孩子是個兒子，找起來應該會方便很多，畢竟他的女兒可能已經結婚，冠著夫姓，就會以一個我們不認識的男人的名字生活著。我們重新進入死巷。

因為他在前線跟「紅旗」（Rotes Banner）歌隊一起工作，所以直覺告訴我，歌唱家謝爾蓋是一個小明星。但是歌劇院以「第一階級獨唱」的頭銜聘僱他，反駁了這一點。我與歌劇的緣分深遠綿長。當我少年時期，對世界的認識並不比德國戰爭前後強制勞工多的時候，有一次偶然地進入了慕尼黑新開幕的國家劇院。那時劇目是《唐·卡洛斯》（Don Carlos），內容是什麼我聽得不是很懂，但是當我聽到年邁的菲力浦國王，他在夜裡，於埃斯寇里亞爾修道院中燃燒殆盡的蠟燭前開始唱〈她從不愛我〉（Sie hat mich nie geliebt）時，我心中跟隨著歌聲逐漸明白，我的心成年了。那份出自自我、既孤獨又渴切的飢餓感，我之前不知道竟然有這種精神糧食存在。有生以來我第一次感覺自己是群體的一部分，我第一次接收到來自外在世界的自己給內在的我發出的訊息。歌劇，世界的聲音，成為我第一個家。我可能是到目前為止，慕尼黑國家劇院觀眾席的站位席

上最樂此不疲的觀眾。我只想成為建築裡的一塊石頭，再也不需離開，不會錯過任何在裡面演奏或演唱的任何樂音。我聆聽當時所有偉大的歌唱家，從比爾吉特・尼爾森（Birgit Nilsson）到特雷莎・斯特拉塔斯（Teresa Stratas），從弗里茨翁德利赫（Fritz Wunderlich）至尼古拉・吉奧羅夫（Nicolai Gjaurow）。每一場演出後我都戰戰兢兢地等在劇院的演員出口前，為了請藝術家在我的入場券背面簽名，為了能有幾秒的時間就近欣賞我心目中的神祇。我自己的舅舅難道是這些神祇之一？那時候在幽暗的舞臺上，用低音唱出西班牙國王的詠嘆調，唱出對權力厭倦和不受歡迎的偉大哀嘆的人，可能是他嗎？是他的聲音在那一瞬間把我從寂寞中帶離並永遠地改變了我？

由於在俄語國家如何命名，通常表達的不是對名字的偏好，而是對某個特定的人的喜愛，而這個特定的人通常是近親，所以毫無疑問地，謝爾蓋把母親的名字葉甫根尼婭給了他的女兒。我很想跑到母親的身邊，告訴她這個新的消息：妳哥哥沒有忘記妳哦，不不不，他對妳的愛沒有停止過，我有證據——他把妳的名字給了他的女兒……

康斯坦丁和我在黑暗中繼續研究探索的同時，我住基輔的朋友奧爾嘉（Olga）來拜訪。她首次來到柏林，是柏林圍牆倒塌之後不久。來自當時物力艱辛的烏克蘭的她，在選帝侯大道（Ku'damm，譯注：Kurfürstendamm縮寫）上經過一家餐館，看到端上桌的烤肉盤份量有多大時，完全不敢相信自己的眼睛。

這位專業土木工程師之後在柏林做清潔婦的工作持續多年，將所賺的錢寄回烏克蘭，讓她的孫子不致挨餓。橘色革命（Orangefarbene Revolution）不久後，她返回基輔，跟前夫──一個來自克里米亞半島（Krim）的卡拉伊姆人（Karäer），還有孫子一起重新住進她的舊公寓，一套在共產主義典型建築的大樓（Plattenbau）裡，約36平方公尺的空間，窗景是聶伯河（Dnjepr）上的落日。她的女兒早在很久以前已經選擇流亡荷蘭。

奧爾嘉維持每次來訪的習慣，這次她也給我帶來基輔的傳統糕點，是一種酥皮、榛果和奶油所做的，無可比擬的美味食品。自從烏克蘭政府更迭以來，這種糕點被稱為波羅申科（Poroschenko）蛋糕，因為它來自新總統擁有的一家工廠。奧爾嘉一來，我總是會「波羅申科肚子痛」，因為實在無法適可而止，總會一次吃過多的波羅申科蛋糕。奧爾嘉這次來訪不是單純的友誼之行，她來訪也因為她的姐姐塔瑪拉在柏林的一間猶太養老院去世了。葬禮已經舉行過，奧爾嘉來領姐姐的骨灰甕，想帶回去埋葬在她們度過童年時光的烏克蘭村子的墓園裡。她現在居住的烏克蘭剛剛爆發內戰──在一切原本是和平起源的廣場上，槍聲響起。

這是一個令人毛骨悚然的巧合：我開始尋找母親的時間點，和烏克蘭可能重新爆發軍事衝突的第一個可測跡象事件的發生時間，正好相合。電視轉播的軍民衝突畫面，彷彿在向我

展示她出生時的內戰景象，彷彿在引導我走一趟她當時的經歷。暴力很快地蔓延到馬里烏波爾，在馬里烏波爾第一座被燒毀的房子，就是曾經是姑婆瓦倫蒂娜所創辦的女子中學的那座建築。烏克蘭媒體報導它是「三度被燒毀的房子」。在內戰期間這棟房子第一次被放火，當時它還是瓦倫蒂娜的中學。之後，德國占領者在格奧爾基耶夫大街69號（Georgijewskaja-Straße 69）處設立勞工局（Arbeitsamt），然後在德國軍隊從馬里烏波爾撤退時被放火，以湮滅運送強制勞工的證據。

　　這似乎是我最重要疑問之一的回答。也許，我的假設是這樣的，瓦倫蒂娜的中學燒毀後被重新修建，不久後年輕的母親，當時已經離世的創辦人的姪女，在此校任教。德國軍隊占領後，把學校關閉，在這棟座落市中心的建築內設立勞工局，並接收了校內的員工。母親因此成為德軍勞工局的工作人員，既不是她自己應徵，也不是特別被挑中的，只不過是人事行政的自動程序。無論如何，都不可能是德軍特地挑出她姑姑創立的中學分配給她當工作場所。

　　直到不久之前，在德國知道馬里烏波爾的人少之又少，但是內戰讓這座城市一夜之間成為焦點。我想著母親的同時，第一次在電視上看到了她曾居住的城市樣貌。我看到了她的足跡曾走過的街道，她的目光曾親見的房屋，一個當時可能也已存在的小公園。尤其是喬治耶夫斯卡亞街69號、那座冒著煙燃燒的房子，在襲擊發生時，它是馬里烏波爾警察局的總部，這棟

原是我的家族歷史中心的建築，突然成為德國電視新聞報導的焦點。建築物上有一塊從火舌中倖存下來的牌匾，上面寫著：

1941至1943德軍占領期間，德國勞工局設在此處。六萬多名馬里烏波爾人從這裡被運遣至德國為奴工。他們之中十個有一個在禁錮中，勞動至死。

連奧爾嘉的姐姐塔瑪拉，在柏林高齡過世的她，也屬於從烏克蘭被強制遣運的勞工。她從基輔被運送到維也納作為奴工，分配至一個罐頭工廠做強制勞動。她返回烏克蘭後，雖然逃脫了作為叛國者和共犯被槍殺的不幸，或者再被送至另一個勞改營的命運，但她還是屬於那些因為在德國強制勞動，而終身背負後果的大多數人之一。這些無法抗拒、被戰敵綁架的回歸者，不再被社會接納，大部分的人都過著飢餓的悲慘生活直至死去。塔瑪拉不被允許上大學，也找不到工作，連最卑微的工作也得不到。她被迫倚靠本身也近乎挨餓的父母多年。最後，父母的一個熟人愛上了她，一個上了年紀的生物化學教授向她求婚。她雖然不愛他，但與他結婚拯救了她，至少從那時起，她的日常溫飽有了著落。然而，因為與她結婚，這位身為猶太人、早已有汙名的勇敢丈夫，終究還是逃不過懲罰。很長一段時間他是基輔唯一一個沒有配給到住處的教授，兩個孩子與妻子必須跟他一起在公社裡生活。

我所認識的奧爾嘉的姐姐，是一位沉著冷靜、無可撼動的堅毅女性。世界上沒有任何事物能夠動搖她，她臉上的表情也

總是文風不動。當她的丈夫在八〇年代過世後，兩個兒子移民至德國，她也隨著兒子來到德國，以猶太人母親的身分得到居留。她人生還非常漫長的最後階段，自願回到曾經奴役她的世界，接受社會福利的濟助，居住在柏林的威丁（Wedding）一棟高樓裡。她坐在單人公寓裡，以俄語的電視節目，或者以俄語猜字謎遊戲消遣。她的耳裡似乎聽不到德語，電視節目以外的陌生異國環境，她也都不承認。在維也納強制勞動的日子，她說是她生命中最幸福的一段時光。她一說起維也納，原本渾濁的眼睛會突然閃現光芒，蒼白的雙頰瞬間綻放紅胭。奧爾嘉很肯定，她姐姐塔瑪拉在維也納時，一定經歷了她最初、也是最後的愛情，而且那位她永遠的愛人是一個德國人。如果這是對的，那麼她當時冒著很大的風險。斯拉夫強制勞工與德國人談戀愛，是會被處死或者關到納粹集中營去的。即使在烏克蘭，如果塔瑪拉與一個德國人有戀愛關係，這個關係流傳出去的話，她也會付出代價，甚至可能是她的生命。而且不是只有她，她所有的家人都會被處罰。塔瑪拉很明白這個事情的嚴重性，所以一輩子保持緘默。她顯然從意識中抹去所有強迫勞動時的驚懼，讓自己活在醉心的回憶中。她高齡快九十時離世，早在許久之前她已決定將靈魂遺留在某個世界，並且將她的祕密一起帶進了墳墓。

奧爾嘉還需要辦理一些移交骨灰甕的手續，所以在此逗留了幾個星期。只要奧爾嘉來看我，我們便總是在YouTube上聽歌劇音樂聽到半夜。差不多二十五年前，我們的友誼開始之

時，我就已將對歌劇的熱情傳染給她。我們一再地聽著來自西伯利亞克拉斯諾亞爾斯克（Krasnojarsk）的俄羅斯男中音德米特里赫沃羅斯托夫斯基（Dmitri Hvorostovsky）的歌唱，此時已是世界巨星的他曾說：「我歌唱不是為了娛樂，不是為了讓你有美好的感覺；我歌唱是為了喚醒你，讓你痛苦，所以你才能和我一起哭泣。」他唱〈啊，我將永遠失去你〉（Ah, per sempre io ti perdei），唱〈我們曾經多麼年輕〉（Kak molody my byli），他用歌聲讓我們感受到痛苦，在他來說一點都不是什麼難事，我們坐在螢幕之前，聲嘶力竭，或唏哩嘩啦地哭泣。

白天有幾個鐘頭，我仍然繼續忙著尋找舅舅謝爾蓋以及他的女兒葉甫根尼婭，我的表姐妹。有一天當我再次使用試錯法（Trial-and-Error-Methode）嘗試，在俄語google上查詢葉甫根尼婭·謝爾蓋耶夫娜·伊瓦先科時，某個無法定義的頁面顯示出一個基輔的地址：Krutoj Spusk街26號之5。奧爾嘉知道這條街，街名翻譯成德語的意思是「陡峭的下坡」。這條街在基輔舊城中心區，就在獨立廣場（Majdan）的後面。地址之後跟著的還有電話號碼。我抱持勇氣，終於下定決心撥號過去時，電話另一端機器的聲音用烏克蘭語和英語解釋道，這個號碼已不復存在。

擔憂親人一直是前蘇聯領土上普遍存在的現象。在野蠻、無秩序的日常生活中，危險一直都潛伏著，犯罪率很高。尤其現在基輔處於戰爭狀態，奧爾嘉有個23歲的孫子，只要他一離

開家，她就擔心得要命，絕對不可能允許他到獨立廣場上去捍衛烏克蘭的自由。但是她現在被我的尋親熱度所感染，她在我的電腦螢幕上透過Skype把他叫喚來，對他下嚴格的指示，要他幫忙去找網上顯示的地址。

直到她的孫子從目的地再回到家來，共花了兩個半小時，這段時間對奧爾嘉來說，簡直是如永恆般漫長。他在那個地址處沒有遇到任何人，也沒有任何鄰居回應他按的門鈴。管理先生對他說，許多年前在5號房裡住著一個老婦人，但是她已經去世了，她的名字他不記得了。從那時候到現在，房子已經兩度易主，現在正在翻修。

離開柏林前，奧爾嘉用兩條毛巾將姐姐的骨灰甕包一包，塞進行李箱。我送她到城市另一頭的巴士轉運站。這位認為她生命中最美好的時光是在維也納罐頭工廠，曾被強制奴役的姐姐塔瑪拉，現在是第二度要返鄉回烏克蘭，這次搭乘的，不是運送牲畜的車廂，而是一輛舒適、有空調的長程巴士，而且這一次回家後，她永遠不必再離開了。

經過長途巴士的顛簸到達基輔後，奧爾嘉想都沒有想，好好睡一覺補充體力。她連灌兩杯在爐灶上用長柄小銅壺（Cezva）——因為現代科技煮不出好咖啡——所煮的黑咖啡，再點一支菸，就跑去坐地鐵了。只從後面看到她，或者是遠遠地看到她，每個人都會把她當年輕人。她身形苗條如小

鹿，六十二歲了還能在鄉間宅邸的果園爬樹、採收水果。

在Krutoj Spusk街26號之5，這次也沒有人出來應門，但是有一位鄰居在家。奧爾嘉從她那裡得知，原來住在這裡的老太太葉甫根尼婭‧謝爾蓋耶夫娜‧伊瓦先科，以前是這個城區的醫生，她絕對不是去世，而是幾年前從這裡搬走了。這樣一來，事情其實就很清楚了。也許名字叫做葉甫根尼婭‧謝爾蓋耶夫娜‧伊瓦先科的女人很多，但是一個有這個名字，又是女醫生的女兒，而且自己也成為醫生，這樣的女人應該僅有一個吧。為保險起見，奧爾嘉繼續打聽，看這個鄰居是否剛好知道，這位葉甫根尼婭‧伊瓦先科的父親是誰。

「我當然知道，」鄰居太太回答，「他是馬里烏波爾人，而且是一個有名的歌劇聲樂家。」她還把前鄰居現在的電話號碼給了奧爾嘉。

在前蘇聯時期，大家碰面聊天的地方是在家裡的廚房，現在在基輔，廚房才成為多餘的角色，因社交文化場所的餐廳和咖啡館多如雨後春筍。我的表姐葉甫根尼婭因此也不再在家招待客人，她和奧爾嘉一樣，兩人同時都在電話中表明不在家招待客人。加上表姐的兩房居處已有六個租客，並不方便。即使在人滿為患，連縫隙都能出租住人的基輔，這也不尋常。

我知道醫生在先前的蘇聯時期收入其實很低。我的眼前浮

現一個景象，一位過勞、憂慮憔悴的地區醫生，一生都在一家設備不足、破舊的地區醫院辛勤工作，而現在她在小公寓裡經營著類似供夜間庇護的居處，因為她的退休金根本不足以生活。一個在現代俄羅斯受苦的老婦。

奧爾嘉在跟她見面之後，敘述的完全是另外一回事。跟她碰面的是一位衣著優雅、臉上有妝而且五官突出的女士。她的身材和類型和我很相似，奧爾嘉說，她花了大半個晚上在她堆滿東西的公寓裡尋找我的照片和我寫的書，要帶給我的表姐看，結果她只短暫地瞥了一眼她帶來的東西。奧爾嘉所嘗試的一切，不論是告訴她關於我的事，或者想瞭解她而提出的話頭，都被扼殺於中途，無法接續。葉甫根尼婭只是滔滔不絕地講述她的父親，父親顯然是她的神祇。兩個小時之後溫柔有耐心的奧爾嘉不得不逃離現場，連在我的電腦螢幕上，她看起來都還是疲憊、樣子凌亂的，就像她跟我表姐打了一架一樣。

當我隔天打電話給葉甫根尼婭時，立即明白奧爾嘉經歷了什麼。最遲也是10分鐘之後，我就清楚了自己也是插不上話的，我所寫下要提出的問題，很難成功地說出口。她用高音頻的聲音跟我寒暄之後，立刻敞開話題高談闊論，我甚至不確定她是否真的知道她在和誰講電話。我只好盡可能地集中注意力，試著從耳邊排山倒海的嘰嘰呱呱聲裡聽出我想知道的。

我微渺的願望，是希望得知她也許認識我母親，但這點沒

有得到實現。表妹葉甫根尼婭是1943年出生的，正好就是那一年，她永遠離開了馬里烏波爾。事實證明，亞速海海邊那個村子裡與我略通書信後再次失踪的烏克蘭青年，是正確的線索。他的曾祖父母可能真的認識謝爾蓋。意思是，葉甫根尼婭──從前線退下在休假而懷的孩子，是當時在疏散時，在這個村子裡出生的。有一天，她三歲時，一個陌生男人走進房間，說：「我是妳的父親。」她立刻就知道這是真的，她的父親就是這個男人，而不是其他人。他們從一開始就「狂熱地」（fanatisch）彼此相愛，她一直重複這個詞，在說fanatisch這個字時，她還把第二個a像警鈴一樣拉得長長的。

從她嘴裡我第一次聽到名叫童雅（Tonja）的保姆，革命之前這個保姆就已經跟著母親的家庭一起生活，而且在那以後，她也一直留在母親身邊，無論世道如何，不管日子多麼艱辛。這位童雅女士好像曾經述說，母親在戰爭期間嫁給了一個美國軍人，而且隨他去了美國。

我知道俄羅斯人對創造傳奇有多麼熱衷，在我尋找的過程中，這個因素也總是在我考慮真偽時必須算進去。但是前蘇聯公民通常很清楚的歷史事實，這時反而被無視，令我感到很驚訝。雖然我聽說過一些蘇聯強制勞工在解放後與美國士兵結婚，然後隨著夫婿去美國的故事，但是這些事情，我都是在德國聽說的。在戰爭時候一個美國軍人踏足於蘇聯的土地上，讓母親可以在馬里烏波爾認識他，是絕不可能的。就算保姆童雅

真的散佈了這個謠言，而我表姐對此卻沒有絲毫懷疑，也真令人訝異。但有保姆存在的這個訊息，讓母親生平中那些我一無所知的空洞又關上了一個。我一直對她在戰爭爆發時的生活狀況感到疑惑 —— 她的父親已經去世四年，兄弟在前線，姐姐被流放，而她的母親在旅途中失蹤了。我一直想像她在那個可怕的時刻是完全孤獨的，因為我在她的家族中，除了直系親屬，誰都不認識，所以無法想像她還有其他人陪伴。現在我知道，保姆童雅很可能就陪在她身邊，那個從她第一次呼吸便認識的人。也許童雅在壁爐裡生起了溫暖的火，當燃材還能得到的時候；她在城裡毀損的瓦礫間翻找能吃的東西給母親；空襲警報一響，便護著母親奔躲進防空洞。

我的表姐陳述說，謝爾蓋真的是把他妹妹的名字給了他的女兒。他非常崇拜他的小妹，一直談論著她，直到他去世，他形容她極為美麗和聰明，並且從未停止過等待她的消息。有生以來我第一次聽到有一個人愛著我的母親，一直以來我只知道她到處被排擠、被驅逐，是個淪落天涯的人。自外頭來、落在她身上的第一個關愛的眼神，讓我比以往任何時候都更加清楚、更難過地明白，她在德國受到了多麼不公正的對待。我的表姐現在有機會接收她父親等待了許久、迫切想知道的，有關他小妹的消息，但是她連一次都沒有提出關於我母親真實命運的問題。她堅決不讓我打破這個幻夢，她有一個姑姑生活在遍地是機會國度的美夢。也許她甚至以為我母親還活在人間，而我打電話給她的地方是美國吧。

有關我們共同的外祖母瑪蒂爾達・約西芙娜・德・馬蒂諾，她知道，理蒂爾達並沒有死於戰爭。然而，她自去梅德韋日耶戈爾斯克之後，再也沒有回到馬里烏波爾。我的表姐不知道她沒有回家的原因，她只知道，她最終定居沃斯克列申斯克（Woskressensk），一個位於莫斯科附近的俄羅斯城市。她1963年過世，享年86歲，也就是說，母親走後七年，外祖母才撒手離世。

　　如果她，我的母親，知道我現在所得知的一切，事情可能會不同嗎？如果她當時有一個還活著的母親讓她思念，她在德國的命運會不會變得比較可以忍受？也許這些消息會讓她打消結束自己生命的念頭？但是這一切都沒有發生，相反地，河水可能用她的母親的聲音在呼喚她，也許她以為自己是在去德國雷格尼茨（Regnitz）的路上，以為自己正往死去的母親那個方向前行。

　　表姐這一輩子只見過外祖母瑪蒂爾達兩次或者三次，但是她逝世的日期她清清楚楚地記得。這個日期正好與我的生日重疊。那一天，當我在德國一個鄉下城市過十八歲生日的時候，我的外祖母在沃斯克列申斯克過世了。沃斯克列申斯克這個名詞，俄語的意思是「禮拜日」以及「復活」。她是否也懷著女兒在美國過著幸福快樂的日子，以這樣的想像離開人世？

　　表姐形容我們的外祖母是冷淡、無法親近和說話帶刺的

人。一個瘦小的老婦，雪白的頭髮，尖尖的鼻子，像鳥一樣只吃麵包屑。所有的人都有一點怕她，即使是謝爾蓋，他的聲音也總是被她批評，從來沒有滿意過。她一輩子只愛過一個男人——是她的兄弟瓦倫蒂諾・德・馬蒂諾（Valentino De Martino）。她的女兒莉迪亞據說是與他生的女兒，一個亂倫的恥辱。除此之外，表姐對莉迪亞便一無所知了，她從未見過她。她的父親謝爾蓋在自從她被逮捕後，再也沒有她的消息，也從未再提起過她。也許表姐早就認為，莉迪亞可能死在監獄裡了。

雅科夫——母親的父親，表姐葉甫根尼婭宣稱，他是自殺的。他應該是要被逮捕時，或有可能被迫出賣友人之際，在被捕前夕，他開槍自殺了，以逃過這一切。發現他的屍體的，應是我的母親。奇怪的是，這個故事聽起來很熟悉，我似乎曾經從母親的嘴裡聽到過。而在此同時我清楚地想起，她曾經說自己的父親死於心臟病發。直到今天我仍心有餘悸，與她同感，她說當她在學校裡從課堂上被人領出來時，驚嚇不已，馬上知道發生了什麼事，似乎她的父親死亡兩次般，她經歷了兩次失去父親的痛苦。有關他死亡的這一個版本和另一個版本，在我的記憶裡都是正確的。這如何可能？我想起教堂裡的記錄，死亡原因是空白的，是否真的是因為他是自殺的？空白的欄位是不是解釋了「自殺」這個字眼不被允許進入殿堂？

大部分時間我的表姐還是在講他的父親謝爾蓋。她說，他

會說12種語言，是他那個時代最偉大的聲樂家，他的聲音是經典義大利歌劇的聲音，沒有人能高過他的水準。他在基輔修業的時候，就已經引起斯坦尼斯拉夫・科西爾（Stanislaw Kossior）的注意，他是烏克蘭前國家元首，被認為是1930年代飢荒的主要罪魁禍首之一。當他的眼光落到謝爾蓋身上時，他就升格成為蘇聯共產黨中央政治局（Politbüro der KPdSU）的正式成員。他在基輔音樂學院的一場音樂會上聽到了謝爾蓋的歌聲，從那時起，他就開始提拔他。他一定很欣賞他，因為他不僅將他晉升為演唱家，而且還多次邀請他到他家。一位政治局成員允許一個不起眼的學生進入他的私人領域，是極為罕見的。但是很快地，科西爾和其他許多人一樣，成為他所服務體制下的犧牲品。後來史達林把科西爾打入大牢，並嚴刑拷打，執意要問出莫須有的罪名。他挺立不屈，但他的女兒便被抓到他眼前來，還被強暴。科西爾最後認罪了，女兒從窗戶跳出去，他則被槍決，骨灰被倒入莫斯科頓斯科伊公墓（Moskauer Donskoj-Friedhof）的萬人坑中。就這樣，謝爾蓋的命運也被烙下印記。他是國家公敵的寵兒，科西爾的陰影跟著他一生。幸好他有一副金嗓子，據葉甫根尼婭說，雖然蘇聯各大劇院都爭相聘雇他，但他真正聲名大噪是因為在莫斯科的莫斯科大劇院（Bolschoi-Theater）獻唱，只是這個劇院是科西爾最喜歡的劇院，所以這裡關門大吉，永遠不准再開門。

我想起康斯坦丁所說，關於謝爾蓋的黨員資格令人詫異的事。現在我明白了，駱駝如何能夠穿過針眼的祕密。只有斯坦

尼斯拉夫・科西爾有這麼大的影響力，也許打個響指，就足夠
讓事情發生 ── 前提條件是，謝爾蓋與在監獄中的妹妹斷絕
關係？我看到的舅舅是一個軟弱、膽小，與權力訂下契約，結
果終生必須付出代價的人。他需要一雙強大的手，所以選擇了
一個他女兒在電話中稱之為「穿裙子的史達林」的妻子。

　　表姐葉甫根尼婭一次婚都沒有結過，婚姻這種折騰 ──
她的原話，才不適合她呢。她一輩子以照顧父親為職志，顯然
她的父親是從其父雅科夫那裡，繼承了病弱的心臟。她成為醫
生，為了能夠自己救治父親。他們過著像游牧般的生活，從一
個共和國到另一個共和國，從一個城市到另一個城市，總是謝
爾蓋在哪裡有幾年的合約，她就跟著去那裡。他們的居所總是
臨時的，而且經常是三個人一起擠在劇院的客房裡。表姐葉甫
根尼婭為了她的父親，到處尋找稀有的水果和蔬菜，從國外買
來心臟藥物，最後也為了父親渴望孫子的心願，甚至去懷孕生
子。這個孫子已長大成人，結婚成家了。葉甫根尼婭跟她的兒
子和媳婦一起住在Krutoj Spusk街的房子裡，但是她和媳婦合
不來，必須用大一點的一房公寓去換比較小的兩房公寓居住。

　　謝爾蓋52歲時心臟病發，自此健康一直沒有恢復。當他必
須放棄歌唱生涯時，一家人搬到基輔，他一生所渴望的穩定，
終於實現成真。雖然他作為聲樂家的名聲顯赫，但是退休金卻
少得可憐。他被迫退休後，仍必須出外賺錢補貼生活。他生命
的最後幾年，做的工作是一個遊樂園的警衛。「他死在大街

上」，表姐葉甫根尼婭說，「有一天他要從遊樂園回家時，在街上倒下就死去了。」她非常確定，她的父親是被謀殺的：他曾經在遊樂園目睹旋轉木馬發生意外，幾個孩子也因此亡故。一定是因為他目擊了什麼，所以被滅口。我該相信她嗎？還是因為表姐無法接受父親死亡的原因是那麼的平凡，只是她來不及解救他的第二次心臟病發，雖然她讀醫、行醫都是為了她的父親？

表姐告訴我的事情，比我原本的期待還多，但是持續兩個小時的電話之後，尤其是我自己沒什麼機會開口的情況下，我突然感覺很空虛。我沮喪地坐在康斯坦丁幫我製作、放大後掛在書桌上的族譜前 —— 現在我可以繼續添加三條分支線，我表姐、她的兒子以及兒媳婦。但是我不再知曉，這些有什麼用。我不再記得，我當初開始找尋的是什麼，這些陌生人關我什麼事，我和他們之間的連結是什麼。因為沒有親人，我這一生都覺得不如人，但是我會這麼覺得，只是因為我不知道，沒有這些負擔的我，其實是一個多麼幸福的人。我前一段時間因為沒有機會認識我的烏克蘭 — 義大利支系的家人，有時候會陷入深淵般的悲傷，這種悲傷現在轉成了對這一支族人的畏懼。我不想再聽到這些巨大的罪惡，所有陰暗的、毫無根據的愛或恨和瘋狂的故事，這些故事如果是真的，那麼我的長輩們幾乎沒有人是自然地死亡。憑空捏造和謊言、現實與被鎖在自己和她父親的幻想中的老婦人的幻覺，一直在我的腦海中翻騰。我無法知道，可以相信她什麼，什麼是不可信的。我渴望

與死者回到過去靜謐、愉悅的時光，所有的人都既美麗又有趣地存在於陳舊的黑白照片上。他們對我的魔力消失了，取而代之的，是活著的表姐的敘述所給予他們的面貌。也許連她也經歷了一輩子都無法完全消化的驚嚇，她顯然從來沒有找到過自己的人生，而只是躲在女兒的身分之後，以女兒的名義在生活。而一輩子都只被視為孫子的她的那個兒子，又會有什麼樣的人生？

最讓我感到混亂的，是表姐葉甫根尼婭對我們外祖母瑪蒂爾達的描述。讓我母親眼睛都哭出來的，會是一個冷漠、無法親近、說話帶刺的女人嗎？她所描述的有關自己的母親的形象，也許來自我們為永遠失去的東西所感到的、美化過的哀傷？這位被船長的新娘德蕾莎・帕切利棄養的孩子瑪蒂爾達，她沒有能力護衛自己的孩子，給他們安全感，是因為她自己從來沒有享受過這些嗎？

海洋似乎是主題線索，拉扯著母親的家族史。母親的烏克蘭船東曾祖父埃皮凡，選擇了海上航線，為了永遠銷聲匿跡。她的船長義大利外祖父朱塞佩（Giuseppe），一生大多數時間都和妻子一起在海上度過，妻子帶著她的玩偶娃娃上船，卻把自己的孩子都送走。也許他們的孩子瑪蒂爾達和瓦倫蒂諾不在同一個親戚家長大，是被分開的。也許兩人互相之間不熟悉到有一天居然愛上彼此。還是有一天，一種因為兩人都被拋棄而產生的共鳴點燃了姐弟之間的激情，孕育了莉迪亞？她真的是

不倫的禁果所產下的孩子？由於是血親的羞恥，因此是一個邊緣人，被家庭拋棄，不僅她的弟弟謝爾蓋，連她的妹妹 —— 我的母親都對她一字不提？生來的恥辱、她與表妹瑪魯夏的自殺協議以及最終消失於監獄 —— 這一切是否為前因後果？事實真的是如此？還是我的想法被這位出於對父親的偶像崇拜的表姐，捏造了亂倫故事，被她異想天開、自言自語的內心湍流影響了？

如果她所述關於莉迪亞的事情屬實，如果母親的姐姐莉迪亞真的在監獄裡結束了生命，那麼我的追尋就此來到了終點。期待從更遠的、可能潛在的親戚那裡得到任何關於母親的訊息，應該是不切實際的。表姐葉甫根尼婭把我帶到一個問題比以往任何時候都更多，卻可能再也找不到答案的沙漠裡。我所認識的母親不復存在了，她似乎永遠在真實與虛構之間的深淵中迷走，消失於閃爍、無形的虛無之中。我所挖掘出來有關她的一切，最終都只是猜想和假設，是寫童話故事的材料罷了。

我跟表姐葉甫根尼婭講完電話沒幾天，奧爾嘉便在獨立廣場遇到她。雖然廣場在這段期間的的確確是城裡最熱鬧的地方，但是再怎麼說，基輔有幾近三百萬的居民，剛剛認識的人，不到幾天即又在路上巧遇，真的是不太可能。奧爾嘉嚇得不輕，她馬上躲入人群之中，但是我表姐卻根本沒有認出她。她在她們會面之時，完全沒有看她一眼，只是不斷地從各種角度向她展示她父親所非常喜愛的、她臉上的酒窩，而這似乎就

是她全部的驕傲了。現在，她穿著優雅的靛藍外套，頭戴黑色帽子，站在路的一旁，唱著歌。她的聲音略帶沙啞，閃亮的眼睛仰望天空，在如戰場般喧囂的馬路邊唱著俄羅斯版的馬斯奈（Massenet）名曲，她父親一定也唱過而且所有烏克蘭人都熟知的〈悲歌〉（Élégie）：「這些都到哪裡去了？充滿歡愛的日子、甜美的夢、美麗的鳥鳴……」

我們的電話對談結束時，她問了我一個問題。她想知道，我是否曾經去過馬里烏波爾。現在是時候了，我應該動身前往，親眼看看母親的故鄉。其實我和我的表姐，我們之間並沒有那麼不同。她躲在父親身後，對生活本身築起高牆；而我，則是躲在我的書桌之後。出於完全相異的原因，我和康斯坦丁之間也有些許共同處。不是只有他讓網路代替了世界，我也是如此。

之後，我再也沒有表姐的消息了。

一月，沙爾湖（Schaalsee）湖邊。我未曾被如此長久的冰冷黑暗包圍，即使在白日，天色仍亮不起來。我陷入極夜，陷入彷彿置身太空的寂靜，在這個維度裡的夜晚，所能聽見的，只有覆  蓋湖面的冰裂開來的聲音。有時候也可以聽見隆隆聲，非常輕微的嘰嘎噪音，聽起來似是火車調度站的動靜，我想像著在湖的深處，某個地方，冰塊正在互相碰撞、推擠。只有在我家門前的路燈，小巷終端最後一盞路燈提醒著我，我仍生活在生者的世界。雖然這盞燈有時也忽明忽滅，像是一直睜著的眼睛感到疲累了，不知道什麼時候就會閉上，永遠睡去。霧氣乳白，好似難以穿透的煙塵緊密包圍著閃爍的燈光，而當空氣偶爾清朗時，可以看到微渺的、硬實的雪花在飄蕩，像白色的鋸木屑般最後散落在冰凍的棕色草地上。現在晚上也能聽到水鳥的叫聲了。這些水鳥透過聚集於結冰湖面上的小島，來保住冰上的裂口，但時間一長，這些小小身體散發出的溫度並不存在抵抗頑冰的機會，裂口重新冰封，牠們的食物來源也跟著枯竭。夜裡，牠們的叫聲令我極度不安，彷彿我也被某種命定的、無可避免的災難威脅著。

一隻雪貂在我的汽車引擎蓋下築巢，睡在裡面避寒，而且

吃掉了車裡重要的電線，這是後來修車廠的說明。顯然現代貂鼠以塑膠和銅為食，總之我的車除了鑰匙插進孔內會發出咔嗒一聲響，之後就發不出任何聲音了。日子一天一天過去，每天我都想打電話給全德汽車（ADAC，譯注：德國汽車、摩托車和小型船隻最大的服務中心），每天我也都想：還是明天吧。也許是昏暗的天光讓我如此懶散，也許我並不介意與世隔絕一段時間。我感覺皮膚乾燥，而且開始起屑。我無止境地覺得累，心中的渴望無可抵禦，真想爬進熊窩，和牠一起進入遠古以來的冬眠裡。

有一次，天已破曉，我從電腦上抬頭一看，嚇了一跳。第一時間我以為發生了災難，湖的對岸正在燃燒。再仔細一看，我所看見的，仍然無法解釋是什麼。景象看起來彷彿是筆直穿過黑暗的一條圍繞對岸、長長的血紅色膠帶，既不是火焰，也不是光，因為這兩者都不會如規尺一般有清楚的邊線。我問自己，是否盯著螢幕看太久，眼睛花了？是產生了幻覺？還是自然法則已然失效？但是幾分鐘以後，我之所見又如以前，又回到冥河般的幽暗。顯然黑色雲層上一個超自然的精確裂縫，讓我看見了天空中黑暗後方的火焰。

同時，我已開始著手編寫計畫中關於母親的書。我懷著前所未有的熱情在寫，懷著與主題並不相稱的幸福感在寫，而且我同時感到，我必須挖通一座山，一座我永遠到不了彼端的大山。我過的生活是真正意義上的不見天日，我一整夜在寫，短

暫灰濛的白日我只匆匆睡去，為的是一覺醒來就衝回電腦前，甚至連水開的時間我都不想等。基本上，這本書是由我所找到的家人在書寫，他們把我引向不同的、往往是互相矛盾的方向，將我捲入矛盾裡，引誘我進入找不到出路的迷陣中。對我來說，幾乎不存在可見的線索將這些人牽繫在一起，他們獨自奇異地存在個別空間中，所有的人或多或少都只是個人而已，但是他們與我母親都有著我無法知曉、只能假設的關係。

康斯坦丁的網站是一個我用之不竭的消息來源。此外，這個平台還包含著一個有關舊馬里烏波爾的檔案，來自母親早期生活的訊息就是從這個檔案中傳出給我的 —— 內容是發生於母親在四到十六歲之間的事件：

二千五百名馬里烏波爾工人因為弗拉迪米爾‧伊里奇‧列寧（Wladimir Iljitsch Lenin）逝世，為參加葬禮而聚集一起。4月28日，共青團員發起火炬遊行。

一次風暴造成特別高大的海浪，淹沒了城市的下半部，有一百二十個家庭失去了家園。

區域財產管理委員會（Bezirkskommission für die Enteignung）決定剝奪土地所有權人赫列夏特尼茨卡婭（Chreschtschatnizkaja）、克拉斯尼亞斯基（Krasnjanskij）、修堅科（Schutenko）和巴斯德魯（Pasterew）的土地所有權，並且將他們逐出馬里烏波爾城。

馬里烏波爾八到十一歲的所有孩童中，有25.6%沒有上

學，是文盲。

《亞速海無產階級報》編輯處為獎勵訂閱，提供訂閱者多種獎券。獎券可兌換的主要獎品是連肩式男式大衣、碎布、鞋子、雨鞋和列寧全集。

海的右岸期待志願者。「亞速海鋼鐵廠」（Asowstahl）煉鋼廠房建設尋求至少一千名的志願者：請積極發起參與志願活動，這攸關我們每個人的榮譽。

「伊利奇煉鋼廠」（Iljitsch）應該要有一座文化宮殿，「亞速海鋼鐵廠」和亞速港也必須建設文化俱樂部。除此之外，建立新的度假中心以及擴建地方療養院也在計畫中。

對馬里烏波爾黨校教師的政治審判開始，他們被指控成立托洛斯基主義派資產階級民族主義團體（trotzkistische, bourgeois-nationalistische Gruppe）。

在一次女性的高產工人（Stoßarbeiterinnen）的聚會上，她們獲頒金額150、200以及250元的獎賞。除此之外，每位代表還收到一桶醃製的鯡魚。

勞動人民電影院購置了音響系統，首次有聲電影將於2月10日至12日在我們的城市放映。放映內容是根據馬克西姆・高爾基（Maxim Gorki）的小說《母親》（Die Mutter）改編的電影。

母親出生的城市，當時看起來是什麼樣子？這個城市與南方明亮的海邊地方應該沒有什麼相似之處，當我在報紙上讀到關於馬里烏波爾足球賽事的報導時，這個城市的冬天景象已從我心中被消除。我對這個城市的印象再次改觀。在革命之前，

馬里烏波爾早已經是一個工業城市，蘇聯時代工業化被強力推進，高產工人（Stoßarbeiter）[7]創造了勞動生產率的世界紀錄。巨大工廠排放著濃煙的煙囪，高聳地挺立在這座城市之上，有毒的懸浮微粒充斥於空氣中，遮住夏日蔚藍的天空，不分日夜地落在街道和人們身上。托爾戈瓦亞街（Torgowaja Uliza）有許多攤位和商店在革命之後，再沒有什麼可賣，只能擺出一些酸奶凝乳（Quark）、肉、花園裡自種的番茄和馬鈴薯，反正大多數飢餓的民眾也買不起。而在有泉水的湧泉街（Fontannaja Uliza），直到世紀之交，人們都還從這條街上的水井裡取水給自己和牲畜使用；格雷切斯卡婭街（Gretscheskaja Uliza），母親的表姐妹們從像宮殿般的家裡被驅逐出來之前，也許就住在這條街上；在義大利人街（Italjanskaja Uliza）這條街上，我猜想義大利曾外祖母家的房子曾經座落於此。馬車在破碎的石板路面上咕嚕作響，然後於1933年，在母親十三歲之時，第一輛有軌電車，而且只有唯一這麼一輛，開始在一條軌道上雙向運行著。

城市的中心之後，隨即便是荒蕪的景象，不再有鋪砌完整的道路，只剩人和牲畜走出來的軌跡和小道所交織成的、迷宮般的網絡。黏在一起、互相吞噬的小花園小房子，石屋、木屋、泥屋、營房、涼亭、棧房、隔板屋，到處都住著人，每個

---

7 譯注：又為「特別作業隊」，蘇聯和東歐其他共產主義國家的用語，意指生產超量超前、對工作充滿熱情的勞動工人。

居民平均只有三平方公尺半的居住空間。排放污水的下水道系統仍未設置，只有髒污、垃圾、惡臭、貧窮，還有流行病，傷寒，瘧疾。在內戰的動盪中失去父母、無家可歸的孩子們四處遊蕩，有的翻撿垃圾，有的偷竊，修路工人白天攪拌熱柏油的柏油筒，是孩子們冬天的眠床。

　　那麼大海呢？亞速海，世界上最淺的海，完全為母親量身打造的海，因為她不會游泳……她曾在海裡戲水嗎？她經常去沙灘嗎？和其他的少女還是男孩一起？她穿的泳衣是什麼樣式？那時候的人有泳衣這類東西嗎？下水時她穿著衣服或者穿著內衣？儘管時代如此，母親的日常生活中難道不曾有美好的、無憂無慮的時刻？例如茂盛的青春？她是否曾滔滔不絕地談論詩歌、最新熱門歌曲或者男孩們？冬天的時候她去了滑冰場嗎？一個可以出借冰鞋、有現場樂隊演奏，隨著音樂，年輕人在冰上起舞的地方……。她曾在文化宮裡欣賞戲劇、音樂、舞蹈的演出？在她也許有的眾多追求者中，她可曾喜歡過誰？或者她愛上的，恰好就是那個對她無動於衷的人？她曾夢想過他，或給他寫過從未寄出的信？還是父親就是她的初戀？她自始至終是否曾經愛過他？

　　我讓自己迷失在想像與假設中，在書寫舊時馬里烏波爾的文字裡尋找，對我來說，像是許許多多的空洞，並無法確切掌握的母親當時生活的構建模塊、生活碎片；而與此同時，康斯坦丁則繼續在尋找母親的姐姐莉迪亞。很多線索，他已經徒勞

地查證過，當曾經是勞改營、現在是梅德韋日耶戈爾斯克的紀念館終於來消息告知，囚犯紀錄中沒有一個人的名字和阿姨一樣，我失去了信心。但是康斯坦丁若因此也放棄，那他就不是康斯坦丁了。他仍然繼續追查，然後有一天，他在網路上碰見「1923至1953年蘇維埃政權受害者」名單。僅在這三十年間，就查出有超過四千萬名的受害者。伊瓦先科這個名字在名單中出現了39次，一個名字莉迪亞・雅科夫列夫娜・伊瓦先科（Lidia Jakowlewna Iwaschtschenko）也在其中。

同一個網頁上有收件人姓名為阿爾弗雷德克萊默（Alfred Kramer）的郵寄地址，他住在奧德薩（Odessa），願意提供尋找受害者的專業協助。康斯坦丁找到一篇關於他的貼文 —— 他是德、蘇異國子女，分屬奧德薩幾個不同協會組織，以不完全透明的方式積極參與城市政治。我們寫信給他，隔天他就告訴康斯坦丁，他去查了奧德薩的國家受害者資料庫，並且找到了我們要找的人的檔案。德國的那個女委託人透過西聯匯款（Western Union）電匯兩百歐元給他，不需幾天她就能收到以郵寄送出的文件資料。

康斯坦丁建議我先別急著匯款，我們還是先讓他證明，所謂的檔案真的是我阿姨的。當他向這個奧德薩人尋求證據時，他告訴康斯坦丁，這個受害人的出生地在檔案上的記錄是華沙（Warschau）。康斯坦丁謝謝他費心幫助，我們開始考慮其他的進行方案。但是幾個小時之後，我們又收到檔案裡其他記載：

受害人的母親是某位瑪蒂爾達·約西芙娜·伊瓦先科（Matilda Iosifowna Iwaschtschenk），娘家姓氏是德·馬蒂諾（De Martino）。

　　有生以來我第一次匯款到烏克蘭，然後開始等待。我每天迫不及待地檢查郵箱二十次。我們真的找到她了，那個無法追蹤、神祕的莉迪亞，德·馬蒂諾這個名字消除了所有的疑慮。雖然莉迪亞在波蘭出生的這個消息立即帶來新的謎題，但是康斯坦丁再次讓我們在黑暗中重見光明。1911年，莉迪亞姨媽出生的那一年，不只是烏克蘭，甚至波蘭的一部分也屬於俄羅斯帝國（Russian Empire）。如此一來，莉迪亞便是在「國內」出生的，還剩下一個問題——為什麼離馬里烏波爾如此遙遠？一個想法立即浮出，這麼偏遠的出生地一定跟她的亂倫身世有關。我不知道這麼想有什麼意義，但是我想像瑪蒂爾達可能是遠離她的社交圈，逃到華沙去生下禁忌之愛的孩子，同時我又覺得自己真是瘋了，因為我還繼續編織著那位健談、脾氣暴躁的表姐的幻想。

　　從我匯款過去到現在已經超過兩週了。阿爾弗雷德克萊默回應了款項已入帳後，就不再有消息。我幾乎可以肯定這是詐騙，個人可以自由調查國家資料庫裡的受害者檔案，並且發送國家資料的副本給一位除了地址之外，對其他一無所知的外國客戶，這樣的商業行為是被允許的？這怎麼可能！可是這是我德國腦袋的想法，康斯坦丁的猜測則是，阿爾弗雷德克萊默從客戶那裡收到的錢，部分會分給在資料庫工作、跟他合作的員

工，透過這種方式，他得以查看資料和製作附件 —— 在那一邊的世界這是非常普遍的方法。東歐的生存法則又一次地超越了我作為西歐人的有限的見識。雖然話是這麼說，但是時間過去，從奧德薩那裡依然沒有任何東西寄來。而對我的追問回覆是，文件的狀態意外的糟糕，整理五百頁褪色的文字並按照正確的順序排列，工作量很大，我該再有耐心一點地等待。既然宣告了修復檔案的繁複工作量，我預期會再有進一步的資金索求，但是不到兩、三天，16個郵件相繼到達我的郵箱，單單一個ZIP文件裡，數據量就非常驚人。事實上，將這些顯然一碰就可能粉碎解體的紙張進行分類，放入設備進行掃描，絕對是一項艱鉅的工作。我為自己對人性懷疑感到羞恥。我匯去的兩百歐元，對德俄混血的奧德薩人而言，可能還必須與第二個人分享，兩百歐元對於這個工作來說，簡直是一個荒謬的工資，更不用說我所得到的東西是無法以金錢計算的。

文件的第一頁是一張剪得歪歪斜斜、皺巴巴的包裝紙，包裝紙上貼著五個女人和兩個男人的警政嫌犯照片。拍照的人把他們拍得個個看起來像危險的兇犯。應放八個被告人的文件上，只有一張照片從缺，那個人就是莉迪亞。在照片排列中赫然出現空白的一塊，空白處下仍然清楚地標示莉迪亞的名字，顯然照片是故意被撕走的。我幾乎失望地哭出聲來。

接著是大量的審訊協議、決議、命令、法令、逮捕令、搜查令、起訴書和複審協議。已有八十年歷史的紙張，甚至從電

腦螢幕上我都可以聞得到潮腐的霉味。在奧德薩存放檔案的地下室中，成千上萬受害者的檔案在等待著重見天日。

在莉迪亞的檔案中顯示，她的確是在華沙出生的，而且跟父母親在一起，在那裡生活到五歲。他們回到馬里烏波爾之後，她被帶去我的義大利曾外祖母家。直到進入奧德薩的大學就讀前，她都住在那裡。

每當我試圖想像母親在馬里烏波爾時，是在什麼樣的家庭中長大時，腦海裡總是一片空白，現在我幾乎可以確定，母親也生活在她的義大利外祖母家中。考慮到朱塞佩‧德‧馬蒂諾（Giuseppe De Martino）經營煤炭生意所積累的財富，她們住的房子一定又大又豪華，但是母親出生之時，這棟房子毫無疑問地已經被充公成為人民的財產。房子裡也許住滿了陌生人，而一度是房主、現在是人民公敵的他們，應該只被允許住在自己房子的一個角落。非常可能地，母親在憎恨她的人群中長大，對這些人來說，她是不受法律保護的人，這些人現在不僅擁有他們的房子，而且家具、餐具、她父母的地毯都屬於他們，他們甚至穿她的衣服，在公共廚房裡朝著以前身為資產階級、有貴族血統的她的湯裡吐口水，而且可以在任何時刻殺了她都不會受到法律制裁。

莉迪亞在奧德薩完成文學理論的學業後，從她的檔案可以得知，她回到馬里烏波爾，在《亞速海無產階級報》（*Azovscher*

Proletarier）工作了一段短時間，而這份報刊的名字我才剛在
「亞速海的希臘人」平台的資料中見到。1933年11月5日，年
紀方滿22歲時，她被逮捕了。她被指控是一個反蘇維埃團體
「無產階級解放小組」的成員，以從事反人民、反革命活動的
罪名接受審判。這個組織1931年在奧德薩組成，也在烏克蘭各
地萌芽，據說意欲推翻蘇維埃政權，而根據組織成員的政治觀
點，團員們擬背離社會主義，建立反工人階級的國家資本主義
組織。他們全部都是文學專業的組織成員，其任務是盡可能地
在烏克蘭工廠裡建立文學團體，此團體試圖逐漸地啟蒙工人，
拓展工人的思想，以為反革命贏得力量。這些組織密謀式的聚
會，根據檔案提到，是在成員的住所裡舉行。當時莉迪亞住在
奧德薩父親的姊妹、她的姑姑葉琳娜家裡，也在那裡舉行過多
次聚會。葉琳娜就是穿著領子有花邊、緊身錦緞長裙、我在有
室內棕櫚樹的那幀全家福照片中認識的那個優雅的女人，而現
在於她姪女莉迪亞的檔案中，又重新看見她的名字。

　　當1933年11月5日，一個22歲、以今天的眼光來看應仍是
個孩子的女孩被逮捕時，是什麼情形？逮捕她的人是什麼時候
來到的？在他們最喜歡的夜裡以及清晨，當每個人都還在睡夢
中，當他們的受害者昏昏欲睡、毫無防備的時候？我那位當時
才十三歲的母親在這一天夜裡也被強勢的、上百萬的人們所夜
夜懼怕、無可抗拒的敲門聲吵醒？大家心裡明白，莉迪亞被逮
捕是遲早的事？還是事情完全無預警地到來？母親也一起目睹
房子被搜查、她的姐姐被戴上手拷押走？我無法不想起安娜．

阿赫瑪托娃（Anna Achmatowa）的「安魂曲」（Requiem）：

清晨，/ 你被帶走，/ 孩子們驚恐地哭泣。/ 我跟隨著你猶如你已死去。/ 蠟燭在角落滴淚……

被判刑之前，莉迪亞在馬里烏波爾、奧德薩和頓涅茨克（Donezk）監獄裡被羈押了六個月，其中約一半的時間都關在條件很糟、可怕的地方。將近三百頁的審訊紀錄，用康斯坦丁的說法，就是一齣鬧劇。在那個時代，被告的陳述被偽造、操縱，是透過威脅和使用武力逼出來的。而人們單單就因為笑話般的罪狀陳述被槍殺，或者被處置在極度恐懼的狀態中。審訊者強暴女性被告的事件，並不是少數，她們被施酷刑、長時間不間斷地審訊盤問，由於嚴重缺乏睡眠，她們很快地就不再知道自己在說什麼。然而，這些審訊、刑求本身根本沒有任何意義，因為陳述書通常是口授給被告，或者審訊員自己編寫，由於受到上級的壓力，或為了上級的利益而不得不如此撰寫的審訊結果。真相究竟如何，沒有人感興趣。重要的只是要完成審訊機制每日的定額指標，以及滿足史達林對犧牲人命貪得無厭的需求。

事實上，莉迪亞的陳述書與被審訊所做的筆錄毫無相似之處，更不用說那是一個恐懼隨時會送命的人的談話紀錄。根據內容，所有紀錄文件一模一樣，都是預設的、仿照一定模式、千篇一律的寫法。根據紀錄，莉迪亞供出了她所有的同志，提

供了名字、地址，同黨的生活背景和活動，組織裡所有的人物她都詳盡地描述。帶著令人昏昏欲睡的單一腔調和荒謬的史詩般的廣度，這個組織的政治思想和論述，從一個記錄到另一個記錄，一直被重複，組織共同的刊物被羅列出，被描述為陰謀性和煽動性的行為，組織所提出的十個政治宣言也一再被引述。根據記錄文字，莉迪亞完全沒有上下文可言地竭力申明，她早就背棄了貴族出身，她譴責外祖父朱塞佩·德·馬蒂諾出口買賣頓巴斯煤炭（Donbass- Kohle），剝削烏克蘭人民，她的父母 —— 她保證 —— 從來沒有擁有過資產，只不過曾是祖屋的房子裡的租客。這是我在筆錄中唯一感覺真實反映現實的一個地方。也許莉迪亞在絕望中依然試著用否認自己的過去、與自己的出身保持距離來解救自己的生命。所有的紀錄都出自於也許是同情她的審訊官之手，以同一位審訊官制定的供詞結束：

　　早在今天的很久之前，我就意識到，我和我同志的反革命活動對蘇聯人民造成了多大的傷害。我受到智識極高、極具個人魅力的組織領導人貝拉·格拉澤（Bella Glaser）的影響，誤導我產生錯誤的想法和行為，我的所作所為實是出於政治上的天真和無知。懷著一顆純潔的心面對蘇維埃無產階級專政，我將所有我知道的關於「無產階級解放小組」的一切都供出，以利記錄。我很清楚，在蘇聯當局眼中，我的罪狀不僅是我的錯誤信念和在組織裡的活動，還在於我一直保密不說。我罪孽深重，然而，我希望能夠用真誠、坦白的陳述來彌補我的一些罪

惡，同時希望將來還能被允許為我的蘇聯祖國誠實地工作。

最後一個沙皇被推翻之後，時代的確發生了翻天覆地的變化，但是懲罰反叛者的方法還是一樣的。這個組織中所有的被告都被判處三年徒刑，關押在「烏克蘭境外」（jenseits der Grenzen der Ukraine）的一個刑事集中營內。鑑於他們是想推翻體制的反國家陰謀者，這個判決可說是莫名地輕微。只有貝拉·格拉澤（Bella Glaser）沒有逃過一劫，這位在西伯利亞集中營繼續她的政治活動的領導人，再次被定罪，並被判處槍決。我看著她的案底照片：一個年輕的、絕對是知識份子的女性，戴著貝雷帽、托洛茨基圓框眼鏡，根據檔案，她是猶太人。如果蘇聯祕密警察沒有處決她，十年後她一樣可能會被德國納粹黨謀殺。

莉迪亞是否真的是一個反蘇維埃份子，「無產階級解放小組」是否真有其事，或者這只是祕密警察所發明的，為了懲罰像莉迪亞這種出身的人的藉口？即使她是受恩於斯坦尼斯拉夫·科西爾（Stanislaw Kossior）黨員的妹妹，也是為自己的信念，付出了二十年流放代價，忠誠的布爾什維克黨員的女兒？這些問題都是無解的。但是莉迪亞若果真膽敢反對史達林的獨裁，那她和我母親一定是完全不同的人。她們倆姐妹看起來，似乎是對立的。莉迪亞堅強，勇敢，也許甚至不懼生命危險；而母親，在我看來，一定在孩提時代就已經具有極度敏感、焦慮和無助的特質。莉迪亞至少在她生命的最初幾年裡，是一個

吃得飽、受到庇護的孩子；而母親除了飢餓和恐懼，不識其他。也許這就是形成姊妹兩人之間個性差別的最大原因。

檔案記載顯示，莉迪亞並沒有死，與基輔表姐的假設相反，她在流放中倖存下來。在這些文件中，我發現了一份她在流放刑期滿55年後提交的平反申請，那是1992年，已經是蘇聯解體後。這時候她的年紀是82歲。這份申請在短暫地審查過後，便獲得批准。因不公的集中營三年刑期，莉迪亞換到115,425盧布的賠償金。以當時生活水準來算，康斯坦丁計算了一下，可以用這筆錢買大約五百個白麵包，這些麵包在勞改服刑時期吃的話，平均一天連半個麵包都不到。而且，後蘇聯時期的通貨膨脹在那個時候已經達到頂峰，貨幣貶值的速度快到令莉迪亞這份可笑的賠償金，不消幾天就完全沒有價值了。

平反申請書是手寫的，字體小、有點傾斜，對一個八十一歲的人來說，令人驚異地精密和有規律。在紙面的上方寫著地址：莉迪亞在1992年申請平反時，住在克里莫夫斯克（Klimowsk），一個離莫斯科五十公里遠的小城市。我在google地圖頁面上輸入這個地址後，不能置信地揉了揉眼睛，不僅街道可以查看到，而且衛星圖像上還看得到莉迪亞住的房子。母親姐姐家的窗戶、莉迪亞曾經進進出出的大門，一切都逼近到我的眼前。那是一棟典型五十年代蘇聯式五層樓建築，美觀、霧面粉紅色油漆、玻璃帷幕陽台、門廊，東歐任何亂七八糟的東西都已不復見。街道對面是小小的白樺樹林，看得見的寧靜

在城市中心；超級市場就在隔壁，莉迪亞可能經常去那裡買菜購物。我不知道哪一扇窗戶是她的，但是我知曉，應是看到她了。奇幻的現代科技，我們運用它，坐在書桌前便可以去到地球上最偏遠的角落，一棟母親的姐姐在其中生活到81歲的房子立即出現在眼前。我很遺憾，心中感到灼熱之痛。身為翻譯的我去莫斯科的機會那麼多，早在1972年我便第一次造訪，那時莉迪亞才剛滿61歲。那將我與母親在烏克蘭的過去分開的，不是深淵，不是永恆，而是其實觸手可及的距離。如果當時莉迪亞已經住在克里莫夫斯克，我搭乘捷運就可以在一個小時內到達她身邊。

現在我也知道，當瑪蒂爾達在戰爭開始前不久前往梅德韋日耶戈爾斯克探望她的女兒莉迪亞時，她的流放刑期在之前五年就已經結束。莉迪亞被釋放後，在這個世界的盡頭，是什麼把她留住？她嫁了一個生活在當地的男人嗎？梅德韋日耶戈爾斯克勞改營的木板床與莫斯科附近1950年代城市建築有什麼區別？莉迪亞被捕離家後，曾經返回過馬里烏波爾嗎？還是那之後她不曾再見到這個城市？她有家庭、有小孩嗎？有我應該尋找的家人嗎？感謝這份讓我找到她的文件，她於申請平反的文件上所寫下的姓氏，推翻一切我對她家庭的幻想。我的眼前是無數俄羅斯老婦中的女人，她們在末代沙皇時就已經出生，歷經革命、古拉格勞改營、戰爭和之後在這個國家發生的所有災難，從中倖存下來。個子瘦小的老婦人們，受到飢餓的教訓，總是在櫥櫃裡存放一塊麵包，她們看起來像聖人，像白紙，幾

乎是空氣一樣存在。她們的身體抵抗住這麼多的死亡，以至於她們自己，似乎有了不死之身。莉迪亞現在應該有一百零二歲了，我認為，她還活著不是不可能的。

我現在可以很容易地計算出，當莉迪亞去奧德薩求學時，我母親只有八、九歲。而她這趟離家，已經是永別。大學畢業之後，莉迪亞雖然再次回到馬里烏波爾，但是只是短暫的。1933年她即被逮捕，那時母親13歲。她在德國時，也許對姐姐的記憶已不再鮮明，特別是當時家人也許根本瞞著她，沒有明確告知莉迪亞是被逮捕的。身為反革命黨員，她對她認識的所有人而言都是危險份子，更不用說對她的家人。我猜想，對姐姐也閉口不提，已經是母親從烏克蘭就帶著的習性，至於在德國生活也只是繼續如此而已，因為深入骨髓的恐懼，是沒有理性的。

關於母親的兄弟姊妹，我現今所知幾乎多於我對於母親本身。另外，我知曉了謝爾蓋在大學專修聲樂，而莉迪亞則是研讀文學理論，這讓我感到與他們幾乎有種神祕的連結。我的來處的確也是他們的來處。我們之間，在時間上、在空間上跨越了身所處的不同時代和世界的所有深淵，而共享著兩個我們歸屬的世界 —— 和莉迪亞的交集是文學，和謝爾蓋的交集則是音樂。但是母親和我，我們共享的歸屬是什麼？我想破腦袋，嘗試猜測她若去上大學，什麼科系會是她的選擇？但是每當記憶中似乎將浮現形象時，總是瞬即滑落，消逝於無形。我只知

曉，母親的大學錄取考試高分通過，至少父親經常自豪地提起此事，雖然他同時也認為母親有嚴重的精神病。在他的認知中，這與智力的成就無法互相調和。

倘若母親真的在她姑姑的中學裡執教，那麼她一定修習了教育學程的科目。這個科目可能是她從她的父親處，一個波羅的海德國人安娜‧馮‧埃倫斯特雷特的兒子，承襲到語言與德國文學？是她於居處德國短短的時間內，就掌握了非凡的語言能力，還是她的語言能力已經在烏克蘭養成，一起帶來的？她在德國從未如父親或如其他在營區裡的人一般，無法言語。無論她有多少缺點令她的地位屈於父親，在這陌生的國度裡，她仍是優越的，因為她理解周遭，同時也被理解，她比他更能解釋他們所處環境的符號，對父親來說，終其一生，德國都是一本有七道封印（Buch mit den sieben Siegeln，譯注：聖經典故，第七道封印打開後，世界末日就會到來），打不開的書。在外在的德國世界裡，我父母的角色也顛倒過來。在政府機關與所有的櫃台前，父親是那個口不能言，耳不能聽，語言不通，必須依賴母親的人。而這讓像他這樣的男人無法原諒他的妻子，也許這也正是他憎惡她的原因。

母親在開戰前還很年輕，但這並不表示她不能得到教師證書。在那個時代的蘇維埃聯邦，愉悅的大學生活是難以想像的。能夠上大學是一種特權，必須以過人的勤奮與極為優異的成績爭取，而上大學的目標是盡快完成學業，以投入社會主義

的建設工作。以21、22歲的年齡，母親的確可能已經站在講堂裡執教。

　　關於那麼多的我的臆想，以及現在我走在迷宮裡前程未知的路上所想追尋的，大可從我們當時在德國鄉下城鎮前強制勞工營地的居處，母親生前最後一站，存放在地下室的文件中找到。她從烏克蘭帶來的文件證明，特別是她在德國應該從未被任何人感到興趣的證書，都放置在一個錫盒裡，錫盒蓋上是德國碉堡圖案的浮雕。我經常觀察地下室裡這些寫滿西里爾字母、發出霉味的紙張 —— 上面零星一些單詞我已經能夠解讀，因為開始上德國學校之前，母親已教過我俄語字母。然而有一天，我大概8歲的時候，我決定我們不再需要這些廢紙，至少我不再需要。當我又被叫去地下室拿煤炭時，我犯下我孩童時代最不可取的錯誤之一。我把裝著文件的盒子丟入地下室樓梯下方放著的垃圾筒。我如此厭惡我的出身，這個出身不應該存在任何證明，而且那些證明必須永遠消失。之後，母親去世後，父親徒勞地搜尋這些文件，當然他不知道這些東西已經被帶到不知道何處的垃圾山，可能早就腐爛了。他以為有人從地下室把這些東西偷走，而且也許他會認為是一直在監視他的蘇聯間諜幹的。

　　康斯坦丁和我開始尋找莉迪亞可能會有的後代。由於前蘇聯的大多數公寓都是個人擁有，而與機動的西方世界相比，人們搬家的頻率低很多，所以康斯坦丁確信，在克里莫夫斯克那

個房子裡還住著認識莉迪亞的人，甚至可能是繼承了她的公寓，並且在她死後搬進來的親戚。康斯坦丁建議我寄一封信到莉迪亞申請平反的文件上所載的那個地址。信封上除了莉迪亞的名字為收件人以外，再寫上「親戚或鄰居」。然後我們還另外給克里莫夫斯克市政廳寫了一封電郵，詢問有關我姨媽及其後代的訊息，如果他們有的話。這個方法我覺得似乎不太可能有結果。即使是俄羅斯，也應該會有最低限度的個人資訊保護，怎麼可能允許當局提供一個完全陌生的人有關俄羅斯公民的訊息，尤其是這個請求還來自國外一個無法提出任何證明的人──若是得證明與要找的人有任何關係。總而言之，我們經常寫信給當局，但是從未收到答覆，至今我們所擁有的所有信息，都是透過其他方式找到的。但是康斯坦丁的建議我一概照做，反正也沒有什麼損失，結果我在這場探索中幾乎已經習慣，而且必然會發生似的奇蹟，再次發生了。不到幾天我便收到克里莫夫斯克戶政事務所的一封電郵。我打開：

尊敬的娜塔莉雅：

有關您透過網路向市政府所提出的請求，以下回覆：

根據克里莫夫斯克戶政事務所的文件顯示，莉迪亞・雅科夫列夫娜・伊瓦先科於2001年8月22日去世。她的女兒潔蓮娜・尤里耶夫娜・齊莫瓦（Jelena Jurjewna Zimowa）於2001年10月10日去世。目前，住在羅申斯街（Roshchinskaya）5號公寓裡的，是基里爾・格里戈里耶維奇・日莫夫（Kiril

Grigoryevich Zimov），莉迪亞‧伊瓦先科（Lidia Ivashchenko）
的孫子。

很遺憾除此之外，我們沒有其他更多的訊息了。

> 戶政事務所
> 所長
> 斯維特蘭娜‧利哈切娃（Swetlana Lichatschowa）

我最感詫異的是最後一個句子。除了電郵內容裡我所得到的訊息以外，還有哪些訊息可以繼續再被釋出？什麼可以是「再更多的」，除了莉迪亞孫子的地址？如果此刻有人問當時我經常被訪問到的，關於俄羅斯靈魂本質的問題，我會毫不猶豫地舉出克里莫夫斯克戶政事務所斯維特蘭娜‧利哈切娃為例證。她沒有以公務員官僚的想法處理這些事，而是以人本為主，她將通往莉迪亞生平的鑰匙交到我這個來自德國的陌生人手上，從而也給了我通往母親生活世界的鑰匙。

在克里莫夫斯克市政廳所發來的電郵中，莉迪亞的死亡日期說明她獲得平反之後，還繼續活了十年。計算起來，她享壽91歲。十二年之前我還可以在克里莫夫斯克白樺林對面、1950年代霧粉色建築裡，跟她見面。她比她的妹妹，我的母親，長壽了55歲。母親最後一次見到她，可能是她被捕的那天。七十年過去之後，當她去世的時候，她還記得母親嗎？她應該是結婚了，若沒有的話，至少她有一個女兒，和她一樣也已經離世

的表姐潔蓮娜。

　　我將克里莫夫斯克戶籍事務所的電郵轉發給康斯坦丁後，一切便進行得很快。他一下子就在俄羅斯流行的社群媒體《Odnoklassniki》上找到了基里爾・格里戈里耶維奇・齊莫夫（Kiril Grigoryevich Zimov）。這個人住在克里莫夫斯克，現年四十一歲。這兩個資訊都顯示，他是莉迪亞的孫子。康斯坦丁私訊給他我的電郵地址，並寄給我他放在平台網頁上的側寫照片。看到照片後，我嚇了一跳。在尋親探索過程中，我已經習慣看到我的親人都是外貌美麗、受過良好教育的人，現在這個遺傳似乎走到盡頭，狠狠地撞壁般。我瞪著一張男人的臉，臃腫呆滯、沒有神采，像一個施肥長大的巨嬰，完完全全就是他的祖母莉迪亞曾經想要解放的俄羅斯無產階級、普羅大眾的樣子。他坐在一張破舊的沙發上，身後是典型俄羅斯巴洛克圖案的油膩壁紙，後蘇聯時代典型的居所，住民永遠的室友名字叫做酒精。

　　如果這是第一張我所找到的母親家族的照片，我一點都不會驚訝，因為這只是坐實了我的期待。跟母親在德國所生活的世界相比，這張照片甚至散發出一種平靜氛圍，這種舒適感似乎便是我小時候極度渴望的，身為公民、理所當然的安全感。但是我要如何把這個男人的樣子與其他至今我所見過的家人連結？這就是家族最後只能留下的，令人遺憾的剩餘嗎？

當我第四、第五次逐字逐句閱讀來自克里莫夫斯克戶政事務所的電子郵件時，我才終於注意到一個奇怪的細節。莉迪亞是在2001年8月22日過世的，而同一年十月十日她的女兒潔蓮娜也離開了，僅僅是七周之後。這代表什麼？如果年邁的母親因孩子死亡，所以生命也熄滅了，這不難想像，但是一個女兒為什麼在九十一歲的母親過世之後，隨即也棄世而去？不難猜想也已是暮年的她有重病在身，所以體力上承受不住母親離世的哀傷？總而言之，很難不去想像這兩起死亡事件之間不存在任何關聯。

　　現在我已經是一朝被蛇咬，十年怕草繩的心情了，我問自己，這背後是否隱藏著新的家族厄運，尤其當我在戶政事務所的電郵中發現了另一個令人困惑的細節時。我和基里爾・齊莫夫，我的遠房外甥，如果我沒有算錯的話，有一個奇異的共同點。我們母親的死亡雖然中間間隔四十五年，但她們都死於10月10日。我無法克制不去想，這種巧合不是偶然，這一切都以某種靈異的方式聯繫在一起，冥冥之中不祥的家族繩結，再次成形。

　　我還抱著微弱的希望，期望網站上的照片根本不是莉迪亞的孫子，只是同名同姓的巧合，但是在探索的路上一直伴隨著我的幸運，仍然忠誠地如影隨形，我又找到了一個親戚。我的筆記型電腦提醒我收到基里爾・齊莫夫發來的電郵。我打開讀道：

日安，娜塔莉雅！

我收到消息，說您的母親是我外祖母的妹妹，您正在等待我的電子郵件。我知道我的外祖母有一個弟弟和妹妹，我也知道他們的名字是謝爾蓋和葉甫根尼婭。關於謝爾蓋，除了他是歌劇演唱家之外，我什麼都不知道。我外祖母有一張他的黑膠唱片，她經常播放聆聽。關於葉甫根尼婭，您的母親，我聽說她嫁給一個美國軍官，移民到美國去了。我的外祖母莉迪亞找了她很久，但是沒有找到。那個時候還沒有網路。

我的外祖母有兩個孩子，即我的母親潔蓮娜和我的舅舅伊戈爾（Igor）。我的母親去世了，我的舅舅住在米阿斯（Miass），很遺憾地我沒有他的地址。我和妻子以及兩個孩子住在我外祖母以前的公寓裡。隨信附上幾張我們的照片。

致上敬意

基里爾·齊莫夫

我打開附檔。她就在那裡……莉迪亞，她失蹤了這麼久，我深信已死去的她，不久前我才猜想，她的名字可能已經成為紀念，掛在卡雷利阿一棵樹上。她和母親長得不太相像，但是我對她有種奇特的熟悉感 —— 當我看著照片時，覺得她似乎是我從虛無中憑空幻想出來的。

一個嚴肅、精緻、驕傲的女人，有著非常直接、質詢的目

光，無法準確地知道這道目光是看著一把刀，還是目光本身就是一把利刃。她的眼神彷彿在與無形的對手較量，而且任何情況下，她都不會先垂下眼瞼認輸。俐落的短捲髮，白色領子的簡約夏衣。在這張照片上，我看不出莉迪亞的年紀，看不出照片是攝於集中營之前還是之後。但是如果照片上的她已將梅德韋日耶戈爾斯克（Medweshja Gora）勞改營的時日拋在身後，那麼她真的是從刻意折磨她的酷刑中，毫髮無損地倖存下來。

第二張照片上我看到的，是一個完全不同的女人。她看起來一臉忿恨、鐵石心腸、捉摸不透，猶如難以攻克的要塞堡壘，一隻人面獅身獸。在她身上可以看到滅絕機制下的倖存者，在滅絕時期之後，又再被長時間打磨耗損，在她身上，是艱苦的蘇聯日常生活。在照片上也可以看到她有一些蘇聯普性[8]（Homo sovieticus）特質，她和孫子之間的連結似乎就是這個特質。這個孫子在這張照片上，是他外祖母身邊一個三歲大的幼兒，好像白色的棉花糖做成的，肥胖、嚴肅的小孩，照片上已經可以清楚地看到他長成後的巨大身影。

第三張照片上，莉迪亞已經是一個老嫗。一切艱困、苦澀的氣質都重新在她身上消失，她成為一個頭髮雪白嬌小、氣若

---

8 譯注：蘇聯和東歐其他國家普通循規蹈矩的人格特質，是一種貶義。蘇聯作家兼社會學家亞歷山大‧季諾維耶夫（Aleksandr Zinovyev）寫了《蘇維埃社會主義》一書之後，成為社會研究的專有名詞。

游絲的老人，但是頭髮仍然豐盈茂盛，彷彿年輕的莉迪亞從佈滿皺紋的皮膚裡閃閃發光地透出。她端正地坐在沙發上，無懈可擊的衣著和髮型，脖子上圍著珍珠項鍊，纖細、穿著尼龍絲襪的腿用心地擺出淑女的風姿。

她離婚後，基里爾寫信說，她還獨自生活了三十多年，到最後都能夠自己照顧自己。直到最後，她的身體都很靈活，而且生活很規律，她每天做體操，總是固定時間吃飯。直到快七十歲，她一直在教授俄語和文學，頭腦始終完全清楚。2001年7月，她在自己的公寓裡摔倒，造成股骨頸骨折。不久之後，便因心臟衰竭，在醫院去世。

有關她在勞改營的時期，基里爾只知道她被指定去教授營地裡的不良兒童和不良青少年，而大概也正是因為如此，才能夠活下來。她在梅德韋日耶戈爾斯克結了婚，也在當地出生的她的兒子伊戈爾（Igor），現在應該57歲了。基里爾已經跟他失去聯絡很久了，但是他知道，他生活在烏拉山（Ural）的後方，在西伯利亞城市米阿斯。

瑪蒂爾達，他的曾外祖母，基里爾沒有能夠認識她，她在他出生前5年便已離世。但是他還清楚地記得，他小時候和外祖母莉迪亞是如何搭乘火車從克里莫夫斯克（Klimowsk）到沃斯克列先斯克（Woskressensk），為了把一個自刨的十字架帶到曾外祖母的墳上去。我的眼前馬上浮現畫面：一個老婦人帶著

一個小男孩坐在火車上運送一個木製十字架，要把它抬到沃斯克列先斯克的墓園去。至於欲刨製成十字架的木頭，他們可能事先就從森林裡取來，也許是從衛星圖像中可以看到的莉迪亞房子對面的樺樹林取來的。使用傳統的橫梁架在一起的，不是一個完美專業的俄羅斯東正教木製十字架，現在它矗立在沃斯克列先斯克的墓園裡，而沃斯克列先斯克這座城市名字的原意，正是星期日和復活。當然，十字架上一定掛著一塊小牌匾，上面寫著瑪蒂爾達‧德‧馬蒂諾或瑪蒂爾達‧伊瓦先科，以及在俄羅斯很常見的，鑲有照片的琺瑯獎章。

知道瑪蒂爾達有墳墓，這對我來說是一種安慰。與不知曉她的下落的我母親不同，現在我得知她在什麼地方了。現在我知道她在戰爭期間並沒有被德國炸彈炸成碎片，而是自然地死亡，享年86歲，而且從那以後，一直躺在沃斯克列先斯克的墓地裡，她女兒給她做的木刻十字架上面寫著她的名字。

與之同時，我投郵所寄的信也已經抵達基里爾手上。郵差果真認識莉迪亞，也知道基里爾是她的孫子，這也是俄羅斯式的奇蹟！但是感謝克里莫夫斯克戶政事務所的斯維特蘭娜‧利哈切娃，我們 —— 康斯坦丁和我，不再需要用到這個奇蹟。

我找基里爾談起在他小時候，莉迪亞給他聽謝爾蓋的唱片的事，我告訴他事實上這是不可能的，因為將她父親每一個音調都神聖化的表姐葉甫根尼婭曾多次抱怨，謝爾蓋的聲音從來

沒有被記錄下來過。而康斯坦丁也曾翻天覆地動用一切資源，為了能夠找到一份謝爾蓋的音檔文件，但是謝爾蓋雖然曾在前蘇聯各大重要劇院演出，蘇聯歌劇史還是沒有留存下他的聲音。基里爾卻堅持他的說法，說他耳邊仍然能聽到謝爾蓋的聲音，並且知道這張唱片上有深藍色的金色字體標籤。莉迪亞過世之後，這張唱片一定是在收拾公寓的時候，不小心被丟進了垃圾堆。

其實基里爾並不是一個令人無法忍受的人。我無法將他的書信文字與他在照片上的樣子聯想在一起，那張照片可能只是一張飛快地按下快門、取鏡對他不利的照片罷了。他是一名程式設計工程師，俄語書寫無可挑剔，而且一直保持在禮貌的水準上，這些表象都不支持他沉迷於俄羅斯民間之毒 —— 酒精的推論。他傳來很多他的孩子們的彩色照片，一個男孩和一個學齡前的女孩，他似乎非常愛他們，並且很重視他們是否得到正確的教育。照片上兩個孩子在廚房裡用手指畫畫，吹滅生日蛋糕上的蠟燭。

他的客觀性以及要求正確的執著，讓人有些在意。他認真、詳盡地回答我的每一個問題，但從不流露出任何情緒。只有一次，當他試圖從相簿中拿出一張他母親的照片，以便掃描給我時，不小心弄傷照片讓他很傷心，而他沮喪的程度也刺激到我，令我的內疚感油然生起。

關於他的母親，直至目前他只對我說過，她的婚姻並沒有

維持很久 —— 他的父母在他兩歲的時候分開了。他的父親仍還在世，他會規律地定期去看他。當我小心地提問，為什麼他的母親這麼早就過世時，他寫道：

我的成長教育和俄羅斯其他的孩子們不同。我的母親和外祖母不願意與蘇聯社會有任何關聯，她們對我施行的教育令我對俄羅斯人民和同年齡的人產生完全錯誤的看法。他們認為我周圍的其他孩子是沒有教養和已變質的。我被隔離，和其他的孩子們分開生活，只活在我小時候就特別有天賦的數學虛擬世界中。受這樣教育長大的人，永遠無法成立家庭撫養小孩。我之所以能夠有妻兒，是因為當兵時被選為海軍，作為一名海軍士兵，我能夠接受俄羅斯生活學校的教育。您問到我母親早逝的原因，這個原因是，我殺了她。我被判無罪，但是必須在精神病院裡住了四年。

那是深夜，寒冰不再發出迸裂的聲音，而是像碎裂的島嶼般漂浮在湖面上。夜裡主宰世界的，仍是同樣這一片深淵般無盡的黑暗。我盯著面前這封電郵，心想，基里爾·齊莫夫是在跟我開玩笑嗎？我雖然知道世界上有殺人犯，殺人犯中也有殺了自己母親的，但是我和其中一人居然是親戚，可能嗎？怎會是我碰上，這一輩子從沒有任何親人的我？我咒罵自己為什麼要開始尋親，尋到親人後我的生活得到了什麼好處？為什麼我要對自己做出這種事？我馬上想到康斯坦丁，但是現在這個時間點他早已入夢，而且切列波韋茨還比我這裡時差再晚兩個小

時。朋友間也不再有人醒著，我無人可談。逐漸地，我恍然大悟 —— 照片中冷漠、麻木的眼光，基里爾制式的禮貌和無感，「正確」一詞對他孩子成長的重要性，以及撕破了母親照片的過度反應代表的是什麼。因為知道她的死亡日期，不難推算出基里爾・齊莫夫殺死她的時候，是三十歲的年紀。是經歷了在被認為是俄羅斯軍隊中最殘酷的海軍裡、在所謂的俄羅斯式生活學校之後，他開始具備謀殺能力？無疑地他在被送進精神病院之前，就已經患有精神疾病，而俄羅斯醫院對他一定沒有進行任何心理治療，只是餵他藥物，麻木感官神經，成為僵屍之後就讓他出院。也許他現在仍在服用大量藥物，因為在我眼裡，他像是一顆不定時炸彈。我驚恐地想起他的妻子和兩個小孩，這個願意與這樣一個男人步入婚姻的女人，又是怎樣的人？難道她不替孩子擔憂，不為自己感到害怕嗎？

至於他的作案動機，我首先想到的就是居住問題：俄羅斯永無止境、如災難一般的房荒；大部分人一生都被困在緊密的空間中，與整個家庭一起生活，許多人因此發瘋。米哈伊爾・布爾加科夫（Michail Bulgakow）就已經在他的小說《大師與瑪格麗特》（*Der Meister und Margarita*）中，讓撒旦說：莫斯科人和所有其他人一樣，既不好也不壞，是房荒使他們墮落腐壞。是房荒讓莉迪亞的孫子也腐壞了？他是因為和母親爭奪莉迪亞死後空下來的公寓，所以殺死了母親？這就是女兒死亡的時間幾乎和母親相同的原因？無論如何，很顯然在莉迪亞還活著的時候，孫子一直被她控制著。她一死去，他的韁繩就解開了。

不知為何我總感覺，基里爾應是勒死了他的母親。我眼前浮現她的形象，我的表姐潔蓮娜，被內在巨大的嬰兒般的手緊緊地握著她的脖子。基里爾發給我的一張照片上，與極其嬌小的莉迪亞恰恰相反，她是一個魁梧、有力，又非常豐腴的女人。也許她激烈地反抗過，也許這場生死之戰歷時良久。而這一切都發生在我母親的忌日 —— 侄女和姑姑都於10月10日死於暴力，一個是死於來自外在的暴力，另一個是自己施加給自己的暴力。

我想起克里莫夫斯克戶政事務所的斯維特蘭娜‧利哈切娃，現在我明白了她提到沒有更多的信息可以告訴我，是什麼意思。正是還有什麼她沒有告訴我，她才寫下這句話。戶政事務所登記簽發的，畢竟不僅僅只是結婚證書，還有出生和死亡證明。而斯維特蘭娜‧利哈切娃不只是戶政事務所的官員，作為克里莫夫斯克的居民，她一定也熟知案情。在俄羅斯，母親的角色是神聖的，弒母的新聞在一個相對較小的城鎮中，絕對立刻就傳開。也許斯維特蘭娜‧利哈切娃對我友善的回應，是因為對我的同情，感嘆我的無知。也許她早已預料到，我會從莉迪亞以前的地址中得知這些。

我問自己，基里爾為什麼要向我這個突然出現的遠親，一個他完全沒有必要坦白的人，坦承他的罪行。這是良知的告白？還是出於不知羞恥，因為愧疚是他無法感知的情緒？他被

教育要對自己的行為有開放的心態嗎？也許這是他所謂的俄羅斯生活學校教給他的行為守則？先是俄羅斯的海軍生活，然後在俄羅斯精神病院的日子所學習的成果？而莉迪亞又是何許人？這個我母親追尋了如此長久的姐姐，卻與女兒聯手侵奪了一個孩子的心智成長，就因為她不想讓孩子變成蘇聯人？難道她從小就被灌輸了無可撼動的階級意識教育，被教導成看不起蘇聯平民？家庭教育的自由開放和對社會的責任感背後，難道其實掩藏著貴族對平民的蔑視？經過八十多年的蘇維埃無產階級專政，莉迪亞卻成功地堅持住她的階級觀念？或者相反地，她被戰勝了，她自己並未意識到她已經成為極權體制的一部分，占有、孤立、毀壞了她的孫子和女兒，猶如這個體系一度曾占有她、孤立她、毀壞了她？而基里爾，他經過俄羅斯海軍生活學校的歷練成為蘇聯人之後，透過謀殺這位不符時代有階級觀念的母親，他再次鏟除了自己是其不幸殘存的貴族封建嗎？為什麼他必須這麼做，才能夠結婚、生子？他和他的母親之間究竟發生了什麼事？

我在腦海中與康斯坦丁對話，我知道，他一早起床後，一定會先匆匆看一眼他的電子郵箱。有時候他甚至在出門時，以這個時節來說，就是踏入令人望而生畏的冰凍世界、上班之前，就會回信給我。我在基里爾的電郵下方點擊「轉寄」，將信連同我的註釋「終於變成偵探事件了」──轉寄給他，我們總是開玩笑地稱呼我們的追查為「偵探」行為。

我瞪著窗玻璃上的黑幕，上面的光亮只是我桌燈的反映。我心想，母親所來自的，到底是什麼樣的一個家庭。蘇聯政體和後蘇聯的慘敗、永無止境的俄羅斯命運現實、醒不過來的集體噩夢，被禁錮於卑屈與無政府狀態之間、苦難與暴力之間，這整個頑冥不悟的黑暗世界，被入侵霸占、充滿無力感、橫斷和死亡的家族史，不幸的俄羅斯——堅強地擁抱著孩子們的永恆的苦難之母，這一切和我有什麼關係。當我還是小女孩的時候，我就出於本能做了正確的事，我選擇了遠方，根本還沒有意識到我真正所歸屬的是什麼，就把自己從身世起源中拯救出來。而現在比以往任何時候，我都更覺得我的叛逆完全無用，我的根源生長在有毒、腐化的土地下，甚至連謀殺母親的凶犯都從這裡出生，我不會有救的。

　　我的筆記型電腦在這個不尋常的時段悄聲發出一個有電郵進來的信號。電郵來自「亞速海的希臘人」網站。康斯坦丁曾經寫信告訴我，在我們長期交流的過程中，他學會了怎麼讀懂我的心思。現在他一定是在睡夢中讀到了我的心緒而醒過來的吧。這一夜他沒有再回到床上，我們互傳信息直到早晨。在他眼中，基里爾是一個不走運的人，令人感到遺憾，是一個注定必須被我發現並對之伸出援手的受害者。但是康斯坦丁高估我了。我並不具備他所擁有的人道精神，不具備他無所不容的烏克蘭—希臘靈魂，我對基里爾感到恐懼，甚至跟他有這麼遙遠的距離，我都還感覺背脊發涼。「我不會放棄希望的，我們終會找到您可以擁抱的親人。」康斯坦丁在這個早晨最後一封

信裡如此寫道。很久以前他就已經在幻想：等我們把所有的人都找齊了，我們就在馬里烏波爾見面，辦一個晚宴慶祝一下。我不知道我是否還想再去找誰，但是跟康斯坦丁在馬里烏波爾見面，好好地擁抱他 —— 是絕妙的主意！

我開始對所找到的親人心生畏懼，害怕在我追尋過程中如影隨形的運氣。但是現在的我當然也無法就這麼忘記，在西伯利亞的某個地方我有一個表弟，如果他還活著，他可能是我的家族歷史中最重要的見證人。恰好就是殺害他妹妹的兇手，讓我知曉了他的存在。這個伊戈爾，根據基里爾‧齊莫夫所提到，我得知他出生在梅德韋日耶戈爾斯克集中營裡，也就是1931至1933年之間，所以他很可能見過我的母親，即使他當時還是個小男孩。

在我們開始尋找他之前，康斯坦丁又成功地將一件事從不可能變成可能，行動奏效，得到令人佩服的成果。基里爾是對的，我舅舅謝爾蓋的聲音的確存在一張唱片上。康斯坦丁在網路上找到了這張唱片，它是1956年米科拉‧李森科（Mykola Lyssenko）的歌劇《切爾諾莫西》（*Tschernomorzy*）的錄音。唱片是烏克蘭國家交響樂團錄製的，男低音角色由謝爾蓋‧雅科夫列維奇‧伊瓦先科演唱。康斯坦丁一發現就趕緊把錄音傳到我的電腦上。

我聽著舅舅轉成數位化音檔的聲音，這個完美的聲音讓我

忘記了它是來自多麼遙遠的年代和世界。第一個音符開始之後，我就被催眠了。幾十年以來，自從我第一次進慕尼黑歌劇院，我就一直在尋找這樣的聲音，現在我竟然在自己的家人中找到了。我找到了一直以來的理想中的情景，根本意不在唱歌的這位聲樂家，他是在呼吸或者哭泣。

我看到了夏日照片上那個頭上戴著水手帽，赤腳坐在聶伯河邊一棵樹的樹枝上，半大不小的活潑少年。沒有任何跡象顯示，在這個男孩的咽喉裡正在醞釀渾厚的低音，會像所有偉大的聲樂家一樣，這個聲音並不是來自喉嚨，而是來自不再屬於地表的地方。1956年，唱片被錄製之時，謝爾蓋41歲，而這一年也正好是母親離世的那一年。我試著想像，如將母親明亮的女高音混入他的低音裡，他們一起唱歌時，會出現什麼樣的和聲。這是一場幻夢？她哥哥的聲音現在在這裡，在我的房間裡，當我看著牆壁、家具，看著窗外的楓樹時，耳邊所聆聽的這個聲音，知曉這也是母親所聆聽過的聲音，是她在馬里烏波爾生活的一部分。

在我的表姐葉甫根尼婭身上現在重新落下一道光。當你的父親有這樣一種美聲時，你幾乎不可避免地注定要迷失於其中。她為他犧牲自己的生活，至今仍是她存在的中心意義，為此我不再感到驚訝了。人們保護自己避免受到耽美的傷害，避免因為關注美而從自己的生活中脫軌，避免因此背離世界的法則。葉甫根尼婭沒有能夠守護自己，沒能夠抵抗住絕美的事

物，為此她付出了高昂的代價。

　　我一再地將謝爾蓋的音檔點開來聽，我不知曉內心更強烈地感受到的是什麼？是發現的快樂，還是錯過的痛苦？對於謝爾蓋也是，如果我知道他的存在，很久以前便可在烏克蘭跟他見面。在他去世之前兩年，我與當時的男友曾自己開車去莫斯科拜訪我們的俄羅斯朋友，這趟私人性質的旅行，在當時並不尋常，而在回來的路上，我們開車穿過烏克蘭。我在基輔的獨立廣場上吃冰淇淋，當我們漫步在古老的街道上時，我有可能經過了謝爾蓋的房子。我錯過了他，三十年前他從當管理員的公園回家的路上，在街上摔倒死亡了。但是他的聲音還活著，我真的找到了，就在這裡，在我的電腦裡，從現在起，只要我想聽，就聽得到。探尋過程中發生的所有奇蹟中，這個奇蹟是最不可思議的。

　　在康斯坦丁發現基里爾・齊莫夫的「奧德諾克拉斯尼基」（Odnoklassniki，譯注：意為「同學」）社交平台上，現在他又發現了一個住在米阿斯（Miass）的13歲少年，他有莉迪亞兒子的姓氏，一個西伯利亞少年，在側寫照片上戴著一頂滑稽的紅色棒球帽，手腕上戴著一個看起來很昂貴的手錶。調查後很快就知道，他是伊戈爾的孫子。他甚至還記得他曾祖母的名字叫莉迪亞・伊瓦先科。現在一切都取決於這個十三歲男孩是否願意充當他的祖父和我之間的橋樑，或者他覺得這些人都只是煩人的老頭、老太婆。結果證明他不只非常合作，也是一個聰

明的孩子。不消幾天他就傳發了一條帶有電話號碼的訊息。他寫道，他的祖父喜出望外，等不及我的電話了。

同時，我被貂鼠啃咬的車子已經修好了，因為用手機打電話至西伯利亞不僅要花一大筆錢，而且還可能因為距離太遠而有噪音，所以我在得到消息的那一天即收拾行李，開車回到柏林。在柏林的我，生平第一次撥打西伯利亞的電話號碼。這個十三歲男孩給我的號碼似乎是正確的，好歹有撥號音，而且馬上就被接聽了。電話另一端一個男人的聲音顫抖著，他問我，我們對彼此應該用敬稱還是平語。「我們找妳媽媽找很久了，」我表弟說，「我們一直在等著她的消息。」我尋找詞語開始跟他對話，懷疑我的聲音跟他一樣在發顫。

基里爾・齊莫夫不僅殺死了他的母親，根據我現在得知的消息，他還毀掉了母親的哥哥的生活。十三年前，伊戈爾年邁的母親莉迪亞去世，他的妹妹潔蓮娜在被她的兒子謀殺後不久，伊戈爾就中風了，而且之後一直沒有康復。他現在已經78歲，生活上幾乎所有的事情都要依靠他的妻子，而他的妻子自己也因為癌症，生活上行動十分受限。

他是土地測量師，他最後的工作是在他生活了60年的米阿斯一家大型建築聯合企業裡領導測量部門。他有兩個孩子、三個孫子和一個曾孫，他的兒子和女兒在新俄羅斯都成為成功的企業家，一家人似乎什麼都不缺。感謝衛星圖像，我得以看見

他和妻子居住的現代大樓 —— 按照西伯利亞的標準，這可能是最奢華的建築了。從他有玻璃帷幕的大陽台上可以看到林木繁茂的烏拉山脈，可以觀察掛在戶外的溫度計上巨大的溫度波動 —— 幾分鐘之內，水銀柱可以上升或下降十五度。

可惜的是，伊戈爾並沒有機會認識到我的母親，他從未去過馬里烏波爾，而母親也從未去過梅德韋日耶戈爾斯克。我很快便明白，期望他目擊到任何事只不過是我的奢望，在表象上他其實什麼都不知道。作為勞改營裡的孩子，他很早就吸取了教訓，像他許多的同胞一樣，他什麼都埋藏在內心。他的生活準則便是那三隻有名的猴子 —— 一隻蒙著眼、一隻搗著耳、另一隻蓋著嘴巴。若不是他真的對他的家族過去一無所知，就是木訥寡言已成為他的本性。他只稱希特勒和史達林為「兩個小鬍子」，不曾真正將他們的名字說出口。他還從自己的字彙中抹去了外甥基里爾的名字，也不想聽我問起關於他的事。

有一次因為他去散步，我得以和他的妻子柳博芙（Ljubow）通電話，她告訴我，基里爾半夜起床走到他母親的房間，用枕頭把她悶死。然後他進廚房將一整罐的美乃滋舀出來，之後繼續回房間睡覺。他的母親，我聽說，非常愛她的丈夫，在他離開她之後，她所有的愛都轉投到兒子身上。她像對神一般地對待他，什麼都寵著他。因為他在數學方面特殊的天賦，她把他當成神童，並一直不斷地崇拜或推舉他為天才。但是年復一年他越來越專橫，而且逐漸長成一個巨人，越來越頻

繁地威脅他的母親，讓她幾次不得不逃到西伯利亞米阿斯的哥哥那裡去。有一次他把莉迪亞的家具都砸爛，因為他覺得她活太久了，是時候空出地方給孩子了。這當然不是我表姐潔蓮娜和她兒子基里爾之間的全部真相，而也許我也並不想知道整件事的來龍去脈。

從伊戈爾講述他母親稀少的言語中，我推想莉迪亞是一個生硬、難以親近的人，也和他同樣的寡言。他不記得母親曾將他擁入懷，或者有什麼親密的動作。她是母親瑪蒂爾達和哥哥瓦倫蒂諾之間亂倫的結果，他認為是胡說八道，是他幾十年來沒有任何聯絡的表妹葉甫根尼婭的白日夢。

自瑪蒂爾達來到梅德韋日耶戈爾斯克後，他與他的祖母瑪蒂爾達同住了很長一段時間。戰爭期間他們全家被疏散到哈薩克斯坦（Kasachstan），辛苦地過了五年，直到伊戈爾的父親在俄羅斯沃斯克列先斯克得到一份高級工程師的工作。瑪蒂爾達沒有再回到馬里烏波爾，而是一直與他們生活在一起，直到去世。聽說最後她幾乎失去所有的聽力，通常只能用眼睛說話，大多數時候她坐在廚房餐桌旁，在桌上排列紙牌。從伊戈爾的話語中，我可以想像她也是一個不受喜愛、苛刻又難以親近的女人，這與謝爾蓋的女兒葉甫根尼婭對她的描述相符。

為什麼母親傳達給我，她母親的形象——瑪蒂爾達是一個像聖母瑪麗亞一般慈善和具有母性的女人？難道瑪蒂爾達和母

親有特殊的連結，因為母親是她最後一個孩子，而且是很晚才懷上的孩子？這個柔弱無助的女孩吸引了瑪蒂爾達沒能向其他人表達出來的所有的愛和關注？或者，只有母親一人才知道她是感情豐富、溫柔的女人，猶如她向我所描繪一般？

小時候既沒有受到母親或祖母喜愛的伊戈爾，16歲時瀟灑無牽掛地離家去莫斯科深造，通過國家考試後，被分派至西伯利亞一個土地測量的職位。在那裡，他告訴我，他開始酗酒。如果不是柳博芙，他早就跌進排水溝裡，再也爬不起來。

我問到我們的舅舅謝爾蓋時，他無法回答或者不想回應，他只敘述他曾在阿拉木圖（Alma-Ata）的《盧斯蘭與魯蜜拉》（*Ruslan und Ljudmila*）演出中聽過他的聲音。那時候他還是一個孩子，被舅舅響雷般的聲音嚇到。他順帶一提說到，戰爭結束後，謝爾蓋曾至德國擔任主唱。我眼前馬上出現一個假想的情境：母親與她的哥哥在德國境內巧遇；他身為紅軍戰士，現在則在被打敗的德國，用俄羅斯歌劇的詠嘆調來娛樂蘇聯士兵，而曾被德國強擄勞動的母親則還在為敵人工作。兄妹兩人會擁抱在一起，還是像敵人一樣對峙，永遠不會和解？如果母親知道哥哥也在德國，也許就在她的鄰近處，對她來說，這會有什麼意義？如果她知曉我現在所知道的，她的生命會不會發生不同的轉折 —— 她會抓住這個機會，隨同他一起返回烏克蘭，尤其是她那時候已經意識到，她在德國不會有未來？

我又一次收到伊戈爾從他兒子的電腦傳發來的家庭照片：他的孩子和孫子們在芬蘭、義大利、美國度假；兒子在米阿斯擁有西伯利亞式三溫暖、座落茂盛松林大片土地上的宏偉華廈；還有數十位客人、滿桌食物、俄式排場闊氣的家庭慶祝活動的場景。

　　在伊戈爾擁有的舊家庭照片中，我不僅找到了年輕的母親戴著頭巾的照片，更令我驚訝的是，還有那張母親在背面寫著「外祖父和兩個熟人」的照片。只是在這張照片上不是兩個，而是三個「熟人」。這些年來我從來沒有發現，我的這張照片是裁剪過的。除了娜塔莉雅和瓦倫蒂娜，伊戈爾的照片上還有我已經從有室內棕櫚樹的全家福照片中認識的，母親的第三個姑姑葉琳娜。"Lumière Odessa" 字母用花體字形垂直排列地書寫在這張完整照片的邊緣。現在照片在什麼情況下拍攝的，也終於清楚了。我從莉迪亞的前科檔案中得知，她的姑姑葉琳娜（Jelena）住在奧德薩。雅科夫 —— 母親的父親，和他的姐妹瓦倫蒂娜及娜塔莉雅一起去那裡探望葉琳娜。趁此機會兄妹四人去了盧米埃爾（Lumière）照相館拍下合照，攝影留念。只有奧爾嘉不在照片中，她和丈夫住在莫斯科，又或者在那個時間點她已經結束了生命。但是，為什麼母親的照片上，葉琳娜被剪掉？康斯坦丁向我解釋，他告訴我革命後無數的人從照片上消失。他們或者自己把自己的影像剪掉，或者被剪掉，因為他們對那些和他們一起合影的人構成威脅。構成政治威脅的，難道不只有莉迪亞，還有她的姑姑葉琳娜？還是葉琳娜被摒棄

的表象後面，隱藏著不過是屬於個人的家庭仇恨？

我點開另一張照片，第一次看到成年的謝爾蓋。在其中一張照片上，他穿著紅軍制服，制服上別著紅星勳章，當時模樣還是一個非常年輕的男人，乾淨整潔，一張幾乎像孩童一般柔軟的臉。再下一張照片中，他可能大了二十歲，是一個非常陽剛、英俊的男人，深色捲髮，剛毅的下巴，以及像母親一樣憂鬱的眼神。攝影師藝術地將他表現成《尤金·奧涅金》中的格雷明王子、《黑桃皇后》中的托姆斯基伯爵、《鮑里斯·戈杜諾夫》中的主角、《盧斯蘭與柳德米拉》中的基輔大公以及古諾作品《浮士德》中的梅菲斯托·菲勒斯。如照片所證明，謝爾蓋不僅是一位才華洋溢的歌劇演唱家，還是一位出色的默劇演員。每一張照片上的他都像是不同的人，像他的面孔肯定比我所看到的這幾張照片更加多變。他身上有一股懾人的魅力，像惡魔一般、令人心弦莫名震懾的魅力。

我現在才看到，附件照片之一有文字標明「瑪蒂爾達·約西芙娜·德·馬蒂諾和雅科夫·埃皮凡諾維奇·伊瓦先科的孩子們：莉迪亞、謝爾蓋和葉甫根尼婭」。我的心跳突然停住，我打開文件，一時卻無法明白我所看到的。我一眼就認出莉迪亞，她在這張照片上可能只有十八歲，那個大約十三歲的少年無疑地是謝爾蓋，但是葉甫根尼婭 —— 我的母親在哪裡？在兄弟姐妹之間只有一個孩子，頭上綁著看來像孩子們頭上才會有的如小螺旋槳、巨大俄式蝴蝶結的陌生小女孩。在時間非常

緩慢地流逝之間，一步一步地，我逐漸意識到這個陌生小女孩就是我的母親。乍看之下，這個小女孩和我對成年母親的記憶，兩者之間距離太遙遠 —— 雖然母親的五官在她的小臉上清晰可辨，她有母親的眼睛、母親的額頭和下巴。小女孩應該有八歲了，穿著看起來價值不菲的白色小洋裝，深色頭髮剪成齊眉瀏海，梳著小馬尾。

我從未想像過她是這個樣子，雖然類似的其他樣子也無法想像，修飾裝扮得如此華麗、精緻，是好人家出身的孩子。父母的貧乏在她身上完全不著痕跡。可能家裡最後一點好東西都披掛在她身上，而且去相館之前，她被送去整理了頭髮。她的兄姊都看著鏡頭，只有她透過鏡頭看向了遠方。迷濛的、陰鬱的眼睛，這麼小的小孩就已經是憂鬱的化身。她絕對就是我的母親，雖然如此，這個小孩仍是陌生的、我無法親近的。如此柔嫩脆弱，令我不敢觸摸，不敢將她抱入懷裡。她是穿著覆滿悲傷小星星白色蕾絲裙的小公主。我不知曉是因為我知道、還是在她這樣小的年紀就可以被看出，她注定無法承受她所身處的恐怖時代。很難相信這個透明的、清醒的小東西竟然活到三十六歲，一切都對她不利，從一開始就以消滅她為目的的三十六年。我猜想，來自莉迪亞遺物的照片被送到她在西伯利亞的兒子那裡，從那裡再傳到我在柏林的電腦螢幕上。我那小小的、迷途的媽媽，三十年之後從德國雷格尼茨河裡被打撈上來的媽媽，我對她的探尋幾乎到達了她的起源，這張童年照片之外，關於她的事，我應該是找不到更多了。

來自米阿斯的最後這一張照片，我看到了母親長大的房子，屬於我義大利曾外祖父母，瑪蒂爾達（Matilda）和朱塞佩・德・馬蒂諾（Giuseppe De Martino）的房子。伊戈爾的兒子和妻子幾年前一起前往馬里烏波爾，去追尋祖先的足跡時，將這棟腐舊不堪的建築物拍攝下來。在蘇聯時期，當母親還生活在馬里烏波爾時，這條街被改名為列寧路（Ulitsa Lenina），但現在它又恢復了原來的名字。這個名字在大門深藍色牌匾上，用白色字母寫著，這條街道以創造奇蹟的聖人尼古拉斯為名，祂是旅者、囚犯和孤兒的守護神，這條街叫做尼古拉耶夫斯卡亞路（Nikolajewskaja Uliza）。

這棟房子有著左右兩邊的側室，兩翼向後延伸圍住一個從正面看不見的庭院，在照片中只能看到由一個拱門相連、面對街道的兩個立面。這座歷史建築呈現出後蘇聯時期抑鬱和荒蕪的畫面，光用眼睛就可以聞到黴菌、尿液、垃圾和牆壁上菌菇的味道。腐爛的石頭被時間和工業排放的微塵侵蝕殆盡，只能瞥見這座房子在一百年前，我母親出生時的大概模樣。憑藉想像力，仍然可以辨認出窗框立面精緻的裝飾、鍛鐵欄杆的藝術網狀結構、花形天窗的魅力，現在這些天窗窗台上長滿雜草和灌木叢，讓人想起鸛巢。兩側房室中間飽經風霜的那座拱門，是灰色的石塊鬆散堆砌而成，似乎隨時都將倒塌。生鏽的排水溝，多孔磚瓦屋頂上懸掛著電纜般的古老天線。兩層剛開始塗刷的油漆，一層藍色，另一層粉紅色。

我一看到這棟建築，腦中立刻充滿母親在馬里烏波爾生活的畫面。我看到還是小女孩的她在拱門後面的院子裡玩耍，和其他的孩子們一起嬉戲，旁邊還有她的哥哥謝爾蓋。我聽到保姆童雅的聲音在呼喚她；我看到她背著書包，從當時還完好無損的拱門下走出去。她的每一條去路都必須穿過這扇拱門，從這條街開始。照片中幾乎長滿雜草、破碎的鋪石路也許仍是當時的路面。假設，尼古拉耶夫斯卡亞路當時位於義大利城區，也許母親有時候也去隔壁的希臘城區拜訪她的表親，也許在她的日常生活中，除了烏克蘭語、俄羅斯語和義大利語之外，希臘語也是她習慣使用的語言。即使是今日，義大利的一切仍然存在於這座城市，總之我在衛星圖像上看到的，是尼古拉耶夫斯卡亞路附近，處處都是義大利餐館的模樣，只不過這有可能是現代化的現象，而不是過去時代的文化遺留。世界上沒有其他地方比我現在在螢幕上所見的地方更遙遠，或者更難以想像的了。

與表弟伊戈爾講電話有一個奇異的特性，因為我們對話開啟的可能性是那麼有限。伊戈爾不僅沉默寡言，他還像大多數俄羅斯人一樣，總是將巨大的共同苦痛推到一邊，將個體的自我又深埋心中。除此之外，提出可能引起對方不適的問題，在俄羅斯的日常行為準則中根本不會出現，而苛求對方傾聽自己的私人問題，這點也不尋常。基本上我和伊戈爾的對話內容幾乎是空洞的。我們沒有共同的話題、我們的生活存在於各自不同的世界裡，但是我感覺到這個不想說或者不能說的孤獨老人

心底深處埋藏著一個感性的靈魂，而我們之間漸漸地發展出某種憐惜的愛。

　　伊戈爾總是等不及我的電話，而且我若連續三、四天沒有打電話，他便會擔憂。我也擔心，害怕伊戈爾原就不牢靠的生命線，會剛好在我找到他的時候，突然斷掉。不講電話的時候，我也想著他，而且我感覺，反過來也是一樣的。

　　在俄語中表親叫做「dwojurodnyj brat」── 第二房的兄弟，口語中「第二房」通常會省略，只說「兄弟」(brat)。「我的兄弟在做什麼？」我問伊戈爾的太太，如果接電話的人是她。對我來說，這個詞語是嶄新的，將它說出口的時候我很享受。兄弟，真是難以想像，我居然有一個兄弟，而我是這個兄弟的姊妹 ── 他在做什麼呢，我的兄弟，我每天多次地問自己。其實比起我是伊戈爾的姊妹，他更像是我的兄弟。雖然他從不提起家族，他卻是於我和我在此期間經常詛咒的烏克蘭 ── 義大利宗族之間還活著的生命的連結，他本身就代表了這一脈宗族，而且在有些時刻，我覺得他又將母親的某種連結還給了我。在他而言，他似乎在我身上重新找到了他失去的妹妹潔蓮娜的某些感受連結，她在她的兒子手上死去這件事，對他來說是如此嚴重的打擊，以至於他的生命成為風中殘燭。值得慶幸的是，他雖然狀態不好，卻也生活著持續了十多年，燭火雖然搖曳、不穩定，但是仍可以繼續燃燒很長時間。我無法代替伊戈爾的妹妹，但是有時候我覺得，不僅是他之於我，我之

於他也是生命的禮物，一個沒有預期的、他與之其實已經告別的世界重新的連結。

康斯坦丁為我許下的願望實現了。最終的最終，我找到了可以擁抱的人，這個即將八十歲、在西伯利亞、重病而且寡言的人，我生命裡所有有關我身世的線索在他身上交集，於我再沒有什麼好找尋的了。我仍舊不太敢相信，但是我真的找到了他們所有的人，母親的整個家族，不僅是死者，還有仍活著的親人。從更遠的親戚那裡得到更多關於母親的任何新訊息，我已經不期望了。一個湖邊的夏夜所開始的網路尋親遊戲，伊戈爾是我追尋遊戲的終點站。然而，等著我的，還有其他事物。

當伊戈爾中風後，和妻子搬進有電梯的舒適大樓時，為了以防萬一，他自己留了一棟舊建築四樓的公寓。現在他住在米阿斯的兩個孫子中，年長的那個宣布有結婚的計畫。他並沒有面臨俄羅斯大多數新婚夫婦的命運，不得不和父母一起住在狹窄的兩房公寓 —— 他父親的大房子有充足的空間，但是他想和父母分開居住。他打算結婚後與妻子搬進祖父的舊公寓，而他在清理時，在一個櫃子的上面，發現了因堆積時日長久而結成厚片的灰塵下的兩本筆記本，原來是莉迪亞的日記。伊戈爾毫無概念，這兩本簿子為何會跑到櫃子上面，幾乎可能會與舊家具一起被扔掉。

伊戈爾無法閱讀那些筆記本，他的眼睛不行了，又或者他

根本就不想看。而且，作為蘇聯時代的孩子，禁止複印是他依然遵循的法則，他無法想像在現代俄羅斯可以簡單地走進一家影印店，從任何原件上複製任意數量的副本，所以他讓兒子把珍貴的筆記本郵寄給我。我的內心不斷顫抖，想著那漫長而危險的郵寄之路，現在在這條路上旅行的，是仍然有機會被發現的證人的筆記。我覺得這些筆記本多年來一直存在於灰塵越來越多的櫃子上，只為等待我出現的時刻，好像莉迪亞把日記放到兒子的櫃子上，是為了與我相遇。

隨著時間流逝，我害怕的事情發生了：筆記本最後沒有寄達。我每天都在等待郵件，我家一樓的郵箱裡總是塞滿廣告和其他多餘的東西，而來自西伯利亞的郵件卻下落不明。這兩本簿子難道成為審查制度的犧牲品，被沒收了？還是在來的路徑上被擱置某處，迷失了？我不得不想起我曾經翻譯過的一本書，書中描述女學生們假期時在郵局打工充當郵差。她們從郵局領出裝著郵件要派送的沉重袋子，然後把袋子裡的東西倒進離郵局最近的垃圾桶裡，然後去玩樂一整天。那如同我尋親的皇冠上的明珠，是否遭遇了類似的命運？

最終真相是，郵件沒有到達不是因為俄羅斯郵政經營的隨機性，而是有其他的意外。德國郵局將筆記本轉寄到我在沙爾胡湖那裡的地址，雖然我並沒有提交郵件轉寄申請。當我在一個雨意濃重、暴風肆虐的一個四月天到達那裡，上頭貼著我柏林地址的受潮信封就躺在郵箱裡，日記終於到我手上。它可能

已經躺在房屋孤獨的金屬郵箱中、暴露在各種天氣裡有幾個禮拜了。

我迅速將行李拿進冰冷的公寓裡，急忙地撕開信封，就好像母親的聲音在最後一刻仍然會丟失一樣。這兩本簿子有點濕黏，但沒有損壞，一本綠色，另一本是棕色的，均是非常近似DIN-A5的大小，線裝，邊緣有點歪斜，好像不是機器而是手工製作的。裡頭所記的內容不是日記，而是某種形式的回憶錄，是莉迪亞八十歲時寫的，在她去世之前十年。紙面上的方格裡寫滿我從她的平反申請書上已經熟悉的、小而傾斜的筆跡，考慮到這是一個八十歲老人所寫，字跡令人驚嘆地工整，文筆一氣呵成，幾乎沒有塗改的痕跡。

綠色的筆記冊裡第一頁是一首格奧爾吉‧伊凡諾夫（Georgij Iwanow）的詩：

俄國是幸福。俄國是光明。
也許俄國根本不存在。
太陽從未紅耀於涅瓦河（Newa）之上，
普希金（Puschkin）未曾倒在雪地上，被殺害，
沒有聖彼得堡（Petersburg）曾經存在，從來沒有──
只有曠野、曠野，覆蓋著白雪。
只有白雪、白雪……以及漫漫黑夜，
所帶來的，一直只是重新生成的寒霜。

俄國是沉默，是灰燼的痕跡。
也許俄國只是由顫抖組成，
冰冷的黑暗，球，編織品，
以及一直作響的瘋狂音樂。
灰濛濛映照著這片土地，
這片世界還無以名之的土地。

　　我將自己裹入羊毛毯中，坐在窗前單人沙發上讓扶手擁住，窗外是風暴將至、色灰如鐵的湖面，開始閱讀。文字開始之前引述了《希伯來聖經》第5書（fünftes Buch Mose）中的一句話：「復仇屬於我，我將報仇。」（Mir gehöret die Rache zu, ich will vergelten.）我嚥下一口口水，屏住呼吸等待母親在筆記本中第一次出現。莉迪亞雖然寫下她的出生，但是在那之後，她幾乎不再對此著墨。我不得不滿足於在字裡行間找尋母親的蹤跡，在她當時的生活世界裡，自她姐姐的目光看待這個世界的視角，這樣的世界正近距離地在我眼前展開。

第 二 部 分

Part 2

雅科夫，我母親的父親，他因為革命思想被判刑流放二十年，於國家監督下在當時屬於俄羅斯帝國邊緣的華沙，度過流放最後階段的歲月。在那裡，他的女兒莉迪亞於1911年誕生。

如我所猜想，瑪蒂爾達‧德‧馬蒂諾不是雅科夫的第一任妻子。莉迪亞與安德烈（Andrej）——她父親在流放地的婚姻所生同父異母的哥哥，一起度過了她的童年，而且她在華沙，首次以讚嘆的眼光去看一座城市。

雅科夫在華沙擔任一個中學歷史教師，每月收入微薄，但是他有義大利父母遺留的巨大財產，以及非常富有的女人作為妻室。他們住在老城區中心一間寬敞的公寓裡，有一個波蘭廚娘、一名俄羅斯保姆和一位英國家庭教師威格莫爾小姐（Miss Wigmore）。因為她小帽子的前後遮簷一模一樣，雅科夫戲謔地稱她為「Hello-and-Goodbye」（哈囉與再見）小姐。莉迪亞還很小的時候，就能說這三種語言，只是她交錯混用，分不清楚。她的父親除了這三種語言，還掌握法語、俄羅斯貴族式俄語以及他跟來自波羅的海的祖母——安娜‧馮‧埃倫斯特雷特那裡學到的德語。公寓裡有一架珍貴的三角鋼琴，具有音樂天賦的瑪蒂爾達經常在此彈奏蕭邦和莫札特。她們家裡經常接

待賓客，都是波蘭的知識菁英、音樂家、詩人。雅科夫被允許至瑞典和英國旅行，在那裡他和當地革命與勞工運動的積極分子祕密會見。他毫無阻礙地在華沙過著奢華的生活，與家人在優雅的波蘭溫泉小鎮瓦津基度假。這個奢華的流放生活，在1915年德國軍隊入侵華沙時告終。雅科夫獲准返回馬里烏波爾，歷經流放二十年之後，再次成為自由的人。他回到家鄉不久之後，謝爾蓋，即母親的哥哥出生。

馬里烏波爾在此時是一個多元文化的城市，住著烏克蘭人、俄羅斯人、希臘人、義大利人、法國人、德國人、土耳其人、波蘭人，他們之中很多都是猶太人。這座城市座落於山丘上，從每個角落都可以望見因魚產豐盛而聞名的亞速海。當鱒魚群和梭鱸魚群經過時，海水似乎在沸騰。

在山下最底層的沙灘邊住著漁民，海邊再高一點的地方住著工人，主要是碼頭工人。他們住在木板屋、土屋、棚屋、草屋裡，擁擠不堪、赤貧。沒有下水道系統排放污水，也沒有電，用水只能從水井汲取。泥濘的地面散發惡臭，蚊蠅滋生。飢餓的孩子們在泥地裡玩耍，父親們則酗酒。瘧疾、霍亂和斑疹傷寒（Typhus）肆虐，夜裡沒有電燈，只能在屋裡燃燒松木火把。

貧窮猶太人的小屋和攤位緊貼海面以上的第三層，在這裡，有大家都想要的火柴、鞋帶、刮鬍刷、石油、生鏽

的釘子、舊書堆、甜瓜、玉米、小米、岩鹽、經文護符匣（Gebetsriemen），能想得到的、意想不到的，應有盡有。這裡也和工人區一樣，到處都是孩子，衣不蔽體，又髒又餓，不同的是男孩們的太陽穴都貼著邊落（譯注：Bejkeles，音譯「佩宜克勒絲」，貼在太陽穴上的一絡捲髮）。

稍遠處一點，在有船隻和裝載起重機的港口後面，是法國人建造的兩個大型鋼鐵廠。在廠裡工作並在工廠旁集居的人，生活條件比碼頭工人好一些。磚砌的房子裡不只有電、有水，領取的工資也還足夠飽腹。工廠的煙囪不分日夜，朝城裡噴吐髒污，每個班次結束時所響起的汽笛聲，取代了馬里烏波爾人的時鐘。

雅科夫和家人住在「上城」（obere Stadt），一直到革命之前只有中上階級才能居住在這個城區。這裡有餐廳、一個名為「太陽」（Soleil）的俱樂部、叫做「大陸」（Continental）和「皇家」（Imperial）的飯店，這裡有希臘小酒館（Taverne）、義大利餐酒店（Trattoria），還有劇院、一個大市集（Bazar）以及昂貴的精品店，為數眾多的俄羅斯東正教教堂（russisch-orthodoxe Kirchen）、一個紅衣主教教堂（Kathedrale）、好幾座猶太廟（Synagogen）、一座義大利居民建造的天主教教堂（römisch-katholische Kirche）以及一座波蘭教堂。輕型敞篷車來往穿梭於街巷，獎券和熱騰騰的波蘭魚餃，沿街叫賣，有吉普賽人為人算命讀掌紋，週日在公園還有銅管樂隊演奏。

瑪蒂爾達的父親朱塞佩・德・馬蒂諾（Giuseppe De Martino）是一位非常富有的義大利商人，他將自己位於尼古拉耶夫斯卡亞街房子的一個側間給女兒和她的家人使用，他的房子是整座城市中最具可看性的房屋之一，只有瑪蒂爾達的妹妹安吉麗娜（Angelina）和希臘丈夫及孩子所居住的「白宮」（Weiße Datscha）能稱得上更加豪華。馬里烏波爾最輝煌華麗的舞會和園遊會在「白宮」舉行，舞會和園遊會裡的活動包括音樂會和慈善彩券等。相對於妹妹，瑪蒂爾達和父母一起居住，教授鋼琴，而法律專業的丈夫雅科夫只能找到律師事務所助理的工作。

　　一家人返鄉之後，雅科夫立即恢復他原來的政治活動，重新與俄羅斯社會民主工黨（Sozialdemokratische Arbeiterpartei Russlands）的分支，但是被禁止的布爾什維克黨人（Bolschewiki）來往。堅定忠貞的布爾什維克黨人雅科夫，他怎麼可能會與一個大資本家的女兒結連理，而且我現在得知，他甚至和家人一起住在階級敵人、岳父的屋簷下 —— 有關此細節莉迪亞什麼都沒有說明。對我來說，這將不會是她記錄中的唯一盲點。

　　德蕾莎・帕切利（Teresa Pacelli），瑪蒂爾達富有的母親，看不起她這位出身沒落的烏克蘭貴族女婿。她對雅科夫家裡，除了保姆童雅之外沒有其他僕人，以及一餐只吃三、四道菜的事，都嗤之以鼻。她的女兒在華沙顯然能定期得到大筆援助，

回到家鄉後，她又必須教授鋼琴賺錢。

　　總的來說，我的義大利曾外祖父母德蕾莎和朱塞佩的房子似乎是沒落親戚的聚集之處。雅科夫一家之外，同住的還包括舅舅費德里科（Federico），他是瑪蒂爾達的一個兄弟，是他父親經營公司的幫手，住在一間樸素的套房裡。另外還有帕切利家（Pacelli）的「小祖母」和阿莫雷蒂家（Amoretti）的「大祖母」。「大祖母」的稱呼來自她雄偉的身高以及那長到膝窩、可觀的辮子。她嫁給一位俄羅斯貴族，但這位貴族在輪盤上輸光他全部的財產，最終死於肺結核。自此之後，早年喪偶、沒有身家的「大祖母」就一直和姊妹德蕾莎的家庭住在一起。「小祖母」也同樣遭逢類似的命運。她的人如其稱呼，的確個子嬌小纖細，她的臉龐令人心醉地美麗，但是身體卻駝背、畸形。她那擁有好幾家酒莊的父親讓她接受非常傑出的教育，讓她能精通多種語言，以機智的言談和優雅的舉止備受矚目，被選為沙皇母親瑪麗亞・費奧多羅芙娜（Maria Fjodorowna）的宮廷女官。一段時間後皇太后將她嫁給一個異常英俊，但家徒四壁的軍官，然而他無法接受賜婚的妻室外形是一個駝背的人。他將妻子的嫁妝揮霍一空之後，隨即不見人影，消失無蹤。就這樣「小祖母」有一天重新回到馬里烏波爾，她沒有能夠經受住這樣的命運，性情大變。如果有人有什麼事問她，她最多回答一個字。她最常說的句子是：「不知道，我什麼都不知道。」大部分時間她只是沉默度日。

房子的主人，即莉迪亞和謝爾蓋的外祖父母自己居住的部分，就像一座博物館，在這裡可以欣賞到來自世界各地的珍寶。中國絲綢、印度織毯、非洲的象牙雕像、波斯珍貴的馬賽克圖和箱子、令人生畏的錫蘭面具、可以聽見大海低語的巨大貝殼、阿拉伯掛毯、日本瓷雕像、威尼斯水晶碗等，這些德蕾莎和朱塞佩從航海生涯中帶回來的物品。桌子上放著水果籃及插著鮮花的花瓶，在用來會客和唱歌跳舞的沙龍廳裡，一幅鑲框的俄羅斯皇室肖像畫，掛在義大利許多位祖先的畫像中間，祖先中有身穿紅袍的紅衣主教（Kardinal）以及義大利駐葡萄牙大使。朱塞佩來自那不勒斯（Neapel）的石匠父親，他有著寬闊的禿頭，眼睛上戴著單片眼鏡，也在先祖行列中。沙龍廳裡如鏡面一般光滑的嵌花鑲木地板，是莉迪亞偷偷去玩耍的滑梯。她最著迷的是沙龍廳裡兩個面對面的特魯梅奧鏡（Trumeau，譯注：指Pier glass，18世紀新古典主義房子接待室常見的裝飾特徵，原指支撐巨大門廊的中心柱子），當她站在兩面鏡子其中一面前方，她的形象會從第二面鏡子反射出來，而這個形象又會從第一面鏡子反射出來，依此類推，她便不斷地重複看到自己。

　　服侍外祖父母的人裡包括兩名女傭、一名廚師、一名洗衣女工、一名總管、一名馬車夫和一名司機。只有兩名女僕有權能直接與主人說話，其他人只能透過女僕傳話，才能連繫上他們。有一次莉迪亞看向廚房，僕人們正在裡面吃午餐聊天。當他們發覺莉迪亞在看他們的時候，馬上停止談話。「有什麼事

嗎，小姐？」一個女傭問道。僕人中有人偷聲說：「哪來的小姐？她只不過是吃外祖父母施捨飯的。」莉迪亞聽了很難過，她反抗地說：「我爸爸有工作。」廚娘想給她一把葵瓜子安慰她，她沒接下就轉身跑掉了。

在房子外面，那個之後母親當年也會在那裡玩耍的庭院裡，可以聽到隔壁木桶製作車間的聲響和噪音，這個車間在鄰近地方一堵深色柏木牆後面，是猶太人布朗斯坦（Bronstejn）家的。但是在那時，還沒有人知道這個家族裡之後會出現一位名為萊昂・托洛茨基（Leo Trotzki）的人，這個人的侄子將在莉迪亞的生活中扮演一個不可說不重要的角色。丁香花和野玫瑰花叢香味瀰漫，房子立面葡萄酒藤蓬勃向上。院子後面是馬廄，圈著車夫負責餵養、梳刷的三匹馬，馬車房裡停著兩輛馬車 —— 一輛節慶時才使用，另一輛則負責日常進出，除此之外還有一台冬天使用的大雪橇。緊鄰馬房還另蓋了一個車庫，當時在馬里烏波爾城總共只有兩輛汽車，其中一輛即屬於莉迪亞的祖父朱塞佩。

莉迪亞面對她的母親瑪蒂爾達總是有點恐懼，雖然她從來沒有懲罰過她，甚至連責罵都沒有過。她只是半是嚴厲、半是嘲諷地看著她，莉迪亞永遠不確定她是不贊成她的行為，還是只是在取笑她。她從沒想過能從母親那裡尋求保護和溫暖，這些柔情、愛意，她可從讓她微笑和大笑的烏克蘭保母童雅那裡獲得。她跟著保母學會了烏克蘭語，對她的父母來說，烏克蘭

語只是鄉下俄羅斯的方言，但是後來卻拯救了莉迪亞。

莉迪亞經常獨自一人。她的母親有很多鋼琴學生，整天都能聽到練習音階和練習曲的琴聲，而父親不是在書房，就是去參加布爾什維克的祕密會議，他從來沒有時間陪她。謝爾蓋還太小，不能和莉迪亞一起玩，另一個同父異母的哥哥安德烈已經是大人。他將追隨父親的腳步，很快就會去參戰 —— 他上戰場的頭幾天就陣亡了。

莉迪亞很羨慕那些有母親給他們讀童話故事的孩子們，她自己的母親從不做這種事。也許這就是她在沒有外界幫助的情況下，五歲就自己學會閱讀的原因。她到底是如何學會的，她自己也不知道。她用手指摸索行文條列，逐個字母研究，直到她逐漸串連起每行字母所代表的意義。她完全地沉醉其中，整天只是閱讀、閱讀。直到童話故事都翻遍，沒有再能讀的，之後她開始從父母的書房裡拿書捧讀。六、七歲時，她就已經看了杜思妥也夫斯基（Dostojewski）的《涅朵奇卡・涅茨瓦諾娃》（*Njetotschka Neswanowa*）、伊萬・克雷洛夫（Iwan Krylow）的寓言、列斯科夫（Leskow）的《圖拉左撇子與鋼跳蚤的故事》（*Geschichte vom Tulaer schielenden Linkshänder und vom stählernen Floh*）。她沉潛進入閱讀的成人世界，相信自己理解書中的每一個字。

在華沙，莉迪亞才三歲，她的母親便開始給她上鋼琴課。

莉迪亞討厭練習音階和指法，但是她卻能作曲。她完全不需要做什麼，一個和弦自會牽引出下一個和弦，她只需要追隨她內在所聽到的音調。就像她自學認字一樣 —— 除了鋼琴的琴音，她不是用眼睛讀，而是用耳朵聽。在鋼琴上音符有如字母，自會組成單詞和句子。有一次她的母親從門外探頭進來。「妳為什麼要彈這麼複雜的曲子？」她問。「這曲子妳彈還太早。」她對女兒的天賦完全沒有概念。

晚上，工作結束後，外祖父朱塞佩經常將家人聚集在身邊。他那些出生在海上、後來被送走的兒子和女兒會過來相聚，有時候甚至住在彼得格勒（Petrograd）的鋼琴家伊雷歐諾拉（Eleonora）也來拜訪。大家吃飯、喝酒、聊天，主要的話題幾乎都是政治，那即將到來的革命地獄。有時候也會有人坐到貝克牌（Jakob Becker）三角鋼琴前彈奏。然後外祖父會說：「來吧，瑪蒂爾達，為我們唱首歌。」莉迪亞的母親有一副異常美麗、深沉的嗓音，是溫暖的低音，她唱那不勒斯歌曲、歌劇詠嘆調、柴可夫斯基和魯賓斯坦的浪漫曲。為她伴奏的，通常是她的弟弟瓦倫蒂諾。

當我讀著描述我這位外祖母的歌聲時，我的腦中沒有任何一絲回響。母親沒有對我敘述過這件事不真實，因為她自己的歌聲一定是遺傳自她的母親，毫無疑問，她的哥哥謝爾蓋的歌喉也是。她不哭泣或者陷落於令人害怕的沉默時，總是在唱歌。她洗碗的時候唱，掃地的時候唱，當她站在鏡子前將頭髮

挽高固定時也唱。我們所有的人都唱歌，幾乎每天都一起唱，我拉手風琴，甚至夜裡我也從床上爬起來演奏，好似夜遊，譜架立在面前，但我閉著眼睛。我父親小時候是家鄉俄羅斯教堂裡唱聖詩的男童，後來成為合唱指揮，在德國成為強制勞工後，他的歌聲成為我們得以存活的源泉。一開始他給想聽俄羅斯歌曲並以實物交易的美國占領軍演唱，後來他在哥薩克合唱團裡唱歌賺錢。也許我的父母在馬里烏波爾時就已經在歌唱，而讓母親愛上的，正是他們的和聲。至少那是他們的共同點，優美的嗓音，對歌唱的熱愛，這份熱愛也傳給我們 —— 我和妹妹，妹妹後來學習音樂，並成為歌劇演唱家 —— 她繼承了她不知道其存在的舅舅謝爾蓋的衣缽。在我德國學校的班上，我的嗓音總是最美的。我的聲音是我正面、正向的特徵，我所代表的俄羅斯人唯一正向的特徵。當我們在家中唱歌時，我的母親、父親，我的妹妹和我，當我們的歌聲交融在一起，我們便屬於彼此，我們成為一體，一個家庭，一個除了唱歌，平時不會出現的「我們」。

原本冷肅的母親，莉迪亞寫道，她的歌聲裡充滿溫暖、魔力和柔情。因此，瑪蒂爾達的歌聲是莉迪亞童年時期最大的幸福。雖然她沒有念童話故事給她聽，但是當保母童雅把孩子們安頓好送上床後，她會進到房間裡道晚安，並唱搖籃曲給他們聽。在她離開房間前，她在窗邊的沙發上坐下，輕聲唱起俄羅斯和義大利的搖籃曲，〈睡吧，孩子，我親愛的孩子……〉（Spi mladjenez, moj prekrasnyj, bajuschki baju ...），〈睡吧！睡吧！獻

給我親愛的小男孩……〉（Ninna nanna, ninna oh, questo bimbo a chi lo do ...）她母親沉暗、神祕的嗓音對莉迪亞而言，代表著安全感、是她的家，讓她在每一天結束的時候，宛如置身天堂般幸福地入睡。

每天早上莉迪亞的母親都在跟她頭上那無法穿透的黑色鳥窩奮鬥，她使用不同的梳子和刷子來梳理她的頭髮，為了讓她不馴的亂髮服貼整齊。「妳這個小女巫！」她開玩笑地說，但是並不知道她的女兒對這句話聽得有多認真。她從童話故事中知道女巫會飛，所以暗自相信自己也能飛。和鄰居的男孩們一起在緊密排列的房子上奔跑，從一個屋頂躍至另一個屋頂，她是唯一的女孩。躍下落腳時，腳下的瓦片有時候會鬆脫，這時男孩們尖聲大叫，但莉迪亞一點都不害怕。她深深相信，自己絕不會跌落，萬有引力定律在她身上沒有效用。

有一天她獨自爬上屋頂，朝空中向前一步。還好她沒有掉到石鋪的路面上，而是掉進剛好位於她下方的沙堆上。就這樣，她的女巫生涯以嚴重的瘀傷和腦震盪告終。

夏天時，瑪蒂爾達的兄弟瓦倫蒂諾經常派馬車來接瑪蒂爾達和孩子們，帶他們到他在馬里烏波爾近郊的別墅。別墅座落在山丘上一個巨大的花園中，從屋頂露台上可以俯瞰藍色水光粼粼的大海、白色沙灘和港口的船隻。庭園裡有潺潺的噴泉，戶外的樓梯有兩隻石獅守衛。往下一直延伸到海邊庭園，有一

位名叫埃里希・克拉菲爾德（Erich Klarfeld）的園丁，他是瓦倫蒂諾特意從德國聘請過來的，這位先生住在庭園的一棟小房子裡。整座庭園都由林道所貫穿：這裡有始終涼爽宜人的蔭涼林道，綠樹成蔭的樹冠讓陽光一縷都透不進來；還有一條陽光普照的林道，林道兩旁的玫瑰花叢間散落著供做日光浴的躺椅，可進行能治癒各種冬季疾病的日光浴。其他支旁林道兩邊種滿果樹和漿果木叢，更有穿過林道、顏色精心設計安排的、各個季節互不相同的小型繽紛花海。藉由一條狹窄的石梯，可以通往設有更衣室的海灘。賓客若在黃昏時分到達別墅，花園由五顏六色的燈飾打亮，僕役會奉上義大利紅葡萄酒、氣泡酒和自製冰淇淋迎賓。

在這個地方，莉迪亞度過她童年最美麗的時光。舅舅瓦倫蒂諾跟她玩多米諾骨牌（Domino），扮馬讓她騎在背上，母親在舅舅身邊好似換了一個人，輕鬆愉快且平易近人。儘管她的兄弟有僕人負責一切，但是她還是自己採摘漿果，在戶外的夏季廚房烹製瓦列涅（Warenje，譯注：一種東歐式的果醬）。近晚時，瓦倫蒂諾打開留聲機，放上唱片，在露台上與瑪蒂爾達共舞。莉迪亞沒來由地補充一筆，道出她的父親從未踏入過他大舅子的別墅。這個句子懸宕在空中，沒有解釋。但如果莉迪亞的記錄中有任何關於她母親和母親的哥哥瓦倫蒂諾之間戀情的暗示，應該就是指這段了。

冬天的時候，莉迪亞最喜歡出門時坐雪橇，比乘坐汽車還

更令她欣喜。當戶外白雪覆蓋，最好每天都能鑽進雪橇裡，為了能夠將自己裹入皮毛，在白雪飛揚中遨遊，跟著噴著鼻息、背上鈴鐺亂響的駿馬奔跑前進。當她有一次鼓起勇氣，請求外祖母特地為搭雪橇出門時，她輕蔑地看著外孫女：「你們有馬嗎？你們有雪橇嗎？你們什麼都沒有，你們是寄生蟲。」

莉迪亞驚呆了，不知如何是好，她知道寄生蟲是指蟲子和跳蚤。她衝到那間若父親在裡面工作，絕對不能打擾的書房，但是這一次她連敲門都忘記了。「爸爸，外祖母說我們是寄生蟲。她說的對嗎？」她呼吸急促地問。父親摘下他的眼鏡，灰色的眼睛嚴肅地看著她。「是的，女兒，她說的是對的。」他說，「我們生活在一個不公正的社會。但是這很快就會改變，革命之後就沒有富人和窮人的分別，到時我們不再是寄生蟲。」

從那時候起，莉迪亞就迫不及待地等著革命的到來。而且她並沒有等待很久。幾週之後，革命便開始了。一開始時，革命是愉快的，一點都不轟動，臉上掛著微笑的人們在街上唱著不為人知的新歌，揮舞著小紅旗。莉迪亞的父母也與外祖父母和其他親戚一起慶祝。他們邊唱著〈馬賽進行曲〉（Marseillaise），邊碰杯喝氣泡酒 —— 祝自由！沙皇一家在沙龍廳裡的照片已被取下，大家其樂融融，期盼的時代終於來臨 —— 這新的、民主的時代！

我邊讀邊問自己，這點我該如何理解？外祖父母真的天真到不知道等待著他們的是什麼遭遇？難道他們連女婿的政治目的都不清楚？女婿所努力的政治改革，重點便是鏟除他們這樣的人？

　　幾日之後槍響開始。人們以石頭武裝自己，用石頭打破窗戶。憤怒的無產階級人民也試圖衝進有錢人德‧馬蒂諾的房子裡。看門人設法平息了民憤，此時他仍然支持他的主人，但這是最後一次，在搶劫、無政府狀態，以及恐怖、持續恐懼開始之前。馬里烏波爾被各種政治團體和幫派爭奪，奪取到權力的，有時是這一個，有時是另外一個。為了不被街上的亂槍擊中，人們躲入地下室和地洞中。誰獲勝了，就在銀行大樓懸掛他們的旗幟。沙皇旗代表白衛軍，紅色旗代表布爾什維克黨，黃色和藍色旗代表國族黨（Nationalist）西蒙‧彼得留拉（Simon Petljura），黑色代表無政府主義黨（Anarchist）內斯托爾‧馬赫諾（Nestor Machno）。五年內戰期間，馬里烏波爾更換了十七次政權。最危險的掌政者是沒有旗幟的勝利者，他們一上位，就必須為特別殘酷、毫無顧忌的破壞和掠奪做準備。

　　在我的母親還沒有出生的那個家裡，一切都變了。瑪蒂爾達被獨自一人留在家帶兩個孩子，她的丈夫雅科夫和繼子安德烈（Andrej）站在布爾什維克黨這一邊，參加內戰。所有的僕役也漸漸地消失不在了，他們能偷走的，都偷走了。有一次莉迪亞打開浴室的門時，廚娘妲爾雅（Darja）正用她外婆的絲

綢晨袍包裹面盆，放進一個大籃子裡。「那是外祖母的！」莉迪亞驚愕地叫出聲。廚娘道：「我們現在是過共產主義的生活，妳的也是我的。」她說完想了一下，又補充：「但是我的不是妳的。」

　　一天晚上，莉迪亞透過門縫看到她的外祖父和他的兒子費德里科（Federico）坐在一盞燈下，他們面前的桌子上堆滿了像山一般的金幣。他們將硬幣分成一小疊一小疊，然後用報紙包起來。「現在他們要溜了，妳的好親戚，資本家無賴！」一名仍在她家的女僕，在經過時不屑地對著莉迪亞的耳邊噴氣地說。到了第二天，外祖父母和費德里科叔叔真的離開了，很顯然也永遠沒有再回來。總之莉迪亞沒有再提起他們，又多留了一個盲點給我。但是我現在至少知道，母親並沒有認識到她的義大利外祖父母，她出生時，他們已經不在了。也許他們被殺了，或者被關到集中營，又或許他們成功地帶著金子逃脫了。

　　現在幾乎每天都有不請自來的客人進入尼古拉耶夫斯卡亞街的封建大屋，他們在裡面四處逛、四處看、到處尋找值錢的東西。有一天傍晚，兩個帶著武器的男人出現，他們用槍上的刺刀將走廊上的電話線從牆內挖出砍斷。「你們為什麼要這麼做？」瑪蒂爾達想知道原因，她向這兩個人要授權證明。兩人中的一人把拳頭擺在她面前：「這就是授權證明。」然後他指著他的左輪手槍：「這就是原因。」

新的組織不斷出現。有一次在主街上可以觀察到某種示威活動。幾十名年輕男女在馬路上奔跑，他們全身赤裸，每人身上只有肩膀上掛著一條紅色帶子：「不要再感到羞恥了！」圍觀的群眾大笑，向他們喝采。在那個時候莉迪亞和謝爾蓋在街上收集子彈和彈殼，扮演紅軍、白軍玩耍。莉迪亞的朋友瑪莎說：「我不能再和妳一起玩了，妳的媽媽是白軍，我媽媽是紅軍。」

　　還留在房子裡唯一的僕人，是司機。有一天，他邀請莉迪亞乘坐她外祖父的汽車去兜風。莉迪亞已經很久沒有坐車了，她很高興。她穿著輕薄的夏裝，赤著腳，爬進敞篷車的後座。司機開著車高速穿過街道，很快就來到郊外瓦倫蒂諾舅舅的別墅前。司機在德國園丁居住的小房子前停車，一言不發地下車離開，留下莉迪亞單獨一個人。他想幹什麼？他綁架了前雇主的孫女，在和園丁談判如何瓜分瓦倫蒂諾的財產嗎？別墅看起來空無一人，百葉窗都緊緊關閉，雜草從人行道的裂縫中長出來 —— 瓦倫蒂諾舅舅不見踪影。莉迪亞四處閒蕩，天色黑了，她開始感覺冷。最後她爬進一堆向日葵的種子裡，裡面還存留白天曬過陽光的溫暖。漸漸地她愈來愈累，就睡著了。不知道什麼時候，她被司機照在她臉上的手電筒光吵醒，「我們走吧，小姐。」他說。他冷笑地糾正：「我的意思當然是：以前的小姐。」他把莉迪亞載回家，讓她下車，然後轟隆隆地將外祖父的車開走，再也沒有回來。當莉迪亞髒兮兮地赤著腳、凍得瑟瑟發抖地走進屋子時，童雅如釋重負地大聲叫出來。她

和母親已經尋找這個小孩好幾個小時了，她們以為她已經永遠消失在城市夜間的紛亂中。

　　一天早上，莉迪亞被很大的聲響吵醒。她從床上跳起來，穿著睡衣就跑到傳出巨響的沙龍廳。在那裡她看到一個戴著一頂皮做的大禮帽、身穿黑色束腰外衣、馬褲和靴子的陌生男人。在他的腰帶上，空刀鞘和一枚手榴彈搖搖晃晃地掛著。他手拿一把軍刀在空中比畫，軍刀在空中畫圈，發出令人毛骨悚然的嘯聲。刀刃有時候落在扶椅上，椅墊便發出輕微的聲響彈爆開來。莉迪亞發現她的母親和童雅，兩個人縮成一團，蹲在房間的角落，因害怕而瑟瑟發抖。那個男人大吼：「我要求馬上拿一條褲子給我，而且是黑色的褲子。不然的話，你們都得死。」瑪蒂爾達向他保證他們沒有黑褲子，他們的一切都已經被拿走了，但是那個男人不相信她，並且越加氣憤。突然間傭人的門小聲地打開，「小祖母」出現在沙龍廳。她如常地衣著得體，頭髮一絲不苟。「這裡發生什麼事？」她禮貌地問道。「我們能為您做什麼，先生？」搶匪一時語塞，然後他重複一次要黑色褲子的要求，但是音量轉小。「太好了，年輕人，」「小祖母」回答：「請您去服裝店購買。」說完這些話，她向這個陌生人友善地點點頭，然後像她出現時一樣，悄無聲息、無以察覺地消失。瑪蒂爾達臉色蒼白，哀求這個拿著武器的人：「請您原諒，她只是一個老太婆，精神已經不太正常……」──「但是她是這麼高雅，」他不知如何是好地喃喃自語，「這麼優雅高尚……」他缺乏自信地看了看四周，迅速拿起幾乎被

洗劫一空的沙龍廳裡一只在落地托架上的青銅燈，然後逃走。

還有一次，兩個喝醉的人闖進來要酒。在廚房裡他們找到一瓶還有殘剩的燒酒。把它喝光以後，接著他們想煎蛋吃。他們把一個威尼斯水晶碗放在火上，然後把蛋打進去。當然，水晶碗在火上迸裂，發出一聲巨響。這兩個喝醉的人哈哈大笑，一遍又一遍地大喊：「資產階級滅亡！資產階級滅亡！」

房子裡的人來來去去已經有一段時間，誰來誰去，之前的屋主沒有權利決定。紅軍騎兵總司令謝苗·布瓊尼（Semjon Budjonnyj）的祕書暫時進駐祖父朱塞佩以前的辦公室，這對住在裡面的人來說是好事，因為他在房子裡的期間至少能保護他們不受侵襲。有的時候是隨便什麼將軍帶著他的情婦搬進來，有的時候是離開時，順便偷走最後一批鐘錶和鏡子的某情報人員妻室。

當童雅星期天上教堂時，會遇見穿著莉迪亞的父母和外祖父母衣物的人。有一次她看到一個女孩穿著莉迪亞乘坐雪橇時所穿的白色北極狐皮大衣。但現在雪橇也沒了，車棚是空的。馬車和馬匹、雪橇一起都被內斯托爾馬赫諾的黑軍搶走了。

有一天，某個委員會的一些人出現在房子裡，來合法地沒收「資產階級剩餘財產」。善良的童雅將生活最基本所需的一些東西放進一個大箱子裡，向這些人說這個箱子裡的東西是她

個人的財產。他們不能拿走她 —— 一個無產階級勞動者 —— 的東西。當他們巡視房間，每次要把能拿的東西放進大袋子裡時，童雅總是即刻大叫：「不行，那個是我要的，我也有權獲得一些公共財產！」家具和地毯被裝運上馬車，包括莉迪亞心愛的特魯莫壁鏡（trumeau）。吊燈從天花板、窗簾從窗戶上被撕扯下來。最終，三角鋼琴也被搬走了。永遠地，莉迪亞這麼寫道，音樂從這棟房子裡消失了。

　　莉迪亞和童雅在城裡，而她們永遠都在尋找食物，有一次在路上經過以前的「老闆俱樂部」，現在的名字在入口處的三合板上仍可以看到，但改為「工人俱樂部」了。童雅勇敢地走進大樓，手上牽著莉迪亞。大理石樓梯上鋪著紅色地毯，引領腳步通向上面的樓層。到處都是穿皮靴、皮夾克和皮帽的男人，透過敞開的門，可以看到裡面佈置奢華的幾個房間。在其中一個房間裡，莉迪亞驚訝地看到她外祖父的洛可可風格的書桌和外祖母的梳妝台。「我的天哪！」童雅低聲說，「這是妳外公和外婆的家具。」在一個窗戶碎片散落木砌地板上、空蕩蕩的大廳裡，她們看到莉迪亞曾經於上彈奏和作曲的黑色三角鋼琴。鋼琴被當做檯面使用，上面擺滿了空瓶子、髒杯子和菸蒂滿溢的菸灰缸。新工人俱樂部的自助餐檯免費發給每個訪客一份波蘭餃子（Pirogge）。莉迪亞把她的一份餃子當下即狼吞虎嚥地吃掉，但是考慮周到的童雅再要了兩份，然後將餃子迅速地塞進她的手提袋。之後聽說有一個肅反委員會的人（Tschekist）[1] 喜歡上了這座價值不菲的貝克牌（Jakob Becker）

三角鋼琴，叫人把琴運送回家，送給妻子，讓她可以用這台鋼琴學習彈奏。

雖然幾乎沒有人擁有任何東西了，但是盜搶掠奪仍繼續著。瑪蒂爾達決定帶著孩子們離開，為了躲避彼得格勒（Petrograd）的槍戰而逃到馬里烏波爾，打算到懷有身孕的妹妹伊雷歐諾拉（Eleonora）的居處，俄羅斯那一側的亞速海海邊避難。她仍然相信眼前的一切只不過是一場隨時都會結束的厄運。港口擠滿了人，他們在一艘破舊的、塞滿也在逃離的人的船上弄到四個位置。夜裡，颶風來襲。這艘生鏽的小船變成海浪的拋接球，它不斷發出嘎吱嘎吱的聲響，似乎隨時都會解體。瑪蒂爾達緊緊捧著臉盆呻吟，莉迪亞感覺自己頭下腳上地倒掛在空中。有人大叫：「救命啊，我撐不下去了，把我丟進海裡吧！」事後得知，發瘋大叫的原來是德‧馬蒂諾家的親戚吉安妮娜‧桑吉內蒂（Giannina Sanguinetti），她因為恐懼和暈船而失去了理智。

抵達葉伊斯克（Jeisk）的時刻彷彿是美麗的幻境 —— 朦朧的晨光灑在光滑如鏡的平靜大海上，白色沙灘一片祥和，完全無法聯想夜裡殘暴的大自然引起的騷亂動盪。在這一片內戰

---

1 譯注：全俄肅清反革命及怠工非常委員會，簡稱全俄肅反委員會，通稱契卡是蘇俄的祕密警察組織。WeTscheKa是Außerordentliche Allrussische Kommission zur Bekämpfung von Konterrevolution, Spekulation und Sabotage 的簡稱。

尚未到達的地區，他們享受了快兩個月近似假期的平靜。在一家古老舒適的小旅店，他們每日可以享用簡樸的一餐，在一家猶太麵包坊還有新鮮、香味誘人的貝果麵包。市場上出售葡萄和桃子 —— 莉迪亞已經完全忘記還有這些東西。他們整天逗留於海灘上，游泳、躺在陽光下。他們也都逐漸地增加了一點體重，又重新開始像一家人。然後瑪蒂爾達的妹妹伊雷歐諾拉在地方醫院裡產下一名女嬰。這個小女孩的每隻小手上只有一個拇指和一個小指，缺少三個中指 —— 一出世便雙手殘缺的鋼琴家的孩子。這一定是伊雷歐諾拉在懷孕期間，每天都必須承受恐懼和驚嚇的後果。

返家旅程將穿越平靜、湛藍的大海，這也是在之後很長的一段時間裡，這群人最後的幸福。他們之前想從馬里烏波爾逃離的一切，現在才正要開始。離開港口不遠，在路上他們便經歷了噩夢般的場景：主街上棺材被抬著遊行，從棺材裡傳出低吼的叫聲和敲打聲。白衛軍將紅軍政委關在棺材裡，向民眾展示、威脅與紅軍串通的人的下場。

城裡的槍戰更加狂暴，馬里烏波爾再次回到內斯托爾·馬赫諾手中。他的黑軍坐在全副武裝由馬匹拉著的塔槍卡[2]上，在街上隨意擄掠搶劫。所有的人都緊緊關閉門扉躲藏起來，以免被殺。

---

2 譯注：Tatschanka：由馬載運的機槍車，通常是手推車或敞篷車，需要兩到四匹馬以及兩個人以上操作。

一天傍晚瑪蒂爾達和童雅在窗前小聲地交談，再次歷經沒有電力的時刻，房間裡只有煤油燈搖曳著微光，遠處傳來槍響。「禱告吧，孩子們。」瑪蒂爾達說，「禱告不要有壞人闖進我們家。」兩個孩子的床頭被安上小小張的聖像 ── 莉迪亞的是聖徒烈女呂底亞，謝爾蓋的床頭則是聖謝爾蓋‧拉多涅日斯基（der heilige Sergius von Radonesch）。每天晚上睡覺前，姐弟倆都要跪下合掌禱告。這個每晚的儀式，莉迪亞已養成習慣，將上帝視為家人好友。有時候她會向上帝尋求幫助，這個晚上她也不例外地跪在祂面前，眼裡含淚向祂祈求護衛，不受壞人的危害。最後她在胸前畫十字，滿懷信任，帶著完成義務的滿足感上床爬進被窩。

　　在她上床後不久，有人試著打破緊閉的大門。大門雖然是沉重的橡木製成的，但是粗野兇狠的重擊，毫無疑問地也無法承受。瑪蒂爾達開了門，兩名穿便服的男人衝了進來，手持步槍、刺刀和手槍。他們滿口穢語，辱罵瑪蒂爾達，索要金錢、黃金和鑽石。瑪蒂爾達一再聲明她不再擁有任何東西，一切都已經被搶劫一空，當然，他們不相信她。這兩個人翻遍整棟房子，在地下室用刺刀刺開儲藏在那裡的罐裝食物，因為他們懷疑裡面藏著寶藏。因為找不到任何東西，他們愈來愈憤怒。「睡吧，孩子們，睡吧！」最終他們其中一個這麼說，並命令瑪蒂爾達去靠牆站著。然後他舉起手槍，瞄準她。瑪蒂爾達一句話都沒有說，沒有尖叫，沒有反抗，默默地裹緊毛毯，走到牆邊，眼光越過男人的頭頂望向遠方。

突然間，響亮的腳步聲傳來。「手舉起來！」某個人大喊。又有陌生人闖進屋來，這次是穿制服的。他們卸除了兩個盜匪的武裝，將他們推出去到院子裡。然後外面便傳來大叫和槍聲。後來大家才知道，原來童雅偷偷潛入廚房，爬出窗戶，去找「紅軍」來幫忙。

　　在這一夜，母親的頭髮全白了，莉迪亞如此寫道，而我的疑惑也就此解除。這就是為什麼在照片上我年少的母親身邊，她的母親看來是一個白髮蒼蒼的女人。瑪蒂爾達在四十三歲時生下我的母親，她那時髮色已如霜雪。一個白髮的產婦，白髮的女人哺育幼嬰。在那之前，她可能原本和我母親以及家裡所有的義大利人一樣，有著一頭烏髮，但我的母親除了看到自己的母親一夜之間就老了二十或三十歲的白髮之外，不識其他。第二天早上，莉迪亞在四歲弟弟的頭頂髮際線發現了幾根白髮，而她自己的髮間也出現一綹白絲。這是恐懼的標誌，恐懼著死亡。從這一夜開始，她們每個人身上一直帶著這個標誌；而這一夜之後，莉迪亞失去了對上帝的信仰。

　　有一天，1919年的夏天，雅科夫 ── 莉迪亞和謝爾蓋的父親出人意表地出現了。他祕密地離開內戰前線，只在家裡停留了一夜。然而僅此一夜，卻有了嚴重的後果：瑪蒂爾達懷孕了。就是這時，我母親生命的起源之際。原來這個起源是向內戰偷來的、炎熱的七月的一個晚上，在馬里烏波爾「上城區」一棟被洗劫一空、破損不堪的房子裡。一個55歲的男人和一個

43歲、一夜之間因恐懼而髮成白雪的女人，在一不小心忘我的時刻，懷了在這樣的時代，也許兩個人都不想要的孩子。可想而知他們有多麼想念彼此、渴望彼此，這一次的擁抱是最後一次的擁抱。雅科夫的兒子安德烈已在內戰中陣亡，而他，雅科夫，明日即將再出發，再度離開他的妻子、兒女，為能夠帶來最終和平的布爾什維克黨人的勝利戰鬥。過完今夜，在兩個孩子的空間會變成三個，對感覺自身年華老去並不想再懷胎的瑪蒂爾達來說，是嚴苛、是災難，更不用說她根本不知道如何再養大一個孩子。

教堂的記錄顯示，母親於1920年4月30日在馬里烏波爾最宏偉、美麗的教堂聖查拉蘭博斯大教堂（Kathedrale des Heiligen Charlampij）接受洗禮。之後沒多久這座上帝之家就永遠消失了，像大多數其他教堂一樣先被洗劫一空，然後被炸毀。母親的教母是那位在葉伊斯克（Jeisk）生下手指有殘疾孩子的阿姨伊雷歐諾拉，教父的名字是保羅・哈格（Paul Haag），是馬里烏波爾的榮譽市民。他跟舅舅瓦倫蒂諾的園丁埃里希克拉菲爾德一樣，都是德國人。這個家庭與德國人可能存在特別的親緣關係嗎？也許是因為我母親的父親，他是波羅的海德國人安娜・馮・埃倫斯特雷特的兒子？但是，是什麼原因，把保羅・哈格帶到亞速海海邊這個烏克蘭城市呢？他做了什麼特別的事蹟，讓他成為這座城市的榮譽市民？他與我母親的父母又是為什麼關係如此密切，讓他們選擇了他這個德國人作為孩子的教父？

我在俄語網路上一份受害者名單裡找到他的名字。1937年他以國民公敵的罪名被逮捕，並被特羅伊卡法庭（Trojka）[2]判刑，所判刑罰一欄中記載著「WMN」。從康斯坦丁那裡我得知，這是俄文wysschaja mera nakazania的縮寫，意思是最高刑罰。特羅伊卡法庭的審判過程通常不超過五分鐘，所判處的罪罰就地執行。也許德國人保羅·哈格被逮捕之後，對他所處情境的現實根本還沒有理解，一顆子彈便已經射穿他的頭部。

　　他死的那一年剛好也是外祖父去世的那一年，這點引起了我的注意。這是否指向兩者之間的關聯性？難道雅科夫處於舉報保羅·哈格的壓力下，他唯一的選擇是背叛？而他結束自己的生命是因為知道祕密警察最終還是會找到讓他招供的方法？保羅·哈格也許是他的老同志，是合併在同一份犯罪檔案的夥伴嗎？抑或是母親的教父在她十七歲時被槍殺，原因僅是因為他是德國人？因為當時所有的外國人都被懷疑是間諜，他們成為敵人僅僅是因為出身使然？

　　事實上，莉迪亞寫道，我母親的洗禮應該在那之前一天就已經進行。但在原定的那一天，他們躲在房子的地下室裡，因為外面的槍聲一直沒有停過，院子裡子彈像下冰雹般不停降落，根本出不了門。在教堂洗禮之前，莉迪亞精準地看出，她的妹妹所接受的，是火的洗禮。

　　正如我所猜想，母親出生後所進入的世界，是一個極其狹隘的世界。那是一個所謂的壓縮的時代。莉迪亞本來以為，只

有空氣或者乾草才能被壓縮，但是，看哪 —— 即使是人也能被壓縮！首先有財產的人先是被從他們的擁有物品「解放」，然後房產被奪走。一度曾是外祖父母的房子，裡面漸漸住進越來越多的人。這棟房子裡沒有誰是自己的主人，他們全部是一個單一的軀體，四肢都不斷地在爭奪更多的空間。在這些人之間，莉迪亞還記得幾個。

有一個穿著切爾克斯（Tscherkessen）衣袍的喬治亞軍人帶著妻子和幾個孩子，他的腰上佩帶著軍刀和一把手槍。他的外表可見在內戰中受傷所留下的傷疤，而且還有一個怪癖：每隔一段短時間，他會猛地抬頭，發出吠叫的聲音。

還有一個「契卡」（Tschekist）[3]和他的家人。大家很少看到他，他晚上「工作」，白天睡覺。他的女兒與莉迪亞同齡，這個女兒一有機會就讓人知道，她 —— 莉迪亞屬於「舊日」的人，而她的父親在內戰中所槍殺的，就是像她這樣的人。大多時候，女孩的母親隨即出現，大喊女兒要遵守規矩：「別和她混在一起！她是因為疏忽而沒有被剷除的資產階級份子。」

2　譯注：三人法庭，蘇聯一種由三人組成的審判委員會。蘇聯共產黨用這種法庭就地正法所逮捕的人，以跳過蘇聯的法律制度。

3　譯注：Tscheka全俄肅清反革命及怠工非常委員會，簡稱全俄肅反委員會，通稱契卡，是蘇俄的祕密警察組織。

然後還有一個姓亞羅諾夫（Aronow）的猶太家庭，他們有三個打扮得像娃娃的女兒，以及期待已久終於誕生的姓氏繼承人。有如完全服膺時代精神地，他的父母給他取名「進」（Kin）——共產國際（Kommunistische Internationale）的縮寫。其他父母也有稱呼孩子「塔克托」（Traktor，意指拖拉機）、「安耐吉」（Energie，意指活力）、「洛克摩帝夫」（Lokomotive，意指火車頭）或者「特歐仁」（Trolen）——托洛茨基（Trotzki）和列寧（Lenin）第一個音節的共組。

　　然後是有六個孩子的韋納（Wajner）一家。廖娃（Ljowa）和克拉拉（Klara），兩個年紀最大的，是契卡（Tschekist，譯注：蘇俄的祕密警察組織）的一員，兩人永遠身穿皮衣，腰帶上別著手槍。柴姆（Chaim）和埃特卡（Etka），排行中間的兩個，住進來不久後感染肺結核死去。拉荷爾（Rachel）和麥姆（Maim）在外面庭院裡跑來跑去，罵莉迪亞和謝爾蓋是「自我放縱、自命不凡的知識份子。」莉迪亞回擊：「那你們是沒有教育的、蠢笨的無產階級份子（Proletarier）。」

　　這些和其他所有新的居民，他們的行為完全沒有禮貌可言。廚房的水管剛好有水來的時候，即使在深夜，他們仍會敲門，為了叫人開門讓他們取水。瑪蒂爾達點數水桶的數量，因為是她必須繳納水費帳單。然而，房子裡的水總是很快就乾涸了，不論是誰都得帶著水桶去外面的水泵抽水。如果又停電了，大家都相信是資產階級的前屋主把電關掉，因為他們想陷

害工人階級。一開始瑪蒂爾達還試圖保持廁所清潔，但是那是沒完沒了的勞動，打掃完沒多久它又再度骯髒污穢、散發地獄般的惡臭，對付的辦法只能用釘子釘死。

關於自己的父親從內戰中歸來，莉迪亞沒有細節敘述，只是簡單地記下事實。也許她急於書寫，因為擔心自己有生之年不再有足夠的時間來完成她的記事，也許她書寫時已八十高齡，對遙遠的過去實在只能模糊地記憶。五十八年前她被捕之後，再也沒有見過在她流亡期間便去世的父親。「我們錯了，」他在莉迪亞被捕之後說，「這一切從來不是我們想要的。我的奮鬥不是為了要失去女兒。」

葉甫根尼婭，我的母親，第一次見到她的父親應該是在他返家之後。也許他抱起這個於他不在的期間出生的小女兒，她卻因為畏懼這個陌生的男人，成了哭泣的孩子。母親和她自己的父親兩人第一次見面的情景，很有可能是這樣的。

對雅科夫在內戰中的貢獻，勝利的一方即布爾什維克黨，獎賞他一個預審法官的職位。他所得到的薪水在不久之前還足夠養家，但是接著來到的是通貨膨脹失控的時代，這點錢已經不值什麼了。「錢貶值了。」—— 這是當時最常說的一句話。沒有人知道錢被貶到哪裡去了，從來沒有擁有過這麼多數目的錢，同時錢又這麼少。雅科夫一領到薪水，馬上到市場上把所有的錢都變成食物，因為同樣這筆錢第二天可能就買不到任何

東西了。有的時候工資會以實物支付。所有的人都用一切來換取食物，作為一名預審法官，雅科夫經常要調查所謂的不公平交易（Knebelgeschäft）。一個已經用盡所有財產換取食物的人，最終收進十張蛋餅，賣掉了他所居住的棚屋。

幸虧有亞速海，海裡豐富的魚量使許多人免於飢餓。人們涉水至膝蓋的深度，拿著枕頭套捕魚。但是即使在亞速海裡，魚的資源也不是取之不盡的，漸漸地這個食物來源也開始枯竭。每逢週日，若父親得空，他便會在早上就帶著釣魚竿去港口。幸運的話，晚上他會帶幾隻釣到的細瘦虎魚回家。

有一次，童雅不知道從哪裡弄來油料農作物榨汁後剩下的渣滓帶回家。她和瑪蒂爾達把堅硬的渣滓放入絞肉機中絞成碎屑，然後用蓖麻油煎成小薄餅。結果弊大於利，因為所有的人都吃壞肚子，渣滓無法被身體消化，就這麼又被排放出去。

謝爾蓋也幫忙找尋食物，他在外面用彈弓射烏鴉，童雅用來做肉湯。烏鴉肉非常堅韌，就算咀嚼的時間夠長，吞下去的時候仍是一整坨一整坨的。

還有一次父親帶回家的，是一袋薑餅，而不是薪水時，結果薑餅的一面是發霉的。但是這種小事沒有人在乎，童雅會用平底鍋把石頭一樣硬的餅蒸軟，或者乾脆加水煮成糊。

很多人吃狗和貓，但狗和貓吃完之後，就輪到吃人了。婦女們用可以吃的東西把小孩引誘到家裡來，然後殺死他們做成絞肉和肉塊，這類的故事很多。有一次瑪蒂爾達忙著將市場上買來的肉凍在家裡切片時，在裡面發現了一個小孩的耳朵。即使把耳朵交給警察，之後他們也無法抓到作案的人。當時也盛傳有一個女人，殺了自己的嬰兒，將嬰兒的肉煮成湯，給她另外三個孩子吃。她自己則走出門，去倉庫裡吊死。

　　有一天傍晚，敲門聲輕輕響起，莉迪亞去開門。她面前站著一個奇怪的、無法定義的生物。這個生物有著極端膨脹的軀體，兩條赤裸的腿，細瘦如柴枝。皮膚的顏色是幾乎發光的橘色，肚子這麼的脹，好似手指輕輕一敲，腹壁就會爆裂開來，變成地板上的一灘水。這個生物用幾乎聽不見、沙啞的聲音問，童雅在不在，童雅大叫著衝過來，隨即嚎啕大哭。站在她面前的，竟是她的姊妹瑪法（Marfa）。她在廚房裡把她的衣服脫下來，幫她擦洗身體，把爬滿蝨子的衣服丟進火爐裡燒掉。這是第一次，莉迪亞聽到「強制集體化」（Zwangskollektivierung）處理這個詞語。財產徵收隊拿走了瑪法村子裡農民的一切財產，一顆雞蛋、一粒穀都不放過。只有一袋葵花子被他們疏忽了，沒有奪取。幾個月之後，當種下的這些葵花子的果實熟成，所有村民都變成果實的顏色，就像瑪法現在一樣，有著南瓜的顏色，南瓜變成垂死的人唯一、也是最後的食物。瑪法一家都餓死了，只有她不知如何成功地抵達姊妹童雅的所在地馬里烏波爾。

在全家共同努力下，她的身體狀況稍微好一點之後，童雅決定把她帶到一個住在下城一間土屋的親戚那裡。那個親戚在內戰中失去了一條腿，他個人卻覺得這是幸運的事。「現在我沒有用了，」他說，「而被射掉的腿救了我的項上人頭。」

夏日到臨，在這個夏日裡所有的農作物都枯萎了。馬里烏波爾的樹木乾死，瀝青在腳下融化。水資源沒有了，排放污水的系統崩潰，越來越多的人死於霍亂和傷寒，街道上到處躺著屍體。把這些屍體扔上馬車運走，通常需要好幾天時間。灼熱的空氣被腐爛的惡臭污染。

目前的生活用水必須從山下的泉水取來才行。童雅領路走在前面，肩上一條扁擔掛著兩個水桶，手裡又提著兩個水桶，她哪來這麼大的力氣？瑪蒂爾達仍然因為生產，身體很虛弱，她只能提兩個小水桶。提水行列的最後是莉迪亞和謝爾蓋——莉迪亞拿著大水壺，謝爾蓋拿著小水壺。父親不在行列裡，他必須工作，至少這樣能賺取每日的麵包配給。我的母親小葉甫根尼婭，則留給一位鄰居照顧。路上很多人提著他們的容器，頂著烈日，在體力崩潰的邊緣艱難前行。

在水源旁邊要等很久，從山上流下來的泉水只有涓細的一條。沒有人站著，所有的人一到達，立刻就癱軟地躺倒在地上，一條癱躺的隊伍，吃力、緩慢地往前推進。莉迪亞注意到一個男人，他在草地上躺著，一動也不動，他的臉上有一大群

綠色的蒼蠅在飛舞。他不是已經死了，就是正在死亡邊緣。童雅在胸前畫個十字，然後迅速移開視線，但莉迪亞對屍體已經司空見慣，幾乎沒有表現異常。

汲完水回家的路上，是提著相當沉重的容器行走一個小時的上坡路。還好此刻太陽已經下山，溫度稍微清涼一些。回到家後母親會切開父親每天得到的配給 —— 200公克的麵包，分成六片。他們就著麵包吃的，還有一杯煮過的水和半個還沒有熟的番茄。

直至此時，內戰已經將馬里烏波爾毀壞殆盡。1922那一年在馬里烏波爾已經沒有任何在運作的工廠，空空如也的店鋪也令人感慨。唯一沒有改變的是，盜匪依然在這座城市裡燒殺擄掠，每天都有人吃人的案件傳出。母親的家裡，沒有誰有力氣站著，所有的人都冷漠地、無精打采地躺在床上。即使是雅科夫，家裡的父親，也虛弱到無法去上班，如此一來，麵包配給也隨之斷竭。曾經充滿整棟房子的藏書，都已被拿去換取食物。莉迪亞一再反覆地閱讀剩下的幾本書，但是到最後，她連拿著書的力氣都沒有了。也許也沒有人有力氣，把我那年幼的母親從床上抱起來，替她更換尿布。她兩歲、三歲時，是什麼樣子？像現在飢荒國家的孩子一樣？小小的骷髏架子，鼓起的肚子，大大的、空洞的眼睛？

最後一刻，救援終於來到，是美國人來了。一個名為ARA

的組織派出裝滿食物與日常用品的船到馬里烏波爾，並且在城裡設立飢荒救濟服務處。經過一番嚴格的考察，我母親的家庭也被歸入貧困、需要援助的等級。那些和母親的家庭同樣幸運，並且還能自己走到食物發送站的人，現在每天都會得到一碗玉米湯、一份牛奶玉米糊和一杯可可。配著這些東西吃的，還有一塊鬆軟、沒有味道的白麵包。

在托洛茨基（Trotzki）的鼓動下，當農業和貿易的臨時自由化的新經濟政策（NEP）等政策實行之時，供應狀況幾乎在一夜之間即得到改善。不久之後，幾乎什麼都可以買到的商店也出現了，街頭又繁榮起來，餐廳打開了關閉許久的大門，海灘上甚至舉行水療音樂會。

莉迪亞逐漸恢復體力，但她一直以來就不穩定的健康情形被飢荒嚴重影響，現在一場又一場的大病相繼襲來。曾經，他們有一個家庭醫生，一位安靜的老人，他傾聽病人敘述，輕拍病人的胸背，查看他們的喉嚨和眼睛。每次看診結束時，瑪蒂爾達都會奉上一杯摩卡咖啡和餅乾，並遞給他一個裝著診療費的信封。現在沒有人有家庭醫生了，所有人都得去分配到的政區診所看病。一天，莉迪亞發高燒，頭痛極度嚴重，一個胖胖的、脾氣很好的金髮女人來到，第一眼就下診斷：「典型的腦膜炎，沒有藥醫了。」母親一言不發，將這位老醫生送出門。莉迪亞的情況已惡化到無法睜開眼睛、無法說話了。像羽毛一樣輕的她，幾乎是懸浮在床上。但是醫生的話她聽得很清楚：

「瑪蒂爾達‧約西芙娜，您可能要有心理準備，必須與您的女兒告別，她幾乎沒有希望了。」原本無法說出話來，沒有力氣的莉迪亞，在那一刻，她決定無論如何都不要死，就算是為反抗而反抗，她也不要死。就這樣，她的身體重新有了重量，躺回床上，不再懸浮了。

當有一天早晨醒來，她突然對巧克力感到有股莫名的飢渴。她從未要求過什麼，因為她知道父母的貧瘠。但是這次她再也克制不住，開始哭泣乞求。瑪蒂爾達買了一百克的矢車菊牌巧克力糖，莉迪亞每天都得到從中間對切的半顆巧克力糖。她的確漸漸在康復著，後來卻又染上瘧疾。她又再度處於生命垂危的狀態，直到她的父親不知道從哪裡得到奎寧（Chinin）。藥效馬上起作用，卻給莉迪亞留下終生聽力損傷的後遺症。瘧疾之後，她染上西班牙流感，她的姨媽瓦倫蒂娜不久前才因此去世。當她再度自西班牙流感撐過去，又被診斷出罹患肺結核。

在她的筆記中出現了一個我在追尋過程中也遇到過的地名：赫爾松（Cherson）。小謝爾蓋坐在聶伯河邊樹上的照片，就是在那裡拍的。我現在知道，在這個地方擁有這個尚未被沒收酒莊的叔叔，他的名字是安東尼奧（Antonio）。家裡的人可能經常拜訪這個仍幸福平安的避難所，母親小時候或許赤腳走過那片草地，在聶伯河中玩水，也可能有人嘗試教她游泳—— 她沒有學會。至於莉迪亞，她整個夏天都在酒莊度過。

新鮮的空氣、美味的食物、寧靜的地方創造出一個小小的奇蹟：秋天時，她又再度健康地返回馬里烏波爾。

　　她現在十二歲了，還不知道學校教育是什麼。瑪蒂爾達仍然相信，新的國家只是一場噩夢，下一刻她就會從噩夢中醒來。當時上學還不是義務，她堅決不讓莉迪亞上蘇聯的學校，而是自己教她。她教授的科目包括數學、法語、俄羅斯歷史和文學、地理、刺繡與宗教。除此之外，她的母親還教她如何為六道餐筵席擺置餐具、如何行宮庭屈膝禮以及pas de gras和pas de patineur的舞步 —— 這些莉迪亞在她日後的生活中絕對不會用到的技能。她從來沒有被家務羈絆，瑪蒂爾達所看到的、女兒生活在其中的未來是另一種樣貌，比如她們這種位置的人拿著掃帚是不得體的，而她撫養我母親的方式極可能一模一樣，都預設她們之後的人生是有僕役服務的。她將自己所學傳授給女兒，絕對不承認自己所出生長大的世界已經永遠消亡。所有的家務都是童雅的工作，所以當母親嫁給父親的時候，可能手裡真的從來沒有拿過掃帚。她那雙什麼都不會的手在德國是怎麼做強制勞動的，我不知道，但是她在流水線上從早到晚重複的幾個簡單的動作，可能也不需要太多技巧。她在家務上的無能所引起的災難，是在她得到自由，必須自己做飯、生火、縫鈕釦才開始的。

　　瑪蒂爾達的私人教程並不容易。她不需要教導莉迪亞如何閱讀，她自己早就學會了，但是學習寫字卻引起了母女之間的

權力鬥爭。莉迪亞不僅對日常生活的掌握不熟悉，而且還是一個左撇子。這個事實令瑪蒂爾達無法接受。她認為女兒的左撇子狀態是一種錯誤，而且是因為她的性格桀驁不馴、頑固，才會變成左撇子。莉迪亞一用左手拿筆，手指就會被戒尺責打。莉迪亞氣得全身發抖，大哭大叫，偷偷把她媽媽省吃儉用省下的錢所買來的珍貴的筆，扔進火爐。若是她得刺繡的時候，衝突更加劇烈，因為莉迪亞的右手絕對不適合做這樣精細的活。

最後，莉迪亞拒絕上課或學習，對女兒的固執無能為力的瑪蒂爾達只好將她送去一個家庭教師處學習。莉迪亞現在每天都去索菲亞·瓦西爾耶夫娜（Sofia Wassiljewna）家，她在她的公寓裡教授一群為數不少的孩子。現在出門上街可以了，不必再擔心意外地被捲入槍戰。政治權力鬥爭和無政府狀態已經結束，人民之父史達林大元帥在他統治的三十年中欲達成的秩序，就快完成了。

索菲亞·瓦西爾耶夫娜和她的丈夫很幸運地沒有遭到搶劫和財產徵收，沒有外人，只有他們自己住在寬敞、佈置舒適的革命前風格的舊建築公寓裡。只是這裡很冷，孩子們穿著大衣坐在客廳的大桌子旁，索菲亞·瓦西爾耶夫娜穿著報紙做的背心，莉迪亞的肚子雖然咕咕叫，但是她很開心。與其他的孩子一起學習將她從孤立中解放出來，這是她生平第一次感受到自己是一個社會動物，她屬於一個外人組成的、彼此間有緊密聯繫的群體。而且索菲亞·瓦西爾耶夫娜讓她用左手寫字，她明

白了莉迪亞是沒有辦法改變的，她的手不服從規範。但是這樣的幸福只維持了很短的時間。幾個星期之後，索菲亞‧瓦西爾耶夫娜和她的丈夫就被視為人民公敵而被逮捕，並被流放到遙遠的省份。

從這時候開始，莉迪亞堅持和大家一樣，去學校上學。她的母親不允許，但是當莉迪亞開始絕食抗議，並且堅持了一個多星期沒有進食時，知道女兒頑強個性的瑪蒂爾達反而感到害怕而屈服。童雅給莉迪亞縫了一個帆布書包，因為買不到墨水，最後莉迪亞得到一小瓶高錳酸鉀，還有兩本童雅用外祖父的舊商業書籍裁製出來的筆記本。

在蘇聯的學校裡沒有「班級」（Klasse）了，只有小組（Gruppe）。「級」（Klasse）這個詞因為有社會階層的定義所以不用。以法語作為第一外語也已經被廢除，這個語言被認為是屬於資產階級的。文法也不再教授，它被認為是多餘的負擔。歷史這門學科現在被稱為「革命運動史」（Geschichte der revolutionären Bewegung）。

在學校裡，莉迪亞立即感受到她的家庭教育為她帶來的致命後果。學生必須自己維護教室的清潔，要掃地、拖地，也必須擦窗戶，在冬天的時候得用報紙塞住縫隙，讓冷風透不進來。他們還得點燃教室裡的爐子，至於燃料，他們必須從外面的街道上尋找收集。莉迪亞有雙重障礙 —— 首先她在這些事

務上缺乏經驗，其次她是左撇子，這與慣用右手的標準環境完全背道而馳。不久，她在學校也遭到辱罵，不僅被罵是資產階級和腐敗、頹喪之流，而且還是弱智、殘廢。老師們禁止她用左手寫字，她拚命練習強迫自己成為右撇子，但是學校的作文她總是不及格，因為她「胡亂塗寫」（schmiert），以及她天馬行空的想像力是多餘的。對她不利的情況還有她根本沒有課本，她的父母無力負擔。莉迪亞替兩個女孩，一對天賦較差的雙胞胎做家庭作業，這樣她就可以跟她們共用課本。有的時候她們會分給她一點休息時間吃的麵包，她實在無法抗拒，因為她的肚子一直是飢餓的，但她隨即又因感到羞恥而悔恨。

製作桶子的那位鄰居的兒子斯拉瓦‧布朗斯坦（Slawa Bronstejn）也在她的小組裡。他們兩個小時候曾經一起在院子裡玩耍，但是現在斯拉瓦不想和莉迪亞有任何瓜葛，因為她來自一個「國民公敵」的家庭。他一天到晚都在宣告：「我伯伯是最重要的人，在黨裡以及整個蘇聯都是。他叫做列夫‧達維多維奇‧布朗斯坦（Lew Dawidowitsch Bronstejn）。」大家都知道，這個名字的背後藏著一個人物托洛茨基，他與列寧一起，是全國最有權勢的人。大家都嫉妒斯拉瓦，同時也懼怕他。但是沒有過多久，布朗斯坦，又名托洛茨基，被宣佈是「猶太叛徒」和「法西斯主義走狗」，權力亦被剝奪。「斯拉瓦，」現在孩子們在學校裡叫囂，「你伯伯被黨除名了。小心，你們家也會被影響。」斯拉瓦輕蔑地吐口水：「我們和那種人沒有關係。我們姓布朗斯坦，不姓托洛茨基。」

學校對莉迪亞來說是充滿創傷的經歷。在這裡，她認知到她無歸屬的程度有多高，直到最後她都是不被接納的局外人，一個被仇恨的人，一隻白色的烏鴉。她錯誤的出身是她的原罪，是她無可磨滅的烙印，而我漸漸開始明白，這一切都在告訴我，關於我母親的實際情況是什麼。我總是錯誤地以為她深深扎根於烏克蘭的世界，她透過每一根神經纖維與那個世界相連，但是如果她和她的姐姐出身於同一個家庭，她也一定是被排擠的。以一個陌生、相異的身分在德國生活，對她來說應該不是新的經歷，而是一直以來她都知道的狀態的延續。而我一直以來都對她抱持錯誤的想像，她的生命不是被連根拔起，而是從一開始就沒有根，她一出生就已流離失所（Displaced Person）[4]。

　　從學校畢業之後，莉迪亞在勞工處（Arbeitsamt）排了幾個星期的隊，但是因為她的出身背景，她完全沒有機會得到工作。在新的社會中，她不被接納，到處都把她當成沒有生存權利的罪人。有半年的時間她靠以午餐作為酬勞的課後輔助這樣的工作交換，勉強度日，然後她做出一個影響很大的決定：她要去奧德薩（Odessa）讀文學。儘管她知道她的出身在新制大學裡也不受歡迎 —— 大學主要是給工人和農民的孩子上的，她還是想去試試。當然，她不會有獎學金或者宿舍的位置，幸好她的兩個姑姑葉琳娜和娜塔莉雅就住在奧德薩，她們兩人雖然也窮困，但是侄女在上大學期間，她們仍願意將她納入羽翼下照顧。

莉迪亞的父母對此很震驚。他們嘴裡吞服的仍然是饑餓，對於莉迪亞畢業之後能夠拿收入回家，寄予很大的希望。除此之外他們還很擔心，害怕女兒在這樣不安全的時期離家這麼遠會出事。反之莉迪亞很內疚，因為她將父母和妹妹留在饑餓和痛苦中。但是她一想到，留在馬里烏波爾對她來說也等於死亡，而一場「有利的婚姻」，猶如她的母親心中所想，對莉迪亞來說根本就是荒謬的事。她去市場賣掉她的所有，剪掉辮子，買一張去奧德薩的火車票，便出發了。

　　這趟車程非常愉快。莉迪亞必須轉乘多次，並且有部分旅程，她還必須坐在火車頂上。雖然情況如此不好，但她還年輕，未來就在眼前。現在她已經明白，對自己的出身必須保持緘默，而且依賴真實、實情也是不會有成就的。在火車頂上乘風前進中，她想出了一套典型的無產階級自傳。

4　譯注：根據劍橋辭典意義為因戰爭、自然災害造成的離鄉背井者，根據聯合國難民署UNHCR，它與難民refugee的差別在於，流離失所者並不是因為尋求安全而流離失所。

莉迪亞離家時，我母親八
歲。她跟她的姐姐告別是不是很
痛苦，她會不會想念她？我該如
何想像她當時的生活？她跟姐姐
莉迪亞一樣，也跟著他們的母親
一起在家學習，還是一開始就被
送去上學？她像莉迪亞一樣被嚴
厲地隔離，還是因為她比姐姐溫
柔、可親，儘管她出身如此，也
讓人同情？馬里烏波爾城裡沒有
大學，她以後要去哪裡上大學呢？她會和姐姐一樣，去和奧德
薩的姑姑們住在一起，還是跟隨上音樂學院並且有一個強大贊
助人的哥哥謝爾蓋去基輔？

　　無論是何者，我都可以計算出她上大學時將會是蘇聯最黑
暗的時期，即所謂的大清洗時期（Großer Terror），在這段期
間，階級清算到達它的頂峰。根據歷史學家的估計，利維坦
（Leviathan）[5]將吞噬三百萬至兩千萬、或者更多的人命——
估計數字相當懸殊，這些估計數目之間再次存在鴻溝性的差
異。上大學對母親來說，一定是冒著巨大的危險。在那幾年裡
她沒有像其他人一樣隱藏自己的出身，而是暴露自己。我不知
曉她為什麼這麼有勇氣，所能確定的，我只知道一點：她一直
都在挨餓。直到在德國的最後幾年，飢餓一直是她生活中的常
態。也許除了其他事務之外，也是飢餓驅使她在戰時落入德國

占領者手中，希望能在德國得到更多食物。我清楚記得，她吃東西時眼裡的貪婪以及恐懼，總彷彿下一刻她的食物就會被搶走，好像她在做什麼被禁止的事情一般。她無法不因為遏止飢餓而吃，但是她的身體似乎不再攝取營養，一直在飢餓狀態。不論她吃得再多，她的身形始終是那個骨瘦如柴、餓得奄奄一息的孩子。

莉迪亞獲准和奧德薩的葉琳娜姑姑一起生活，這位姑姑與另一位姑姑都會一起將飯食分給她。早餐和晚餐她在葉琳娜家吃，午飯則去娜塔莉雅家吃。因為在蘇聯必須通過入學考試才能進入大學就讀，那麼現在首要的問題是，莉迪亞是否被允許參加入學考試。她唯一的希望是倚靠葉琳娜的丈夫的協助，他是一名畫家，除作畫以外，他在大學有一個講師職位。雖然他娶了一個貴族，自己也是「腐敗的知識份子」之一，並且在新教育系統的神聖殿堂中，可能腳跟都還站不穩，但不知怎麼地，他仍然找到辦法將侄女送進大學。

由於新蘇聯人應該接受各方面的教育，因此申請讀大學的人在所有經典科目中，都會被全面檢審。讓教授們陷入兩難的困境在於，大部分的大學名額必須授予工農子弟，不過要通過高難度考試的先決條件，這些人卻幾乎沒有法子。然而，如果

---

5 譯注：舊約《聖經》中的龍形海怪；是《希伯來聖經》裡的一種怪物，形象原型可能來自鯨及鱷魚甚至滑齒龍及滄龍或者龍王鯨。「利維坦」一詞在希伯來語中有「扭曲」、「漩渦」的涵義。

教授們允許太多知識份子背景出身的申請者進入大學，他們不僅會失去教授職位，還會失去腦袋。大多數工人和農民的子弟都能得到工會或集體農莊黨委的推薦，他們的入學考試也可以免除。

莉迪亞最大的障礙是數學，對她來說數學一直是無法理解的謎團。除了二加二之外，更多她就不會了。但是這次她異常幸運，當她站在講桌前，發愣地看著教授用粉筆在黑板上寫算題時，教授突然離席、被叫到外面去。另一位是數學高手的考生，從座位上跳起，以閃電般的速度在黑板上潦草地解題寫出答案。當教授再回來時，沒有任何懷疑——滿意地點點頭，莉迪亞通過了。下一個考試是作文，她可以順利用烏克蘭語寫好，以此來回報她對作文一無所知的救命恩人。對此，兩個人都冒了很大的風險，如果他們被抓到，不僅會被大學開除，很可能還會被指控搞陰謀破壞。

還有物理和化學，莉迪亞受益於她的烏克蘭語知識，而她會烏克蘭語則歸功於她的保姆童雅。大多數教授都只會說當時會使名譽掃地的俄語，革命之後的烏克蘭，俄語被宣布屬於沙文主義超級大國的語言。葉琳娜姑姑的丈夫建議莉迪亞善用這種情況，而她完美地演繹了這部喜劇。入學考試考物理和化學時，她大膽地直視老教授的眼睛，聲稱自己只會說烏克蘭語。可憐的教授折磨自己的舌頭，勉強用烏克蘭語說出考題，莉迪亞隨便編了一些他當然聽不懂的話。十分鐘後他就允許她離

場，她嚇得渾身是汗，但獲得了最好的成績。

　　文學、歷史和地理科目的考試對莉迪亞來說，毫無困難。「如果您自勞工階級出身，」最後莉迪亞被如此告知，「那麼您馬上就算是我們大學的學生了。」不知為何，莉迪亞一直堅信，她一定會被錄取，其他的想法她根本不考慮。然後，幾天後她在掛在祕書處門上的公告上找到自己的名字，公告上名列著被大學錄取的申請人。

　　對於莉迪亞來說，大學是一個被神聖化的地方，這裡藏著世界的知識，人類歷史的見證也被保存在這裡。每天一踏進大學，首先抬頭看見的就是欄杆上的一尊巨型雕塑：天神阿特拉斯（Atlas）肩上扛著地球，在地球上有一個時鐘。每次看到時鐘，她就會想起也曾在這所大學就讀的父親。時鐘金色的指針也向他展示時間的流動，當他還是年輕學子踏進大學大門時。

　　在蘇聯時代，大學辦學的情形猶如中、小學一般，固定的功課表和必修科目都嚴格地被規定。文學系的課表裡也包括歷史、心理學、德國文學、語言學和軍事研究。教授歷史的教授是個又高又瘦的大鼻子男人，每次講課的開始都引用《古史紀年》（*Nestorchronik*）[6]中的一句話：「波利安人（Poljan）住在

6　譯注：又譯《原初編年史》、《古編年紀》，是中世紀基輔羅斯一部描述東斯拉夫人早期歷史的著作，根據拜占庭的編年史以及西、東斯拉夫的文學作品、官方文件和民間傳說等史料彙編而成。

普里皮亞季河（Pripjatj）邊，德雷夫利安人（Drewljan）住在傑斯納河（Desna）邊。」他講起遙遠的過去，感覺是那麼的熟悉，好像他曾經親身經歷一樣，他是一個才識豐富、非常活潑的人。但是沒過多久，他就不再出現在課堂上了。私下謠傳他被捕了，然而有一天，他又再次出現。他把他的大鼻子伸進課本裡，一樣用波利安人和德雷夫利安人的引言作為講授的開場。接著不久，他再度消失，這一次永遠不見了。接替他的職位的，是一個年輕、自以為是的人，外表的五官細緻，臉色紅潤。對他來說，歷史是由階級鬥爭而來，人民永遠是受到霸權阻攔的推進力，所有統治者和軍事領導人都只是時代的產物。學習這種歷史其實很容易，因為時間順序、年代都不重要，可能講師自己都不知道有這種學問。他要求學生必須盡可能地多發言，否則會因為被動而得到不好的成績。這位老師專注地聽完發言之後，對每個學生幾乎都下一樣的判斷：偏離份子、孟什維克份子（Menschewik）、托洛斯基份子、沙皇份子[7]等等。

一位心理學教授跟學生解釋「Psyche」是靈魂的意思，但認為靈魂實際上是不存在的。人在出生時，是一張白紙，只有社會能在這張紙上寫下它的符號。除了向時代致敬的義務，他講課的方式其實非常聰明，內容深具原創性。他的眼光有時候突然令人生畏，好像暗示著來自西格蒙德・弗洛伊德、約瑟夫・布魯爾和其他人的理論有多麼危險。按照規定，要鄙視理想主義者和神祕主義者格奧爾基・切爾帕諾夫（Georgi Tschelpanow），即莉迪亞的姑丈，對此他也沒有遺漏。他認真

仔細地列出散播虛假、有害理論的書籍名稱，比較聰明的學生馬上豎起耳朵，課後隨即跑到圖書館去借這些書來閱讀。

語言學教授所掌握的語言則有十幾種，但他最喜歡的不是烏克蘭語，而是波斯語。單單是這個喜好傾向，已經讓學生黨支部不滿。招致一場真正的憤怒風暴的是，他宣稱烏克蘭語不是一種獨立的語言，而是俄語的一個方言。愛國積極分子罵得唾沫橫飛，但是他們沒有理論根據來反駁。最後他們寫了一個投訴狀，希望大學將這個教授碎屍萬段，但他是許多外國研究院的成員，不但是英國皇家學會的一員，而且與來自世界各地的眾多科學家都有書信往來。對這群不停狂吠、也只會吠叫的惡狗來說，他的層級太高，根本無法撼動。大家向教授建議他移民外國，但是他拒絕。對持續不斷的攻擊，他不為所動，只是不斷地這麼解釋：「我沒有讀過列寧，我沒有時間。」有一次莉迪亞在排隊領麵包時，幸運地剛好和他同在一列。她偷偷地把自己的配給口糧放進他的袋子裡。

巴赫曼（Bachmann）教授，一個活力充沛、非常幽默的人，是德國文學教授。在他的教導下，莉迪亞的德文程度甚至好到幾十年過去之後，她閱讀歌德（Goethe）和霍夫曼（E. T. A. Hoffmann）時，仍然幾乎不需要字典。畢業多年之後，有一次她在服役的勞改營裡，穿過廣場，要去為她的燈領取煤

---

7 譯注：指思想封建。

油，這位穿著羽絨大衣、頭上戴俄羅斯帽、負責配給燈油的囚犯，一邊不慍不火地詢問她的名字，一邊慢吞吞地將燈油倒進容器裡。「您認不出我是誰嗎？」最後他終於問道。莉迪亞真的認不出來。他悲傷地笑了笑。就在這時，她想起來了：站在她面前的，是巴赫曼教授。他是一位太過優秀的教師，無法為大學所用。

還有軍事訓練的教師，他的長相與大家對他的職業所期待的一模一樣：壯實如牛、五官粗糙。「起立！」他每次一進門，就如此大聲咆哮。一個在內戰中失去雙腿，只能勉強依靠拐杖行走的學生仍然坐著沒有站起來。「大膽！」教官大吼。「居然無視軍紀！馬上給我站起來！」——「請原諒，教官同志，」一個學生代表謹慎地發言，「他是一個殘障的人。」——「安靜！現在就給我起立！」身有肢體障礙的同學嘗試依著柺杖站起，但是又跌回椅子上。拐杖砰的一聲掉在地上，席間發出驚恐的叫聲。一小段尷尬的沉默之後，由於看到班上同學的憤慨瀰漫，教官只好放棄他的要求。「不必站起來了，同志。」

在軍事課的實際操練裡，學生們必須學會行軍、在泥濘中匍匐前進與射擊。莉迪亞只有一百五十公分高，穿上學校扔給她的制服後，整個人像被淹沒在衣服裡。軍用大衣的長度一直垂到她的後腳跟，每走一步路，她穿在鞋子外面的軍靴就掉一次。她有嚴重的近視，右手沒有力氣，射擊技術糟到有一次差

點射中教官。教官嚇得臉色發白，接著更是漲得通紅。「伊瓦先科同志！」他大吼，「站直！槍交上來！離開！」莉迪亞的軍旅生涯就此結束，從此她不需再上軍訓課了。但是不知為何，教官給她的成績仍然是中上。

討論應該用俄語還是烏克蘭語上課的話題仍熱烈，並再三地激烈展開，烏克蘭語受到絕大多數的學生、政黨以及烏克蘭作家聯盟領導層的喜愛。長達幾小時的爭論後，有關俄羅斯的一切都被妖魔化。大學的入口處掛著一張大海報：「大學裡禁止說俄語」。至於德語、意第緒語、英語、法語、希臘語、義大利語，所有可能的語言都可以使用，但是禁止說每個人都會和都懂的俄語。

在文學課堂上討論的主題不必多言，三到四個小時的時間都在爭辯普希金（Puschkin）和果戈理（Gogol）是小規模的大地主還是中型的大地主。學生必須去數格里博也多夫（Gribojedow）喜劇《心靈製造苦難》中的連接詞，因為據說，從連接詞的數量可以推斷出格里博也多夫的世界觀。莉迪亞被分配寫一篇報告，題目是托爾斯泰（Tolstoi）《安娜·卡列尼娜》（*Anna Karenina*）中關於「農業」的論文。

在「高產工人（Stoßarbeiter）[8]進入文學」的口號下，學生

---

8 譯注：udarnik高產工人，語源udarny trud，意指超生產、熱情勞動。

們被要求進入工廠尋找人才，建立文學工人小組。當一個工人超過某種指標時，表示他有文采，必須被培養。莉迪亞的一些同學從中賺了不少錢，他們在工廠裡找「作家」，將自己的作品佯裝成工人的作品上繳，並且用他的名字發表。所賺的稿費均分，兩方都滿意。

高產工人被引導進入文學，而文學系學生則被引導進入生產事業。以培養「全面發展的社會主義人格」為目的，莉迪亞被分配到一家黃麻工廠工作。要培養的性格是早上五點半得起床，電車行進，大約一個小時才能到工廠。有時候她和同學們在電車裡站著搭車就能睡著了。在工廠入口處交了許可證，在工頭眼前晃一下，然後他們就進倉庫。在那裡，他們趴在黃麻堆上，再繼續睡兩、三個小時，直到黨活動員來警告、威脅他們，他們才醒過來。

投入工廠服務期間，學生們必須跟完整個製作流程。第一站是最令人苦惱、憎惡的。莉迪亞必須解開一大捆滿是髒土的黃麻，理順之後，然後再巧妙地使力將它丟上傳送帶。這個工作是給一個高大強壯的男人做的，而不是一個非常矮小、又因飢餓而無力的女人。莉迪亞總是被斥喝。她站在一大團塵霧中，不斷咳嗽，幾乎窒息，她好不容易解開一捆，下一捆已經在等著了。在服務結束之後將近半年，她才把所有累積的黃麻灰塵都咳出來。

過完兩週後，她被換到紡紗廠，廠裡有一長排的紡紗機所發出的噪音聲響，震耳欲聾。因為近視的關係，莉迪亞看不到線斷在哪裡，一直弄錯搞砸。女領班責罵她，令管理階層注意到她的存在，大難似乎要臨頭。畢竟若有不中用、嬌慣的手，又不能習慣工作的女人，在工人國家裡，有什麼比這更糟糕。

　　第三站是織布間，莉迪亞被拯救了：在這裡是原始的手動織布機，用於紡織製作麻布袋。這個作坊用的是粗線，莉迪亞不僅可以看得清清楚楚，可立刻認出線斷在何處，並且熟練精巧地解開混亂的線結。她還學會如何打結，很快就能操作織布機，完全不成問題。女師傅開始稱讚她，越來越常留她一人獨自作業。工廠服務第二週結束時，她已經是高產工人了。給高產工人相對的獎勵是，食堂額外提供一勺去殼燕麥片和一份捲心菜餃子。有一天廠長找她說話：「你是個聰明的女孩！在大學裡你學的是什麼，文學嗎？你只是給自己找麻煩，文學不能當飯吃。留在工廠吧，我們給你宿舍，給你豐厚的薪水，每週還有高產工人額外的口糧。你會是工人階級的一員，不再是低能的知識分子。」之後，莉迪亞時常想起廠長的這番話。如果她聽從了他的建議，她生命中的許多磨難其實是可以避免的。

　　漸漸地，她在同學之間有了幾個朋友。我在她的犯罪記錄中看到的名字，又在她的筆記上出現：安娜・博卡爾（Anna Bokal）、莎拉・博特曼（Sarah Bortman）、安娜・埃德爾斯坦（Anna Edelstejn）、列夫・波茲南斯基（Lew Poznanskij），尤其

是貝拉‧格拉澤（Bella Glaser），她是移民到美國的俄羅斯猶太人的女兒，最近才回到烏克蘭，她給莉迪亞留下很深刻的影響。貝拉的母親選擇離婚，帶著她從「該死的資本主義」世界逃回共產主義天堂。在貝拉身上，美國的光輝還沒有完全消退。她穿著絲襪和別致的扣帶鞋（Schnallenschuhe），身穿搖擺連衣裙（Charlestonkleid）[9]和紫色毛皮大衣。她是一個具獨特魅力的年輕女性，受過非比尋常的高等教育，還有敏銳、批判性的頭腦以及對自由強烈的渴望。漸漸地，她讓莉迪亞明白，她所看到的蘇聯根本不是工人的天堂，在她眼中，蘇聯是背叛工人的腐敗政黨、寡頭政治。她說出來的話，別人想都不敢想。她小心地引導莉迪亞加入她所創立，並在地下運作的「無產階級解放小組」工作。隨著時間推移，莉迪亞成為她的盟友，定期與她和其他小組成員見面。對她來說，這是她唯一能夠暢所欲言、公開表達所思所想的地方。僅僅因為這個原因，這個團體成為她的倚靠、必需品，因為她經常害怕自己萬一再也承受不了需適應的壓力、受不了持續不斷的偽裝，以致說出或者做出對她的生活會造成嚴重後果的事。這個團體成了一種避難所的形式，一個喘息的機會，一個短時間內能躲開監視機制的眼光的地方。

掃除文盲的政治運動不斷地展開，學生必須對獲准學習的特權做出貢獻。莉迪亞被選中去教導一家鞋廠的工人讀書寫字。工廠總共僱有兩百名工人，根據一個不知所以、莫名的原則，其中九人被選出進行培訓。工廠在其中一個空間裡掛上列

寧畫像和紅旗，裝設成教室用。

上課的第一天，莉迪亞就注意到鞋廠工人都能讀、能寫。她很困惑，迷惘地環顧四周。這些工人中最年長的一位向她誠懇地建議：「為了遵從政令，我們還是按照計劃完成吧，老師同志。」於是，鞋廠工人在下班之後的晚上，在三個月的時間內，能多快就多快地進行聽寫，盡可能讓筆跡顯得笨拙，拼寫及文法錯誤盡可能地多，讓莉迪亞用紅墨水一絲不苟地糾正。聽寫之後，她從小說和詩集中挑選一些節段，朗讀給他們聽，或者講述一個她自己的故事，一直以來她就很擅長編造故事，工人們都聽得入迷。

課程結束時，出現一個身著軍裝、脖子上圍著紅色領巾的傲慢女士，她來檢查學生的進度。他們給她看寫得滿滿的、拼寫錯誤被糾正的筆記本，朗讀報紙的時候，他們結結巴巴，刻意地卡住。這位女幹部對學生和老師的表現都很滿意，她致詞表示希望工人們能夠盡快地閱讀報紙，然後就內容做討論。之後她就告別離開了。

演完這齣鬧劇，莉迪亞得到的獎勵是歌劇年票，此外她和她的鞋廠工人也都領到假期券。他們可以一起旅行四天，去克里米亞半島（Krim）上的雅爾達（Jalta）、阿盧普卡（Alupka）、

9　譯注：Charleston dress，低腰身、長度及膝、常有流蘇。

阿盧什塔（Aluschta）和塞瓦斯托波爾（Sewasto pol）。莉迪亞在飯店裡終於可以吃飽，她非常享受能有自己的房間以及在海中泡水等。她的工人學生們還比賽追求她的芳心。她不想讓他們難過，委婉地表達自己的心已經給別人了，但她還是愛他們全部的人。工人們明白後，也都表達滿意、理解。

旅行回來之後，她得到每個學生9盧布的酬勞，而感激的工人們送給她兩雙品質很好、夏天穿而且鞋跟很高的鞋作為紀念。帶著這筆錢，穿上新鞋，她上路前往馬里烏波爾，開始她的第一個假期。但是一回到家，她再次被迫面對家族的苦難，她的父母和兄弟姐妹都在挨餓。父親雅科夫幾乎沒有收入，他體弱老邁，眼睛幾乎看不見了。母親瑪蒂爾達必須將法庭文件讀給他聽，並代替他完成書面工作。童雅在一家紡織廠找到一份工作，但仍繼續幫助母親做家務，甚至在金錢上支持她。當時十歲的母親葉甫根尼婭，已經上學了，而那時年紀十五歲的謝爾蓋在為「教會的黃金分給飢餓的人」的運動工作。他可說是個餓得半死的人，幫助拆毀這座城市的教堂和猶太會堂，從建築裡拆取任何有價值的東西 —— 金、銀、鑽石、紅寶石和其他寶石 —— 並將這些運送到一個收集處。作為回報，他每天可以得到少量的麵包配給。

莉迪亞意識到家裡沒有人對她有期待，她只不過是一個不受歡迎、額外的一個吃飯的人。她很想幫助家裡，如果她知道怎麼做就好了！她最想的是立即返回奧德薩，但是姑姑那裡來

了消息，通知莉迪亞說，她們的生活條件發生了變化。葉琳娜的兒子結婚了，現在她的兒媳婦也住進她狹小的公寓，沒有多餘的空間給莉迪亞了。而娜塔莉雅則收留了與丈夫一起被逮捕入獄、一個朋友的十六歲兒子，她也無法再繼續分給莉迪亞糧食。

這個消息對莉迪亞像是當頭棒喝，有好幾天，她陷入絕望之中，然後頑強的意志從她心中升起。她義無反顧地決定，無論如何要再回到奧德薩。如果她都已經站在葉琳娜姑姑的門前了，她想，姑姑應該不會就這樣將她拒之於門外，讓她無家可歸。而她的盤算也如她所願，葉琳娜不只對她敞開大門，而且在她坐火車長途旅行抵達之後，甚至給她上了一碗湯。

接下來幾天她一頭栽進求職中，雖然天上下著傾盆大雨，她裡裡外外都濕透了，但是幸運再次降臨。她被聘雇為助理，職責是發放糧食券。她整天坐在陰暗的櫃檯前，檢查完身分證後，撕下票券，在票券的後面是一列無止境的、漫長的隊伍。她的工資少到連自己都無法吃飽，更不用說補貼一點給提供住宿的葉琳娜姑姑。

對她伸出援手的是貝拉・格拉澤，憑著她與大學圖書館館長有關係，替莉迪亞在館裡找到一份工作。從此時開始，她下課後從下午五點到晚上十點，都要拖著書來來回回奔走 ── 從架上取下到借出，從歸還到將書放回架上。工作很辛苦，但

莉迪亞的收入比以前多一點，而且她在圖書館內如魚得水。通常短暫地在折疊椅上小睡一下之後，一早就能匆匆趕到大學，時間經常都還太早。她沒有手錶，但是無論如何她都不能遲到。有時候她會在大門的台階上再多睡一下，因為大學根本還沒開門。

日常生活越來越黑暗，越來越沒有前景。人們共同生活在很小的空間裡，各過各的，每個人只關心自己能不能活下去。商店裡除了用乾癟的李子製成的、沒有糖的李子醬之外，什麼都沒有。學生餐廳的菜單裡，最好的菜就是非常稀的穀糊作湯，比較濃稠的穀糊當主菜。比較糟的菜單則是包心菜做的湯，然後主菜是蒸包心菜。莉迪亞完全放棄吃早飯，有時候她會在大學自助餐櫃上買一個大豆餅，可以嚼很久，因為它幾乎有如用硬橡膠做的。

春天時，學生們會被送到鄰近的村莊，他們在那裡推動建設集體農場，並再次掃除文盲。在所謂的會議上，莉迪亞不得不在農民面前，反覆空談他們集體農場的光明前景，並且說著必須打擊各方面受過良好教育的蘇聯人民的言論。那是1932年，聖經中稱之為大饑荒（Holodomor）的饑荒開始。不久之前擁有肥沃黑土的烏克蘭還被認為是歐洲的穀倉，現在它變成停屍間。「Holod」是烏克蘭語，意指飢荒，「mor」源自「moritj」，意思是耗損、折磨。一項史達林偉大的集體化實驗，後來這個實驗被視為滅絕烏克蘭種族的屠殺，載入史冊。

雖然已經是播種時節，但是田裡沒有人在勞作，一切都處於休止狀態。農民的財產被沒收充公，使得烏克蘭所有的農業活動陷入停頓。被趕出自己農場的農民四處流浪，在潮濕的土地上為家，其中大多數是婦女和她們瘦弱、生病的孩子。拒絕為集體化貢獻財產，拒絕加入集體農場的男人被關進囚營，或者被殺。飢餓徹底毀滅了整片大地。埋葬死者的人已經沒有了，死去的人在死去的地方腐爛。瘋狂的行徑和人吃人的事件到處盛行。

學生下鄉回來後，吹噓對集體化成功的貢獻，也吹噓地表達他們說服了多少農民放棄私產加入公社，鎮壓了多少暴動。莉迪亞的記錄是以共產主義修辭字彙書寫的，她所寫的文字內容包含許多無意義的數字和史達林演講中的節錄。「妳還能成為大人物，孩子！」執行委員會主席親熱讚許地說，「妳只需要再多一點磨練。」

有一天，舅舅瓦倫蒂諾在奧德薩出現。莉迪亞最後一次見到他的時候，還是一個孩子，而且還是在她外祖父的司機將她帶去德國園丁居處，然後司機跟車子一起消失的那一天之前。她從來沒有忘記那一座別墅荒蕪破敗的景象，當她以為已經死去的瓦倫蒂諾，突然出現在葉琳娜家門前時，簡直不敢相信自己的眼睛。他沒有述說這些日子他去了哪裡，但是顯然他成功地挽救一些財產，因為他可以負擔住飯店的費用。他告訴莉迪亞有關他在赫爾松（Cherson）的兄弟安東尼奧（Antonio）的

消息，莉迪亞患肺結核時，曾在他的酒莊裡休養恢復。這段時間以來，安東尼奧被剝奪了財產，與妻子和女兒一起被帶去西伯利亞，在那裡，患有骨結核、病弱的女兒並沒有存活的機率。舅舅瓦倫蒂諾企圖設法幫助這一家人逃到奧德薩，然後帶著他們一起橫渡黑海，到羅馬尼亞去。

他住在城裡的這段期間，幾次請莉迪亞去餐館吃飯，還買給她一些她急需的衣物。和他在一起的日子，就像置身夢中的童話一般。她小時候在他的別墅裡和母親所度過的快樂時光，此刻感覺是小說中讀到的角色經歷。

幾週之後瓦倫蒂諾的兄弟安東尼奧真的和他的家人來到奧德薩，他們來時所經過的路線據說既神祕又異常危險。瓦倫蒂諾用天文數字的交易，想法子把這三人帶回來，並將他們藏在港口的一個漁舍裡。在一個沒有月亮的夜晚，這些難民將乘坐一艘快艇到羅馬尼亞。莉迪亞擁抱瓦倫蒂諾告別時，她苦澀的心明白，她將永遠見不到他了，他到底是舅舅或者父親，只有她的母親知道。之後她聽說，他和他的兄弟安東尼奧及其家人成功地從羅馬尼亞去到法國，他們在法國重新種植葡萄、經營酒莊。

作為臨別贈禮，瓦倫蒂諾送給莉迪亞六支沉甸甸的銀湯匙，湯匙上刻著德·馬蒂諾（De Martinos）的簽字標記。這幾支銀湯匙供養了她半年之久。每個月她都會在「現金交易店」

（Torgsin）[10]裡賣出其中一支，這種店是「與外國人交易」的商店，儘管不再有人與外國人做生意了。通往世界各處的鐵幕早已落下，「外國人」成為咒罵的詞語。在「現金交易店」裡，奧德薩人現在正抵押、典當他們最後擁有的物件：最後的一件珠寶、最後的一套餐具。在大饑荒最困難的期間，這家商店卻擺出只有在沙皇尼古拉二世（Zar Nikolaus II.）統治下才有的一切：橘子、巧克力、火腿、咖啡、魚子醬。莉迪亞典當銀湯匙得到的錢，足以讓她用來購買一個月份的糧食、油和曬乾的蔬菜。她在葉琳娜家裡的廚房，用這些東西煮湯或粥。

出乎她們預期，一般文具店都有的透明描圖紙後來竟然成為額外的收入來源。她和姑姑娜塔莉雅無意中發現，描圖紙中有一層是上等細麻紗做的。她們把紙泡軟，然後加水煮至麻紗從中脫離出來。將之晾乾熨燙之後，可以縫製內衣在市場上出售，或者換取食物。當然，娜塔莉雅姑姑家沒有縫紉機，夜晚的大半時光，她們都坐在廚房燈下一針一線縫製。唯一的問題是，她們不能持續大量購買這種紙張，以免招來嫌疑。最終解決方法是安娜斯卡（Anetschka）提出的，安娜斯卡是娜塔莉雅的女兒，她在圖書館裡工作，在檔案館裡發現了大量用描圖紙繪製的圖畫。但是無論用什麼方法，她們都無法將彩色墨水從麻紗中脫除，因此從那時開始，莉迪亞與姑姑縫製的內衣、內褲和胸罩上都出現神祕、殘缺不全的工程圖案。儘管如此，她

---

10 譯注：torgovlia s inostrantsami的縮寫。

們的「系列」在黑市上還是有不錯的利潤，只是她們必須小心警覺，因為警察無所不在，很幸運地，她們不曾被抓到過。

由於奧德薩受命要執行烏克蘭化，這點也為莉迪亞帶來了額外的收入。她受僱將工廠法規和工作手冊從俄語翻譯成烏克蘭語，這樣的翻譯工作報酬還不錯。還有一次，她被委託測試郵局工作人員的烏克蘭語的語言程度。她考他們聽寫，而郵局員工只會說俄語，聽寫內容最多只能聽懂一半，他們所寫出的內容則錯誤百出。莉迪亞不得不給所有人「不合格」的評分，迫使所有郵局僱員都必須上烏克蘭語的課。這得感謝她的保母，讓莉迪亞完美地掌握烏克蘭語，以致每個人都認為她的母語就是烏克蘭語，不但幫助了她得到急需的收入，而且還給予她無產階級的身分。

然而，在大學的最後一年，她還是無法避免面臨被開除的危機。突然之間，她在不明原因下，被要求增繳提高很多的學費，雖然誰都知道她無力負擔。就在她快要放棄的時候，她想到了最後一張、也是唯一一張仍然可以打出去的王牌。基本上這是欺騙行為，因為她的父親早就宣佈跟蘇維埃國家脫離關係，但是莉迪亞仍然想盡一切辦法得到法院判決書，證明她父親因為參加反沙皇革命工人運動而被流放二十年。她將判決文件和一封相應的書信送到校長辦公室，第二天經過川堂的布告欄時，上面張貼著「我們大學最優秀的學生」，她看見自己的名字也名列其上，學費也能免除了。

莉迪亞在三天內寫完她的畢業論文，她的準則是：不需在乎寫在紙張上面的內容（Papier ist geduldig）。她比較烏克蘭作家米哈伊洛‧科久賓斯基（Michailo Kozjubinskij）與馬克西姆‧高爾基（Maxim Gorkij）的作品，沒有根據地提出自己的推論 —— 高爾基的作品深受科久賓斯基的影響。她的指導教授覺得訝異，這種論點他從來沒有聽說過。此外讓他覺得訝異的還有，她的論文是用俄語寫的。莉迪亞向教授解釋，她能這麼精確地掌握俄語，歸功於大學的教育，她在大學才開始學習這一門語言。她的這番甜言蜜語讓她的論文得到特優的成績。她的文憑上寫著，自此她便是一名文學講師 —— 但是策略巧妙地，沒有說明是用俄羅斯語還是烏克蘭語寫的。

　　她在大學圖書館的工作 —— 最後的職位是閱覽室管理，也是憤慨地告一段落。當工作單位拒絕她提出的三周休假申請時，她乾脆就不去上班。三周的假期結束之後她再去上班時，在圖書館門口看到一張告示：「薪水小偷莉迪亞‧伊瓦先科禁止進入圖書館。」但這對她來說，已經無關緊要，反正她在奧德薩的日子已經結束了。

　　為了她的畢業慶祝舞會，娜塔莉雅姑姑用一條舊裙子縫製了一件禮服，而且還是流行的電光色，除此之外還有一件用描圖紙裡的麻紗縫成的白色波麗露小外套（Bolero）。搭配這套衣服，莉迪亞會穿上鞋匠送給她的優雅高跟鞋。政黨和史達林捐贈肉餅配馬鈴薯，送給畢業生，作為甜點的，還有甜麵包和

一杯茶。在慶典上莉迪亞察覺到，她顯然不是唯一一個扮演烏克蘭純樸鄉下人角色的人。當畢業典禮上跳舞和喝酒的輕鬆時段開始後，大多數人都忘了他們必須說烏克蘭語，反而歡樂地說起俄語來。

莉迪亞回到家鄉馬里烏波爾。她認為她現在首要任務是要讓弟弟和妹妹有接受高等教育的可能性，以及得想法子協助父母養家。至於她自己的未來，她沒有任何想像。她並不奢望有一份真正的職業，或者組建自己的家庭，在生活中最重要的還是如何繼續活下去。

她在《亞速海無產階級報》（*Azovscher Proletarier*）報社找到職位，擔任編輯和翻譯。工資可以接受，而且員工餐廳還提供免費午餐。晚上，在報社編輯工作結束之後，她又開始教書，教授煉鐵工廠的工人讀書寫字。這兩份工資終於讓家人有了起碼的溫飽，父母稍微恢復了生氣。

有一天，她在報社工作還沒有滿幾週，編輯稿即將截稿前，一條第二天必須出現在報紙頭條位置的新聞進來。新聞內容是黨內積極分子會議召開的消息，這個會議將於次日六點在文化公園的圖書館展覽廳舉行，黨員出席是強制性的。莉迪亞將這條簡單的文字內容翻譯成烏克蘭語，交給印刷廠。第二天早晨的天氣颳狂風、下暴雨，政黨積極分子清晨六點從好夢方酣中驚醒，渾身冷汗地趕到文化公園（缺席可會危及生命），

卻驚訝為什麼主席沒有出現。後來才知道，會議並不是安排在早上六點，而是指定在晚上六點。是寫報導的作者還是翻譯使莉迪亞犯了錯誤，雖未被深究，但是潛伏的不幸再度開始。莉迪亞被公開攻擊和折磨，她被監視，也被問誘導性的問題，所有人突然對她所閱讀的書產生興趣。有一個女同事行跡可疑地親近她，每天晚上陪她回家，打探她的生活。寂寞度日的莉迪亞，並不介意有人可以聊聊。

當她最後收到一封來自奧德薩的電報，告訴她「尼娜病了，請接種疫苗」，她才意識到自己的情況有多麼危險。尼娜是貝拉的化名，「生病」的意思很明顯是她被逮捕了。之後，莉迪亞清楚地記得，她最後一次從編輯部走回家是1933年11月9日，那位好心的同事陪著她。空氣充斥著靜謐、溫暖，花園裡花朵仍然盛開著 ── 很長一段時間裡，這是她生命中最後一個尋常的夜晚。

第二天下班後，她像往常一樣去煉鋼廠上課。辛苦工作了一整天的工人都很疲倦，但是他們仍有禮貌地在聽課。大約半個小時後，大門悄聲被打開，學習部負責人朝她招手，請她出來。莉迪亞跟學生們道聲歉後，離開教室。門前有兩個便衣警察，請她跟他們走。她想先告訴學生一聲，並且帶上她的公事包，但是警察認為沒有必要。到了外面街上，在昏暗的街燈下，他們拿出一張隨意印著戳印的文件給她看，然後她只聽到一個尖利如刀刃般的聲音：「您被捕了！」

她坐上人民內務委員部（NKWD，Volkskommissariat des Innern縮寫）[11]的公務車，被帶回到她的住處。在抵達她家的短暫車程中，她才想起家中抽屜裡有會使她被指控犯罪的證據：貝拉在捲菸紙上凌亂的政治宣言草稿，上面寫著執政黨是一個反工人階級的幫派，並呼籲反對國家資本主義實行恐怖統治的新革命。另外還有貝拉的幾封信，信中她毫不掩飾地敦促莉迪亞在馬里烏波爾串連工廠建立文學圈，以接近工人並鼓動他們。即使收到來自奧德薩的警告電報後，莉迪亞也沒能想起要隱藏這些毀滅性的證據。她不明白，她怎麼會這麼不小心。

　　在搜查房子的過程中，莉迪亞找到機會悄悄告訴媽媽，他們會把她帶走。整棟房子被鉅細靡遺地拆解，每個縫隙都搜查。當然，莉迪亞捲起來夾在書的書脊和內封面之間的宣言和信件都被翻搜到，接近午夜時她被帶進人民內務委員會總部。我母親那時與她之間有沒有交換最後的眼神、臨別一瞥，有沒有說最後告別的話？她們姐妹之間從此就無法再相見。當莉迪亞在八十歲寫下她的故事時，對她來說，我母親的身影已是近六十年前的記憶，在她的腦海裡，這些印記可能已經褪色褪到非常淡薄了。

　　在總部的審訊一直持續到早上，然後莉迪亞被允許在審訊室的沙發上睡幾個小時。一個穿制服的人叫醒她，示意她跟上來。她穿上大衣，拿起弟弟謝爾蓋幫她打包帶來的行李。當他來到她的面前時，他辱罵她是祖國的叛徒，是禍害全家的變節

份子、自私自利的人。這次見面應該是姐弟兩個最後一次相見了。後來，她在記錄中寫道，謝爾蓋去世後，很長一段時間她都無法原諒他，直到後來她才明白，他跟她保持距離是被迫的。只有如此，他才能保護他的家人和他自己免於受到進一步的迫害。

在外面，莉迪亞被押上一輛囚車，並被帶到頓涅茨克（Donezk），關進地區監獄，頭髮被剃光，單獨鎖在地下室的牢房。在那裡不分白天黑夜都亮著燈，牢房裡只有一張木板床和茅坑。最初幾個星期，每天她都被提訊，一遍又一遍地被問同樣的問題。然後審訊驟然中止，她彷彿被人遺忘在地牢裡。儘管有老鼠和蟑螂在驚擾她，但是獨處讓她甘於接受。於她這個長久以來除了「緊密」地居住情況之外，什麼都不認識的人來說，一個人獨處就是幸福。她一向喜歡思考，現在終於有時間了。她閉著眼睛躺在木板床上，追問著對生活所有的疑問。唯一只有對她的未來，她盡量不去想。

三週之後，她被從地下牢房帶出來，餓得半死，眼睛也因為牢房裡刺眼的、永遠亮著的燈而半瞎了。她被帶到奧德薩的審訊監獄，她在這個城市的災難才正要開始。從單獨監禁中出來後，她和十一名女囚犯一起關在一個狹小的牢房裡，牢房裡

---

11 譯注：蘇聯在史達林時代的主要政治警察機構，也是1930年代蘇聯大清洗的主要實行機關。

的八個木板床位一直是衝突的焦點。莉迪亞大部分時間都睡地板，但不時會有一個已經是第二次服刑的年輕德國共產黨員讓她共享自己的床，並且會輕聲在她耳邊指導，在審訊時她的行為舉止應該如何。有一次，她透過裝著柵欄的窗戶看到貝拉·格拉澤（Bella Glaser）的身影，兩個穿制服的男人領著她穿過監獄的院子。這是她最後一次看到她這位朋友的背影。

關於她受到的審訊，莉迪亞沒有留下任何筆記，只描述了一個特殊的事件。在奧德薩審訊她的人之中，她認出其中一個是斯拉瓦·布朗斯坦（Slawa Bronstejn），她舊時的鄰居和同學。在中小學時，他和其他人一樣遠遠地躲著她，後來他開始追求、討好她，但她沒有接受。現在他在審訊室裡強暴她，以報復她過往對他的拒絕，然而強暴被告被視為是對女性嫌疑犯的一種有效的審訊方式之一。然後她向斯拉瓦·布朗斯坦索要紙筆，以寫下她的供詞。他滿足她的願望，為自己的方法奏效如此神速而沾沾自喜。但是莉迪亞寫下的不是坦承罪狀，而是告發信。她在信中敘述他否認自身跟托洛斯基有關係、他對國家的仇恨，以及他父親製造木桶的作坊，在革命前欺負二十名員工，只給他們微薄的工資。第二天當她被帶去審訊時，在走廊上遇到斯拉瓦。他臉色慘白。「你這隻母豬！」他從嘴裡噴出氣罵道。他在圖書館跟莉迪亞借書還是不久以前的事情，莉迪亞在這一刻想起來，他所借的書都是《愛的天使》這類言情小說。「哦，不、不、不，」跟他擦肩而過時，她輕聲回他：「我是愛的天使。」過了幾天，她看到他被打得滿身是血，被

拖過監獄的走廊。

在總共將近五個月的監禁之後，莉迪亞被帶到某個小房間，被要求在判決書上簽字。透過微微敞開的門，她聽到兩個監獄雇員的對話。「醫生和工程師的部分，我們已經超過了計畫指標的數量，」其中一個說。「但是老師的數量還遠遠不夠，我們要加強。」另一個人回答他。

很難想像，二十三歲、身高一百五十公分、長期被關押後體重可能還不及一根羽毛重的莉迪亞，被認為是特別危險的人物。儘管她是如此羸弱，還是由兩名武裝衛兵將她帶上專門為她預留的火車車廂，並且一路押送她到達梅德韋日耶戈爾斯克。所有其他數百萬被定罪的犯人，每一個都配置這些人力，這麼舒適地被帶到他們服刑的目的地嗎？這兩個士兵一直到莫斯科，沿途都沒有和她說過一句話。一天有兩次她會得到一杯茶、麵包和一點點燻肉。她必須上廁所的時候，他們陪著她去，而且不准她把門關上。到了莫斯科以後，她必須下火車，乘坐囚車到另一個車站去。在那裡繼續往摩爾曼斯克（Murmansk）的方向前進，這次也一樣有自己的車廂，一旁是兩名新的押送人員，但情況改善了。窗戶不再是封閉的，她可以看到外面被白雪覆蓋、人煙越來越稀少的風景。

1934年4月1日，她抵達梅德韋日耶戈爾斯克。在報到的營房裡，一個年輕的囚犯友善地歡迎她，她的個人信息被記載下

來。她在下個句子記錄著，這個歡迎她的人是她未來的丈夫尤里（Juri）。

登記完成之後，她就「自由」了，她可以想去哪裡就去哪裡。她穿著輕便、半遮蓋著腳的鞋和薄薄的大衣站在雪地裡，雪色中只有被幾顆低垂的大星星所照亮的黑夜。被放逐的囚犯只是如此簡單、直接地被遺棄到野外，他們必須自己想辦法活下去。除了無盡的森林、沼澤、熊和狼，這裡什麼也沒有，逃脫是不可能的。遠遠的某處，似乎有幾盞微弱的燈光在閃爍，但是不到兩分鐘，莉迪亞就已經凍成了冰柱，而且到處都辨認不出通向燈光的路徑。她實在不知道該怎麼辦，就又走回報到營房。

尤里不僅在這天晚上救了她，歸根結柢，她在營地裡存活下來的可能都歸功於他。從莉迪亞的兒子伊戈爾那裡，我得知他的父親尤里來自一個著名的俄羅斯東正教祭司家族，但是他沒有繼承家業，因為他覺得自己的天命是工程師。他因為貶低伏羅希洛夫元帥（Woroschilow）而被流放，伏羅希洛夫元帥是史達林最親密的心腹之一，而尤里叫他馬屁精。就因為這句話，他被判刑五年。現在於集中營裡，他雖然是一名囚犯，但卻也是享有特權、才華洋溢的年輕工程師，除了受到營地管理當局的重視外，也擁有生死攸關的重要人脈。這天晚上他把莉迪亞帶到一個有暖氣的女子營房，在這裡她可以住上幾天。雖然沒有床位，她仍可以睡在暖爐旁邊的地板上。這間營房裡的

女人們慷慨地分給她屬於她們自己的口糧，但卻幾乎將她的行李偷光。

莉迪亞被分派的第一個工作單位，是幹部子女的幼稚園。那些媽媽們對待莉迪亞像對待奴僕，但是這份工作也有好處，讓她在另一個設備更好的女子營房裡有自己的床位，得到人民內務委員部（NKVD）食堂的餐券，而孩子們吃剩的東西她也可以撿來吃完。不過這段好日子非常短暫。有一次因為不熟悉當地的環境，莉迪亞帶著孩子們尋找漿果時，無意中走進到處潛伏的沼澤地，所幸在最後一刻，當孩子們已經開始下沉的危急時刻，一名在遠處的守衛注意到他們，及時把他們帶出死亡地帶。莉迪亞卻因此被免職，永不再被錄用，但是她還是慶幸她的刑期沒有被延長。如果這群享有特權的孩子們其中一個死於沼澤，後果會不堪設想。

為了避免被分配到砍伐樹木的危險勞動生活，莉迪亞靠一己之力獨立尋找工作。在巨大的勞改營土地上，她乘坐所謂的布穀火車（Kuckucksbahn）[12]，從一個村子到另一個村子去做自我介紹。這種火車由一台小型的、有如咳嗽得很嚴重的蒸汽火車頭拉著一輛載著木塊的拖車組成。拖車所載的木塊是火車頭的燃料，同時也是乘客的座椅。有一次因為燃料耗盡，必須砍伐新的木塊，火車在森林中停下，一位一起乘坐的旅客建議

---

12 譯注：所經之地都可聽到布穀鳥鳴叫。

莉迪亞一起步行最後15公里去下一個村子。莉迪亞沒有異議地與他同行。這是一個明亮的、白色的夜晚，但是不久之後他們又置身於沼澤中央，不得不在木製的火車軌道上走完剩下的路途。莉迪亞年輕的同路旅伴腿很長，枕木和枕木之間的距離是他正常的一步，但是莉迪亞卻必須一個接一個枕木跳過去。她不停跳躍著，一路走了將近十五公里的路程。要是她沒有跳好而掉下枕木，她的同伴就必須把她從冰冷、黑色的泥濘中拉上來，即使她被拉上來了，泥濘還是開始無情地吸吮一切。然後，一隻巨大的棕熊向她們接近，牠在這附近遊蕩，入夜後會侵入村莊尋找食物。慶幸的是，在她們和飢餓的巨熊之間，還隔著沼澤阻攔。

經過數周的努力都面臨失敗，因為沒有人願意聘請「政治犯」，尤里（現在她害羞地愛上他了）幫助她找到了一份在流放地為未成年囚犯當老師的工作。她到達服刑的營地之後，生存的本能令她抓住第一根稻草，這根解救稻草的化身，在她眼裡，就是尤里。而尤里現在自己證明他不是一根稻草，而是一條結實的繩索，讓她可以拉著繩索，將自己從囚營的致命地帶拉出來。一份靠體力的工作，她是堅持不了多久的，所以能擔任老師的這份差事真的救了她的命，即使作為老師，工作地點必須與尤里分離。名為「北極圈」（Polarkreis）的兒童和青少年教改營位於白海 — 波羅的海運河旁邊，距離尤里從事技術管理工作的梅德韋日耶戈爾斯克區有二十公里。在莉迪亞去「北極圈」任職之前，他們結婚了。只有彼此擁有夫妻關係，

他們才能被允許偶爾去探望對方。

　　在「北極圈」教改營裡安置了兩千個八至十七歲的兒童和青少年，他們是流浪兒、孤兒、囚犯的子女，從小就成為罪犯，甚至是殺過人、犯下罪的孩子。莉迪亞被分配到女生教職員工營房，並有一個床位，作為床墊的是一個裝著木屑的袋子，她還領到一個錫碗、一個杯子和一把勺子。夜晚要在小圓鐵爐裡生火，她們就必須去森林裡撿拾柴火，在這個環境，柴火倒是取之不盡。大門在夜裡要用樹幹當障礙物封堵住，以防竊賊和熊闖進來。至於午餐，莉迪亞可以在教師食堂裡吃，晚上她則帶著配額麵包回家。有時候室友們會到周邊的森林裡採集蘑菇和蔓越莓，給自己加菜，在森林裡她們必須時刻堤防注意，以避免跌入四處潛伏的致命沼澤中。

　　由於國家提供八十名教師，對不良兒童和青少年進行再教育，在所有課堂上，課程都在武裝警衛的監視下講授。不明就裡的莉迪亞拒絕這樣上課，她要求單獨和她的學生們在一起。她被警告沒有警衛在場的危險性，但是她仍堅持自己的意願，當她在校長的陪同下第一次踏進教室時，學生們乖巧地站起來。二十五名穿白襯衫的少年，個個都很乾淨，有禮貌。校長介紹莉迪亞給學生，但是他一離開教室，這群學生含影射、下流粗俗的語言就爆發了，甚至包括宣布要好好地操一操這個「娃娃」。莉迪亞想要逃離，但是門已經被堵住了。只是，如果她成功地逃離，她的下場同樣也可能會很慘。她可能會因為

擅離職守而被監禁，接著被分配去砍伐木材。

　　她決定去站在教室前面，盡可能平靜地向學生們解釋，她一個人不足以完成他們打算對她做的事情，而且之後他們都會被槍殺。無論如何，當局對他們肯定不會手軟，這就是為什麼至少試著上一次課是比較好的選擇。學生們提出一個關鍵性的反駁：「我們才不鳥什麼課！」驚慌中的莉迪亞開始講述她編造的奇幻故事，發想自《舍赫拉查達》（*Scheherazade*）[13]。一開始學生們又是大笑，又是嘲諷，接著教室裡卻越來越安靜，男孩們的臉變得認真而專注。下課鐘聲一響起，就有人抗議：「我們不要下課，繼續講吧。」莉迪亞跟他們解釋，說她累了，要等到第二天才能繼續。不過，規定的教材她也必須跟他們上一遍，不然就會被解雇。她建議學生們在上課的時候盡快地完成規定課程，然後才能聽故事。學生們都同意她的提議。

　　當她第二天夾著二十五本簿子走進教室時，迎接她的是歌聲：「賤人來了，賤人來了，賤人帶來好東西，好東西萬歲！」莉迪亞刻意忽略他們這種問好的方式，放下簿子，脫下大衣轉身掛到鉤子上。當她轉身時，她剛放下的本子都不見了。她很驚訝地問學生，但全班異口同聲說沒有什麼本子，她一定是弄錯了。

　　莉迪亞考慮著她應該要如何應對。校長早就強烈建議她，一開始就得選出一個班長。第一天上課時，有一個男孩因為明

亮、聰明的眼睛吸引了她的注意，所以她叫他起立，他介紹自己的是伊萬諾夫26號。後來她才知道，教改營裡每個孩子都叫伊萬諾夫，唯一能區別他們的，就是他們的號碼。真實姓名絕不會被說出來，而且任何叫別人真名的人，就會被眾人嚴厲地懲罰。有一次，營地管理階層向一名年輕囚犯承諾會提供他更好的食物、更好的衣服，甚至允許他加入先鋒組織後，並成功地問出他的真實姓名。這名囚犯接著被繫上紅領巾，並有為他召開的慶祝餐會，他不但得到好吃的，還有足量的酒可以喝，會後他被送回營房。第二天早上，他在他的床下被發現已經死亡，死因是被紅色領巾勒斃。

下課後莉迪亞查閱她已任命為班長的伊萬諾夫26號的檔案，這個眼睛清澈湛藍的十六歲少年曾經殺了三個人。他為了搶走祖母的錢，那份不是為別人，單只為了她自己存的錢，他用枕頭悶死了她。在一次入室盜竊中，他用鐵錘砸碎了一個人的頭骨，最後還開槍打死了一名警察。而那時的他才只有十二歲大。

莉迪亞有些猶豫，但是她找到機會向他問起被盜課本的事。她了解到學生用紙不僅可以製作撲克牌，還可以製作錢鈔。他們將鈔票做得如此完美，以至於從來沒有被識破過。他們自己不被允許在營地的雜貨鋪購物，正式來說他們不應該有

---

13 譯注：又名「天方夜譚」。

錢，所以他們把假鈔賣給其他囚犯，獲得香菸和古龍水，他們之所以要古龍水是因為它有酒精含量，可以當酒喝。他們下高注來賭撲克牌，賭注也可以是聲音，輸的人之後只能呱呱叫，或者汪汪叫。玩的人用他們的口糧、午餐、唯一的一雙鞋下注，有時候甚至賭自己的性命 —— 人命一條，不多也不少。

有一次賭輸了自己性命的人乖乖地跟著贏了的人，兩個十一歲的孩子一前一後走下一條溝壑，贏的人用繩子把輸的人的手綁在一起，然後開始用已經鈍了的刮鬍刀片割他的喉嚨。那個習慣了無情囚營紀律的孩子，不怕死地，一動也不動，一會兒之後，掙脫繩子、渾身是血，尖叫著跑上來，警衛立即趕到。受傷的孩子被送醫，而犯案的孩子隨即受到審判。槍管抵著他的太陽穴，同時他被問還有什麼話要說。「叔叔，我再也不敢了。」他小聲的說。接著槍發出一聲低吼，男孩的身體軟倒下去。

當莉迪亞在課堂結束前給學生講故事時，她可以看到這些很久沒有聽過人話、半大不小的孩子們如何轉變。他們的表情變得柔和、可親。有時候他們也會提出天真的問題，或者做出發自內心的評論。隨著時間推移，他們之間產生了一種近似友誼的關係，但莉迪亞絕對不會忘記她在和誰打交道，總是得保持警惕。

在永夜和漫長的暮光之中，讓莉迪亞在空閒時間越來越嗜

睡。白晝經常只有一、兩個小時，而即使在這樣短暫的時間裡，天空也只是灰濛濛的。有時候白雪在黑暗中發著光，巨大的、玻璃般晶瑩的星星在天空中閃耀，而童話般的極光奇景則一次又一次地永遠都在，但是莉迪亞變得愈來愈疲倦、愈來愈沒有力氣。週末的時候，有一次她連續睡了二十個鐘頭。醫生診斷她患了壞血病，應該多吃漿果和大蒜，喝松針煮的湯，睡前去散散步。說的比做的容易，村子裡沒有人會去散步的。比起熊、狼和流浪的惡犬，在這裡，莉迪亞更害怕的是遇到人。

有一天早上，她感覺自己再也無法從床上起來了。她知道她如果曠職，就有坐牢的危險，但是起床是不可能的，她的身體像水泥一樣沉重。她一動不也不動地躺著，眼睛瞪著營房裡漆黑的天花板。她非常確定，她再也無法下床了。她的室友都知道這種情況，她們將自己的麵包配額給莉迪亞一些，在爐子上幫她煮醫囑的松針湯，並且在湯裡加入一勺珍貴的蔓越莓果瓦列涅（warenje）[14]。

第三天，她們帶回一個學校的故事給她，這個故事讓她重拾生機：她缺席期間，一個來自列寧格勒、舉足輕重的教授來到了集中營。關於卡雷利阿區（Karelien）著名的教改學校，他聽說很多，想藉此機會給莉迪亞的學生上一堂課。有人告訴他，這些學生的年輕女老師拒絕在警衛的保護下上課，他也想

---

14 譯注：果醬，東歐水果保存的方式。

跟隨這個令人印象深刻的範例。校長都還沒把他完整介紹給學生，也還沒離開教室，班長伊萬諾夫26號就站起來問說，他們美麗的女老師去哪兒了，還有這討人厭的老傢伙來這裡幹什麼。伴隨著這個提問的，是最粗俗的侮辱言語和聲勢越來越大的叫喊。教授想為自己辯解並且開始上課，但叫喊聲卻越來越兇猛。當他終於用拳頭擊打桌子，要求安靜的時候，學生們朝他扔墨水瓶。他渾身淋滿墨水，嚇得半死地跑出了教室。全班都被送進監獄，監禁二十四小時，但是在去監獄的路上，學生們仍然反覆吵嚷著，他們不允許原來的老師被帶走，要求馬上把她還回來。

第二天莉迪亞重新站在教室裡，呼籲學生們遵守規矩：他們不僅不應對一個長輩沒有禮貌，而且還冒著對自己的未來造成嚴重後果的風險。但是男孩們不改初衷，認為根本不用顧慮這些糞蟲，並且強調他們不會讓任何事情發生在她 —— 莉迪亞身上，她受到他們私人的保護。

有一天她注意到，她的學生們前所未有地認真學習，是的，他們對待她幾乎近於溫柔的關懷，他們從不讓她離開他們的視線。伊萬諾夫26號偷偷告訴她，隔壁班的一個學生玩撲克牌時把她 —— 莉迪亞的財產輸光了，她暫時不准再一個人出門。早晨當她出門準備去學校的時候，門口果真有幾個學生在站崗，下課後他們再護送她回營房。

新年前夕，莉迪亞獲得許可，可以去梅德韋日耶戈爾斯克探望丈夫幾天。她沒有跟學生說清楚，在下課後就偷偷溜走，她去辦公室領好通行證，不久之後就到達了瞭望塔的圍欄旁邊。檢查完通行證之後，她人已經在營地外，大門前。在她面前的是需在極地的夜晚跋涉二十公里的路徑，零下十五度，一條寬闊、空曠的林間小徑，一輪明月高掛天空，四周只有寂靜。她踩著輕快的步子、快樂地走著，期待與尤里相見。因為熟悉整個地區的治安，她手裡拿著裝有隨身物品的公事包，把通行證和錢藏在襯衣底下。她聽見樹枝折斷的聲音，但沒有多想 —— 可能是松鼠，因為每年的這個時候，熊都在自己的窩裡睡覺，而狼通常待在靠近村子的地方。但是在她意識到之前，就從黑暗中跳了什麼出來，她被撲倒在地上。她隱約認出是兩個人形的輪廓，兩個男人其中一個，直接坐在她身上搜身，另一個在她的公事包裡翻找。「錢和通行證拿出來，否則你就死定了！」這道命令被小聲地說出。莉迪亞將身體往雪地裡壓得更緊，開始用盡全力尖叫。第二個男人抓住她的腿，用力地扭，腿骨嘎吱作響的聲音都能聽見。突然間一聲槍響，然後是馬蹄聲 —— 騎兵巡邏隊來了。這兩個人影急急衝進森林，莉迪亞被抬上馬，帶到火車站。一輛救護車來接她，她被送到梅德韋日耶戈爾斯克的醫療站，復位腿骨。第二天，兩個男人被帶到她面前讓她指認。她在他們髒污、惡毒的臉上看見懇求的目光，她搖搖頭，表示不是他們。她知道，就算她不指認，他們兩個也會受到嚴厲的刑罰。

當假期結束，她帶著仍然疼痛的腿回到營地，沒有人問她任何問題。相反地，學生們只是簡單地向她訴說，危險已經過去，她不再需要特殊保護。莉迪亞不是很清楚整件事的來龍去脈，但她感覺得到，從今以後她是這個「家庭」的一份子了。

教室裡飽受風寒，空氣經常冷到學生必須先把墨水瓶裹進衣服裡，待墨水解凍後才能寫字。有時候暴風雪持續數周，世界陷入一片黑暗，教室裡一整天都亮著燈。有一次，教室裡非常安靜，只有鵝毛筆在紙上刮寫的嚓嚓聲，一縷陽光突然不知從哪裡射進來。所有的人都像遭到電擊，把筆一丟就衝到窗前。天空永恆的深灰裡，隱約可見太陽狹窄、發光的邊緣顯露出來，近得似乎一伸手就能觸摸。這個景象維持不到一分鐘，這個閃耀的星球就再次淪陷在地平線之後 —— 片刻僅有的光明，有如冥冥中拾得一線希望。

有一天，莉迪亞被傳喚到集中營的管理部門。她被詢問在營地過得如何，有沒有什麼不滿。然後她被問到，她是否愛她的祖國。她很清楚這個問題代表什麼。她總是被問這些，總被期待收集情報。而事實上，她的幫助或行為，對消除「有害因素」確實是必要的。這次牽涉到的是她的一位同事 —— 自然科的老師根納季·彼得羅夫（Gennadij Petrow）。莉迪亞雖然沒有拒絕這個「任務」，她知道一旦拒絕的話，她的刑期會大加延長，她只能佯裝遲鈍地因應。一周後她向管理處提交了一份報告，內容如下：囚犯 P. 早上六點起床，洗漱、刮鬍子，

澆灌試驗盆裡的嫩芽後，接著去食堂吃他的麥片糊。在課堂上，他講授豆子在北方氣候下的發芽能力，斥責他的一個學生指甲髒了，然後他抱怨著背痛，以及種種瑣事。管理處跟莉迪亞解釋，她誤解了她的任務，她應該做的是提供對彼得羅夫不利的事。莉迪亞頻頻點頭表示了解，在下次約定的日期，她上交的仍是類似的報告。這是她在北極圈這個著名的社會主義教改學校職業生涯的終點，她因為「缺乏智力」而被解僱。

在她上班最後一天，她從營地雜貨鋪買了25個魚鉤送給她的每一個學生，作為告別的禮物。男孩們雖然很傷心，但並沒有抗議。他們知道集中營的律法無法更改，而莉迪亞也不是個自由的人，不能決定自己的命運。

接著她必須在梅德韋日耶戈爾斯克的木工場工作兩個月，然後她的流放刑期就結束了。而尤里早已經是自由人，他們也生了一個小孩，是個兒子，名叫伊戈爾，八十年之後我在西伯利亞的米阿斯找到他。後來莉迪亞在一所免費的學校擔任教師，她的丈夫則在一家冶金聯合企業擔任工程師。和孩子一起，他們住在一個沒有水和電的土屋裡，但是兩人都明白，暫時待在一個偏僻安靜的地方並與權力中心保持安全距離，才是上策。莉迪亞反省自己，並得到悲傷的結論：我變庸俗了，她寫道，我的批判精神和敏銳的知覺受到很大的損傷。是制度體系戰勝了她。

當莉迪亞與家人低調地生活在北方針葉林中時，我母親那時可能得獨力固守家園，她與她的母親瑪蒂爾達以及童雅一起住在馬里烏波爾。她的父親雅科夫此時已經去世了，哥哥謝爾蓋在基輔的音樂學院，而莉迪亞則在遙不可及之地。也許母親此時的樣子已經是她和她的白髮母親合照上的樣子了 —— 纖細的年輕女孩，有著黑色的瀏海，眼中流露出的驚惶是天真與對一切知悉的混合。也許正是在這段時間裡，她與她那位已經六十多歲，因為是大資本家的女兒、在政治上仍然處於危險之中的母親，彼此之間產生了一種緊密的、總是相互擔心受怕的關係。母親會不會還是留下她一個人，去奧德薩上大學？假設她也可以住在某一個姑姑家，得到午餐，而在另一個姑姑家取得晚餐？她是否也必須去數在格里博也多夫（Gribojedow）的《聰明誤》（*Verstand schafft Leiden*）書中的連接詞？必須上軍訓課學習射擊，還是費力地四處搬運黃麻堆？教導郵政工人她從保姆那裡學到的烏克蘭語？她以優異成績畢業，又代表什麼？這種成績當時不是專門給工農子弟的嗎？

　　1941那一年，莉迪亞的生命中發生了一個小奇蹟：她從學校的工會管理處得到去克里米亞半島為期三周的度假券。對於她這樣社會地位的人來說，這是一件幾乎無法理解的事情，但是我現在擁有、存在的現實生命，可能歸功於這件事。莉迪亞的先生必須工作，無法獨力照顧小伊戈爾，所以她其實是無法去度假的，但是在北極圈居住了這麼長久的時間之後，去克里米亞半島旅行的誘惑力實在太大。莉迪亞於是給她在馬里烏波

爾的母親打電報，問她是否可以來照顧她從未見過的孫子三個星期。而64歲的瑪蒂爾達真的啟程前往遙遠的卡雷利阿，根本沒有意識到戰爭即將切斷她的歸途，她再也見不到馬里烏波爾和她的女兒葉甫根尼婭了。

如果莉迪亞沒有得到度假券，我的外祖母就不會去梅德韋日耶戈爾斯克，而如此一來，母親的命運可能就不一樣了，她就不會嫁給我父親，而且可能根本不會認識他，當然也不會被遣送到德國去。她不會在戰爭中離棄她的母親，也不會跟德國人扯上關係。她會一直住在馬里烏波爾，也許有一天仍會生下另一個孩子，但那也不會是我。我的誕生可說是某位蘇聯幹部出於不明原因給我姨媽（一個前反革命分子）度假券的結果。

莉迪亞在克里米亞半島度假的幸福時光甚至持續不到一周，在第五或者第六天早晨，她就在旅館房間裡，被遠處的雷聲驚醒。那不是暴風雨的雷聲，而是一如聽到雷聲的她所猜測的，那是戰爭的開始，是德國對蘇聯的攻擊。所有的客人都必須離開酒店，然後乘坐巴士前往辛費羅波（Simferopol），從那裡搭超載的火車繼續往內陸駛去。車外，小麥已經成熟的田野正在燃著烈燄，火車往前開一段，再回頭行駛一段，以避開轟炸機隊。人們驚恐地尖叫，坐在莉迪亞包廂裡的一名赤腳年輕女子，她的衣服突然染得通紅，因她抱在懷裡的孩子被炸彈的碎片擊中。

到了哈爾科夫（Charkow），火車就無法再繼續行走，因為鐵軌已經被炸毀。火車站周圍的房子著火燃燒，街上到處都有人躺著。直到看第二眼莉迪亞才意識到，這些人不是在睡覺，而是已經死亡。她夾在街上驚慌失措的人群中奔走，迷了路，當她終於找到開往列寧格勒的火車所在的另一個車站時，站台已經關閉。她個子雖小，動作卻很敏捷，她爬過鐵製的柵欄，火車已經開動了，她把行李箱扔進一扇敞開的窗戶裡，從另一扇窗戶，有人伸手將她拉進了火車。火車就這樣往前又往後地走了三天。森林在燃燒，天上掉下許多飛機殘碎的破片。沒有食物，沒有飲水，滿溢的馬桶散發出難忍的惡臭。

當火車在灰暗的破曉時分終於駛入列寧格勒，從遠處就可以看到燃燒的糧倉，火焰直衝雲霄，儘管下著雨，整座城市被火光映照得一片通明。空中飄浮著防空氣球，這些氣球旨在令俄羅斯人所稱德國戰鬥機「梅塞施密特」（Messerschmitts）墜毀。街上隨處可見武裝的人民國防軍（Volkswehrtruppen）。莉迪亞好不容易終於走出城，接著市民就被人類歷史上前所未有的軍事封鎖包圍了，圍城狀態持續了兩年多，在這段期間約有一百萬人逐漸被餓死。城裡再也不見一隻狗、一隻老鼠。人們什麼都吃 —— 自己的鞋底、貼壁紙的漿糊，還有死屍。

從梅德韋日耶戈爾斯克的火車站，莉迪亞心急如焚地趕回家。所有的家人都還活著，她的小兒子伊戈爾、丈夫和她的母親。尤里不需上前線打仗，體檢結果顯示他有肺結核。他的疾

病不僅挽救了他的生命，也挽救了整個家庭。根據莉迪亞的記錄，如果沒有他，她帶著年幼的孩子和年邁的母親，根本無法在戰爭肆虐的梅德韋日耶戈爾斯克倖存。每天都有空襲發生，飛機持續在半空中與飛機相撞，像燃燒的照明彈墜毀在地上。蘇聯士兵用他們落後的步槍瞄準德國飛機，德國飛行員以機關槍掃射作答。瑪蒂爾達在戶外晾衣服，氣憤地破口大罵：「別再亂射了！這裡有一個小孩，沒看到嗎？」

有一次傳單從天而降，傳單的一面描繪了一位農夫，穿著草鞋、身上隨便掛著幾塊破布，彎腰駝背地站在一把犁的後面。圖下面有註解：「這就是俄羅斯農民在蘇維埃政權下的生活。」傳單的另一面是相同的一位農民，但是臉色紅潤、健康、戴著氈帽、穿著皮靴，坐在嶄新的曳引機上。圖解是：「俄羅斯農民在德國領導下就會這樣生活。」偶爾會有尾部帶有萬字符號（Hakenkreuz，納粹使用的符號）的戰鬥機飛得很低，駕駛艙內德國士兵的臉可以看得一清二楚。

莉迪亞的一個學生受了傷。他躺在地上，肚子裡的腸子都流出來了。莉迪亞彎下腰，雙手捧住他溫熱、鮮血淋漓的腸子避免掉到地上沾染髒污，男孩慘叫得跟殺豬一樣。兩名醫護人員趕來，將男孩抬上擔架 —— 在去醫院的路上，莉迪亞捧著仍在尖叫的男孩的腸子，繼續跟著奔跑。跑到一半時，她一陣噁心，感覺自己快要昏倒了，但是其中一名護理人員的嚴詞訓斥，讓血液再次湧進她的腦裡。在野戰醫院的入口，一名女護

士過來迎接他們，並且給莉迪亞一個搪瓷大碗，讓她把已經昏過去的男孩的腸子放進去。稍後她聽說，他被救活了。

接著，越來越多的人離開去避難，那些被遺棄的居所和商店大門敞開，沒有人在意。各地出現沒有主人的雞和牛到處閒蕩著。一個赤腳的年輕女人抱著生病的父親尖聲咒罵。經常聽說有什麼村子發生整村的人都被消滅的慘劇。

十月的時候，莉迪亞與家人要被疏散撤離到哈薩克斯坦（Kasachstan）。他們乘坐一輛貨運火車穿越整個俄羅斯 —— 將近五千公里的旅途，歷時一個多月，幾乎是「奧德賽」（Odyssee）式的艱險跋涉，經過燃燒的大地，總是往前幾步又再退回地走，直到到達中國的邊界。這些人有一小部分死在路途中，其他大部分則死於最後被遺棄的、在哈薩克斯坦的荒野中，任其自生自滅的雪夜裡。尤里成功地步行到達阿拉木圖（Alma-Ata），然後帶著馬車返回。

最終，莉迪亞寫道，她和尤里正是因為戰爭而得救。他們燒掉上面記載他們作為人民公敵所有紀錄的身分證明，接著在阿拉木圖的戶籍登記處聲稱，在戰爭混亂中，身分證遺失了。登記的人員不疑有他，發放新的證件給他們。莉迪亞再度成為一張白紙，是一個新的人。她的人生可以重新開始了。

第 三 部 分

Part 3

1941年10月8日，當時母親21歲，馬里烏波爾被德國軍隊占領了——是為希特勒的巴巴羅薩行動（Unternehmen Barbarossa），目的在消滅斯拉夫人，並為「優等種族」[1]雅利安人（die arische Herrenrasse）創造生活場域。在德軍占領初期，馬里烏波爾有二十四萬，兩年之後只剩下八萬五千人。

我不知曉父親為什麼離開俄羅斯前往烏克蘭，我不知曉父母是何時以及如何邂逅。但是我相信，這一段姻緣是戰爭所促成。也許對史達林的仇恨也是重要因素，我表兄伊戈爾認為，這是他的父母莉迪亞和尤里之間最強烈的共同點。但是最具關鍵性的，是在戰火中，母親除了童雅之外，所有的親人都不在了，她只有孤身一人。也許，在孤獨和面對死亡的恐懼中，她會跟隨任何承諾保護她的人。這個來自俄國伏爾加河（Wolga）的男人比她年長二十歲，並且擁有她所缺乏的技能。他能奮鬥，爭搶，存活。他英俊、有男人的野心，很可能即刻就為她的生活負起責任。之於他——一個小雜貨店老闆的兒子，從未接觸過文化，一個仍然被革命前精英的光環所包圍的年輕女人，是他未曾料想過的機遇。她，這麼的年輕、美麗、天真，完全迷失於人間、自願進入他的懷抱，這或許是因為戰爭他才

能得到的禮物。也許她被他的強壯所吸引，或者被他粗暴、霸道的慾想所吸引，他帶領她體驗了她的第一場激情，而在戰爭中，死亡無所不在之中，激情反而更加濃烈。

當她嫁給他時，是否知曉他的第一任妻室的存在？一個和他有兩個孩子的猶太女人？這段後來我才偶然得知的婚姻，也讓我明白，它始終是父親在黑暗、不為人知的生平裡，藏得最黑最深的一處。在蘇聯的過去他從不曾談起，這段過往就像被鎖在保險箱裡一樣，深鎖於他的內心，也許連他自己都沒有鑰匙能打開。母親之於他，也沒有差別，她身亡之後，他再不曾談起她 —— 似乎她從未存在過。妹妹和我被孤單地遺留在他身邊，一個移民至內心深處、生活在莫測之境的人。他不可預測的暴力行徑不算在內的話，我們所認識的他只是默默地喝酒、抽菸，閱讀每個月從慕尼黑托爾斯泰圖書館（Tolstoi-Bibliothek）寄來的大包裹裡，厚厚的俄語書籍。偶爾，若他心情好，他會講起革命前在卡梅申（Kamyschin）的生活、傳統宗教節日、婚喪嫁娶的習俗、他在教堂唱詩班唱聖詩的往事，他尤其一再提起的是生長在一眼望不穿、德國易北河與之相比只是一條小溪的伏爾加河邊，那裡有世界上最大、最多汁的西瓜。（但他見過易北河嗎？）關於他自己，他所提到唯一重要的事實是，他13歲時父母都因斑疹傷寒過世，他以僅僅一袋麵

---

1 譯注：是納粹主義的種族概念，將德國人之中的北歐人或雅利安人認定為在假定的種族層級中是最高的一支。

粉就賣掉父母的小屋，使自己和三個弟弟不致餓死。幾十年後，我從莉迪亞的筆記中得知，這一定是她的父親擔任預審法官時所追訴的那些「不公義契約」（Knebelgeschäfte）之一。

關於父親的第一個家庭的命運，我無從得知，但是這個家庭的存在，證明我與母親之間的一個共同點：我們都源自父親的第二個家庭，這個情況有如那些離開了他們的第一段婚姻，並再娶一個年輕女人的老男人的後代。雅科夫的第一任妻子可能被遺留在西伯利亞，他與她一起生的兒子，由他帶著去華沙，但是我父親的情形又是什麼樣的？當他與母親相識時，已經與第一個家庭分居了？或者他在猶太人被追捕的時候拋棄了妻子和孩子，為了與一個二十三歲的女人去德國？那個妻室與我的異國的兄弟只是被遺棄了，還是被納粹殺害了？抑或當我父母邂逅時，他們已經不在人世？這些我應該是永遠無從得知了。1989年，母親去世三十三年之後，當父親成為一個眼睛看不見、口不能言的老人，在德國一家安養院去世時，這個祕密連同其他的祕密都一起跟著他被帶進了墳墓。

烏克蘭人大規模進入德國，是德國占領軍無所不在的統戰宣傳使然。到處可見他們對蘇聯人民的號召，鼓動他們投入德國的生產行列，許諾他們在德國將有天堂一般的待遇。洗腦活動到處都在進行：電影開演前先上宣導影片，每一個廣播節目都在廣告，工作場所、車站、劇院、公共場所甚至大街上都可聽到號召、宣傳。大幅彩色海報上展現著快樂的烏克蘭人，站

在先進的德國工廠工作檯前工作，穿著鮮麗的烏克蘭婦女，在德國家庭的廚房裡攪拌星期天的蛋糕原料。烏克蘭婦女作為女傭特別受到歡迎，1942年希特勒下令將烏克蘭婦女中的五十萬名送進德國家庭，以減輕德國婦女的家務負擔。如下的呼籲每天都出現在媒體上：

> 烏克蘭的男人和女人們：
>
> 布爾什維克黨人摧毀了你們的工廠和工作場所，奪走了你們的工作和麵包。德國現在為您提供有用且高薪的工作。在德國，你們將找到優良的工作條件和生活條件，並且將根據工資標準和績效獲得報酬。烏克蘭的勞工們將會受到我們特別的照顧，為了讓您能夠在適合的條件下生活，並在生活中落實自身的文化，我們將為您建造屬於自己的集居聚落，在那裡您可以得到生活所需的一切：電影院、醫院、廣播電台、泳池等等。烏克蘭人將居住在明亮、設備完善的房子裡，得到與德國工人一模一樣的食物。除此之外，工廠的大廚房會將所有國家的名菜納入菜單考量，給烏克蘭員工的餐點中將推出烏克蘭餃子（Wareniki）、麵疙瘩（Galuschki）、克瓦斯（Kwas，譯注：用麵包、麵粉、麥芽發酵而成類似啤酒的飲料）等食物。
>
> 德國歡迎你們！數十萬烏克蘭人已經在自由、幸福的德國工作。你呢？你在德國工作的期間，我們會好好照顧你在家鄉的家人。

一開始的時候，宣傳的確有其效果。並不是所有所謂的東

歐強制勞工都是被強制遣送過去的；初始之時，很多人是自願的。在德意志帝國絕對沒有天堂般的工作和生活條件，這個真相也是一點一滴逐漸滲漏出來。首先，隱藏在信件中的訊息抵達，例如，一個十六歲孩子寫給母親的信以畫一朵花的形式表現──這朵花是他過得不好的暗號。慢慢地越來越多的工人從德國返回，身體健康徹底被毀壞，不得已被驅逐回國，因為他們在這種情況下已不堪使用。這些人所敘述的狀況，很快地遏阻了那股充滿希望、自願投入生產的潮流：這對德國軍工業來說，是一個嚴重的問題，因為德國男人在前線打仗，無法身兼勞工。

同時，戰爭永不滿足地索取生產製造的補充供給，德國的勝利取決於從世界各國進口的奴工，尤其是從蘇聯這方，也就是從烏克蘭。希特勒任命他的模範地區長官（Gauleiter）[2]弗里茨·紹克爾（Fritz Sauckel）為勞動力調配全權總代表。他原是弗蘭肯地區（Franken）郵局職員和女裁縫的兒子，之後在紐倫堡審判中被描述為「自法老以來最殘忍的奴隸之主人」，以「擺脫人道主義最後殘渣」為號召，他下令開始追捕勞工。烏克蘭是奴工追獵的首選區域，在「東歐奴工」中占最大比例的烏克蘭人，被視為是低等的斯拉夫人，只有辛提人（Sinti）、羅姆人（Roma）[3]和猶太人，在種族等級上比他們更低。在街上、電影院、咖啡館、電車站、郵局，無論是什麼地方他們都能任意被帶走，在大搜捕期間，他們更是從家中、從藏身的地窖和棚屋裡被抓捕。他們像牲畜般被趕至火車站，用牛車運往

德國。無數人除了身上的衣物，什麼都無法帶，就此消失得無影無蹤。體力充沛的年輕人尤其受到喜愛 —— 每天都載有滿滿的烏克蘭青少年的列車開進德意志帝國。然後，四十歲和五十歲的人也漸漸被綁走，再接著連年老體弱的人都不放過。整村的居民 —— 連祖母以及孫子都一起 —— 被遣送出境，已無人煙的村莊乾脆點火燒毀。一開始奴隸勞動的最低年齡設為十二歲，之後降低到十歲。不僅如此，1942年夏天，帝國規定所有18至20歲的烏克蘭年輕人必須服義務兵役兩年。日復一日，每天都有多達一萬名的強制勞工被運送到德國，而所有這些人的飲食住宿待遇，依照弗里茨・紹克爾制訂的政策，必須以盡可能最經濟的方式發揮最大的作用。

一位東德女性朋友示意我去看1962年東德雷克拉姆（Reclam）出版社出版的一本掌中書。書中有一段引述曾在烏克蘭前線弗朗茨・富曼（Franz Fühmann）的文字：

我們面前站著一個緊貼著營房的牆邊的隊伍，他們輕輕搖晃著髖部行走，是沉默的行列。這些以三個一排、站在營房牆邊前面扭動著臀部的，是烏克蘭的婦女和女孩；她們互相貼得很緊，手挽著手，像風中的草葉一樣不斷搖擺。每個人的跟

2　譯注：納粹德國設立的官職之一，也是納粹德國時期各大區的領導者，位階僅次於元首（Führer）。

3　譯注：即吉普賽人。

前，地上放著一個包袱，小小的包袱，裡面是換洗衣物、一個鍋子、一支勺子。她們站在那裡，而風吹拂過營房的屋頂，於是此時我們聽到了，她們的行列隊伍並不是沉默的；她們在輕聲哼唱，非常小聲地哼著一首輕柔的歌。在這些婦女面前站著的是肩荷步槍、身穿毛皮大衣的衛兵。一個中士抽著菸，來回巡視。火車頭發出刺耳的汽笛聲，一輛貨車在黑雲裡駛進月台。我們一步都沒有移動；我看著這些女人，而我們近處的一個女人轉過頭來看到我，又看到尼古拉（Nikolaj）和弗拉基米爾（Wladimir）這兩個戴著「HIWI」臂章的志願者（Hiwi）[4]，然後她推了推身邊的女人，整個隊伍便慢慢地轉過頭來，一個接著一個，就像翻開一本書一樣。她們轉過頭來看看志願者的臉和臂章，然後又轉回頭，一個接著一個，沉默地。兩個志願者的臉如白色粉筆地站著，他們的嘴唇在顫抖。火車轟隆隆聲停止；灰色的煙霧翻滾，溫暖的熱氣包覆過來；我心裡希望志願者會趁著濃煙，在掩護下逃走，但是他們猶如被凍在地上一般，站著不動。火車廂的推門發出刺耳的嘎嘎聲，有如洞穴被打開了。婦女們默默地拿起包袱，中士大喊：「快、快，趕快上車！」士兵推著女人往前走，突然，弗拉基米爾大叫一聲，扔下電纜盤，朝火車跑過去，一個已經轉身離開的女人再次回頭看向他，弗拉基米爾大聲喊叫著一個名字，喉間發出咯

4　譯注：Hilfswilliger，縮寫為Hiwi。第二次世界大戰期間德軍招募的志願人員，他們在被占領的地區服務，例如當司機、廚師、醫院服務人員、彈藥運輸員、送信、工兵等。

咯的聲音。一個衛兵向前，推了推弗拉基米爾的胸前，大聲吼著，叫我們離開。弗拉基米爾握緊拳頭，衛兵舉起步槍；我趕緊想要把弗拉基米爾拉回來，弗拉基米爾感覺到我的手搭在他的肩膀上，他垂下肩膀，轉身，低著頭全身顫抖地走回營房後面。尼古拉咬緊牙關，僵硬地站著。女人們消失在車廂陰暗的深處，我突然察覺，雖然我在鐵路貨運車站已經見過幾十次，而且也已經寫過無數次電傳：勞務運輸車開往德國、前往柏林或者維也納，或者埃森或漢堡，但是現在我看到了：天哪！她們腳上沒有穿鞋，胸前和背上只綁著破布和水泥袋的紙，沒有人有毯子，車廂裡沒有暖氣，沒有爐子在燃燒，地上只鋪了一層薄薄的穀殼，窗前的欄杆上掛著冰。中士咚咚咚地走過來：「您在看什麼？」他小聲地問。我寫好電傳，然後迅速和尼古拉帶著電纜盤離開。弗拉基米爾靠在車站前的一棵樹上。他閉著眼睛，因為寒冷而顫抖。我把手放在他的肩膀上，思考著該說什麼才能安慰他。我想對他說，這樣對基輔的女人們比較好，在德國她們會得到很好的安置。但是我一句話都說不出來。我拿出菸盒，然後給他們兩個每人一支菸。我們抽著菸，聽著火車的轟隆聲，聲音頻率越來越快的同時，音量也愈來愈小，然後火車頭發出鳴笛，轟轟轟的聲音消失在灰濛濛的白日裡。那個女人是他的女人？還是他的姊妹？儘管我想問他，最後還是沒有問出口。

在我閱讀這段文字時，我彷彿能看到母親，她和其他女人一起在火車站營房的牆邊，輕聲哼唱著一首烏克蘭的歌謠。可

是我很清楚，在這幅景象裡，我不會找到她的。她離開烏克蘭
的路徑不是從陸路，而是走海路穿過黑海，就像在她之前，她
的瓦倫蒂諾舅舅一樣。我的記憶正好與國際尋人服務機構寄給
我、由美國占領當局簽發的文件相符。我直盯著文件看，它是
一個幽靈般的見證，印證著一個我完全未意識到、卻已成為現
實的事實。嚴重泛黃的紙張上沒有註明日期，但是上面的訊息
一定是我父母的個人資料，是他們多次申請美國簽證留下的訊
息。從他們旅途中各個停留點來看，毫無疑問地，他們在逃離
紅軍。

父親於德軍占領期間在馬里烏波爾做了什麼，我不知曉。
也許他比母親更有理由逃離回歸的蘇聯統治；但是，如果說母
親舊有的罪過是她所來自的家庭是被作為人民公敵、資本家和
反革命分子，那麼脫胎換骨之後，現今的她已成為德意志勞工
局的一名雇員、遣送強制勞工至德國的機器上的一個齒輪、積
極的反蘇聯分子、祖國的叛徒和通敵者。若論她會面臨的刑
罰，勞改營是最起碼的。如果她落入重掌政權的蘇聯手中，可
能會被就地槍殺。

1943年8月的一天，母親最後一次走過她家那道已剝蝕風
化的拱門。那個時刻的城市是什麼面貌呢？整座馬里烏波爾都
被炸毀、燒光了，自由德國民族委員會（Nationalkomitee Freies
Deutschland）的代表弗里德里希・沃爾夫（Friedrich Wolf）在
同一年寫給妻子的信中如此描述。母親所看到她的城市最後的

一幕，是巨大的毀滅。很早就已經清楚德意志將戰敗，但在最後一刻，馬里烏波爾所剩餘的一切，德國士兵仍要蹂躪踐踏。一座接著一座，他們盲目地炸毀建築物，對準還完好無損的房屋的門窗噴射火焰，他們摧毀學校、幼稚園、圖書館、糧倉和水塔，盡可能地想讓此地成為焦土。

母親踏上未知的旅途時帶了什麼？我所知曉的，至少有現在掛在我住處牆上那幅古老鍍金、畫有眾多最重要的俄羅斯東正教聖人的聖像 —— 我唯一貴重的家族遺產。此外，我所知曉的還有三張照片，其中一張是她隨身帶著作為紀念、圍著頭巾的個人獨照。另外還有結婚證書以及小時候被我破壞的其他紙本或書頁，例如她經常讀給我聽的那兩本薄薄的俄羅斯詩歌和故事集。這些書雖然遺失了，但是直到今天，那撕裂了的、幾乎成土褐色的紙張所散發出的沉悶苦澀氣味，仍是我的一個部分。我依舊能於心默誦普希金（Pushkin）那首著名詩歌，描寫一隻戴著金色項圈、日夜圍繞一棵綠色橡樹的博學雄貓，還有萊蒙托夫（Lermontow）那首寫在碧海的薄霧中，閃著白光的滄海孤帆的詩，詩中陳述它不知將在遠方尋找的是什麼。這些和其他物品都在她的包袱行囊裡，當她最後一次走過已為陌生人所擁有的屋子、她家前面的拱門時。也許保姆童雅幫忙她收拾了行李，並提著行李陪著她走了一段路。童雅，善良的靈魂，她的第二個母親，不只為她換過尿布，將她抱在懷裡，也教會她烏克蘭歌曲 —— 她也就此道別了，永不再見。

美國機構的文件顯示，他們逃亡的第一站是奧德薩。也許當他們離開馬里烏波爾時，尚未有前往德國的意圖，只是想到當時仍牢牢掌握在德國占領軍手中的城市奧德薩。無論如何，他們在黑海旁邊這座城市停留整整八個月，至少在美國的文件上是這麼寫的。職業一欄裡母親留下空白，父親則是「簿記員」（bookkeeper）。我一直以為他是因為戰亂，才從俄國來到烏克蘭。但是事實上，他自1936年以來便生活在馬里烏波爾，並且已經在做會計的工作。在那份簽署於1947年、幾乎要解體的美國文件上，除了寫著他本人從未透露過的、關於他的訊息，還拋出了全新的疑問。

　　我的名字說明了我的父母在奧德薩的姨媽娜塔莉雅處得到庇護。娜塔莎（Natascha）是娜塔莉雅（Natalia）的暱稱，我猜測，母親出於感激之情，以姨媽 —— 那位害羞、仍如少女一般、眼神朦朧的女人的名字給我取名。她給了我 —— 她的第一個孩子，取同住的一個人的名字，那是她在烏克蘭的最後居所。

　　1944年4月10日，奧德薩被紅軍奪回 —— 我的父母親在最後一刻離開了烏克蘭。他們是自願離開的，還是被遣送出去的，沒有人知道。但是此時他們不可能不知道，到了德國會發生什麼事。他們僅有的選擇，或許是只能在瘟疫和霍亂之間擇一，在德國被強制勞動或者死在烏克蘭。也許他們抱著通過德國去美國的希望。從我認識他們以來，他們就一直想去美國。

美國可能從一開始就是他們真正的目的地，德國只是一個無可避免的繞道之地，強制勞動是他們為了去美國而必須付出的代價。或者這些猜測都不對？他們真的只想去奧德薩，他們只是像其他許多人一樣，在奧德薩被捕、被綁架到德國？

在母親愈加接近德國的同時，也遠離了我。她在烏克蘭的生活，憑空地揭開了序幕，但是關於她在德國做強制勞動的資訊，我一直無法找到比我所知更多了，而我的所知，僅限於父親勞工證上的資料。想重建他們去德國的路線，還有美國機構的文件可供作參考，但在那之後發生的事，我只能讀歷史書。美國的文件上並無記載父母是如何從奧德薩到達羅馬尼亞，但是關於這一段，我仍有些記憶，他們常說起那一段在船上遭遇蘇聯炸彈威脅的航行。

我的推想是這樣的，大量的奧德薩人被趕上在港口等候的船隻，然後被推到甲板上。沒過多久，母親就看著黑海海岸離得愈來愈遠，天藍色的烏克蘭便在她的視線中永遠地消失，沉沒在四月波濤洶湧的海中。她知道自己可能在接下來的幾個小時之內死去，因為被擊潰、撤退中的德國聯合艦隊正無情地被轟炸，她沒有時間哭泣。

開往羅馬尼亞的德國船隻，船上的實際貨運通常是由戰略原材料所組成，提供給德國軍工物資。在船上一起被運送的強制勞工，被作為人肉盾牌，對抗從空中和海上攻擊敵艦的蘇聯

軍隊。成百上千、懷著死亡恐懼的人們堆擠在甲板上,有些是重疊地堆躺著,只蓋著防水油布,以防雨、防寒和防風。這些載著人的貨船有時連蘇聯轟炸機飛行員也無法辨認,有時候則是為了擊沉德國船隻而有意地犧牲同胞。這些人只不過是投降敵人的叛國者、通敵的人,他們的生命一文不值。類似這樣的轟炸,死在黑海的波濤中,一次是八千人。

載著父母的那艘船在羅馬尼亞靠岸了,但是我不知道它停靠在何處。根據美國文件資料,他們前往德國途中的下一站是「布拉伊利夫臨時難民營」(Transitcamp Brailov)。布拉伊利夫(Brailov)其實是Brăila的英文名稱,它是一個內陸城市,位於多瑙河下游。也許他們坐的這艘船一直航行到了這裡,但也可能它停靠在羅馬尼亞黑海的大港康斯坦察,從那裡再繼續乘坐火車前往約200公里外的布拉伊利夫。不論旅程是如何 —— 身處羅馬尼亞的父母,他們已到達世界的另一端。羅馬尼亞是德國的盟友,在羅馬尼亞領土上,蘇聯政治系統不可能不去傷害他們。母親應該無法置信,她從未認為有機會的事情,竟然成真:她逃出來了,真的逃出來了。她得救了,她自由了。不可思議,在她看來,或許就是這樣。

我在網路上用盡各種搜索詞尋找布拉伊利夫臨時難民營,沒有意外地,果然沒有任何結果。遍及歐洲無數的戰俘營(Durchgangslager)、過境營(Transitslager)[5]或過濾營(Filtrationslager)[6],怎麼可能全數列舉出來啊!從地圖上,我

推斷出布拉伊利夫處於羅馬尼亞的瓦拉幾亞地區（Walachei）。
我還記得以前我的手指曾在地圖上指過這個地點。我的曾外祖
母安娜・馮・埃倫斯特雷特（Anna von Ehrenstreit）的祖先可
能來自羅馬尼亞瓦拉幾亞地區，這是我在一本十八世紀的奧地
利貴族字典中找到的線索，裡面記載著隸屬「第一瓦拉幾亞步
兵團」（ersten Wallachischen Infanterie-Regimente）的雅各布・茨
維拉赫（Jacob Zwillach）以及埃倫斯特雷特（Edler von
Ehrenstreit）。母親是否知曉，她在世界另一端的第一站，位於
瓦拉幾亞的布拉伊利夫，可能也是她父親那一邊的先祖來處？
她知曉有關她祖先的歷史嗎？還是我如今對家族的所知，已經
比她所曾知曉的更多？她對自己的身世是不是所知甚微，像我
之前一樣？她不只是一個沒有未來的人，而且還是一個沒有過
去的人？

　　我瞪視臨時難民營的照片有幾小時之久，希望在無止盡的
人群中，突然看見我母親二十四歲的臉龐。年輕的女人們，戴
著頭巾，提著硬紙行李箱或布包袱，那些衣衫襤褸的女孩，她
們之中有些人幾乎還只是孩子。所有的人都驚惶失措，她們不
知道會被從住的城市和村莊帶到哪裡去。無數只以數字存在的
無名之輩，他們每個人都是我的母親。無數的人群，沒有人有

---

5 譯注：難民臨時安置所。

6 譯注：蘇聯內政部的設施，在第二次世界大戰期間和戰後蘇聯公民被遣
　返期間，用於追蹤「國家敵人」。

個人的名字，她們的存在只是數字。她們每一個人，都是我的母親。

進入簡稱「度拉」（Dula，譯注：根據維基Dulag）的臨時奴工營後，她們被登記、清點、檢驗工作能力以及被分類。她們被消毒，方法和過程是用燈油一般的液體在她們穿著衣服的身上朝有毛髮覆蓋的部位進行噴灑。或者她們必須脫光，在所謂的消毒室中清除她們衣服上和行李中的害蟲。如果有沖洗設備的話，她們可以淋浴。也許布拉伊利夫的臨時安置營也和其他營地一樣，不過是一片荒地，鄉下隨便一個戶外地方，讓人們在那裡等待他們可繼續前行的交通工具。許多人生病了，舟車勞頓已經削弱她們的體力，加上沒有東西吃，而且不論多髒、多冷、是否下著雨，都睡在光禿禿的地上。相對地，在這些營地裡的死亡率很高，許多被遣送的人根本沒有到達他們應抵達之處。

父親的勞工證上記載著他於1944年5月14日到達德國，但是證件本身卻到8月8日才簽發 —— 這將近三個月的空白時間，我只能用猜測來填補。是否他們像許多其他人一樣，在一片混亂中不斷地從這個臨時營轉到另一個臨時營？登記再登記，一直重新被檢查、過濾、計數、消毒、評估工作能力？大量湧入的人潮令勞工機構不堪負荷，分配工作的進度跟不上，而且順帶地還令人們疲憊不堪，教人得習慣一個事實，即他們不再是主體，而是可以隨心所欲、被處置的客體。當然我的父

母很有可能也避免了在臨時營地之間輾轉的勞頓，直接從布拉伊利夫被帶到萊比錫。而如果是這種情況，當地的勞工辦公室應該是延遲了三個月才簽發證件。

　　他們從布拉伊利夫到萊比錫是走哪一條路徑，這次在美國文件中並沒有透露。他們要不是沿著水路繼續旅程，乘坐一艘帶著他們在多瑙河上途經塞爾維亞和匈牙利進入第三帝國帕紹（Passau）附近的船，就是坐上一輛運牲畜的火車，而這些火車從四面八方運載無數的人力通往德國。這些人力中有烏克蘭人，尤以烏克蘭人最多，還有俄羅斯人、波蘭人、拉脫維亞人、立陶宛人、愛沙尼亞人、白俄羅斯人、亞塞拜然人（Aserbaidschaner）、 塔吉克人（Tadschiken）、 烏茲別克人（Usbeken）、希臘人、保加利亞人、南斯拉夫人、匈牙利人、捷克人、法國人、義大利人等等，甚至中國人也有。母親第一次出國即身處國際社會中。

　　從布拉伊利夫到萊比錫 —— 哥特佛萊德‧威廉‧萊布尼茲（Gottfried Wilhelm Leibniz）、弗里德里希‧尼采（Friedrich Nietzsche）、卡爾‧李卜克內西（Karl Liebknecht）、約翰‧塞巴斯蒂安‧巴哈（Johann Sebastian Bach）的城市，是一千八百公里。而現在，這座城市的主人是納粹野蠻人。著名的終端式火車總站（Kopfbahnhof）被炸得只剩下一個大廳，它在一天之內被四十六噸的美國炸彈擊中。母親在這個城市看見什麼？應該只有飄揚著卐字旗的廢墟殘垣。廢墟和營地，到處都可

見。她早已知曉，她進入的不是天堂，而是地獄，是她認為原本已經永遠逃離的古拉格勞改營。

當然也有些強制勞工是幸運的，他們被分派去小型的工廠、私人家庭、農場，有時候受到的待遇並不糟，例外的情況下，他們甚至也被一些家庭接納。但是母親並沒有被分配到像這類的工作場所，而這類地方對她而言，也不見得是幸運。因為所有的日常工作她都不會，特別是在德國家庭或農場，只會招致德國雇主的憤怒。此外，從外面無法看透的私人工作地點裡，年輕的斯拉夫婦女更會遭受到司空見慣的性剝削。

我還記得一個法蘭克農夫，很久以前，我在一個村莊的郊區跟他租了一個小房子，為了能夠安靜地寫作住了一個夏天。即便周末時，我當時的男友會來看我，但是週間的我，大部分時間都是獨自一人。在鄰村擁有一座已經不再使用的農莊房東，他因為酗酒而提前退休，不時地會來看我，給我帶一些多的雞蛋或者一塊醃豬肉，這是他來訪的藉口。然而，他那酒鬼窺伺的眼神卻顯露出另一個動機。他搖搖晃晃，喘著粗氣，用渾濁的眼睛貪婪地看著我。雖然在緊急情況下，我可以輕鬆地對付他，因為他都醉得幾乎站不穩；但是每次他一出現，我都很驚慌，大多都是在傍晚時分，當村邊孤零零的房子已經籠罩在附近森林的暮色中的時候過來。他用地方方言叫我「露絲拉」（Russla），在某個時刻我突然恍然大悟。這個詞並不是他自己想像出來的，他以前就認識這個詞，在那個時候幾乎每個

德國農民的農場裡都有他的「露絲拉」。當時在法蘭克地區她們就是這樣被稱呼的，就像我的母親，而這個詞本身並沒有惡意——農民們也會稱呼他們的乳牛為「露絲拉」。倘若我身在母親的情境，這個農夫就不需用雞蛋和豬肉來討我的歡心，他根本不用麻煩。

母親是避免掉了這樣的農場處境，雖然如此，她還是倒楣、不幸到甚至超過他人有三倍之多。她和父親來到一個不斷受到盟軍轟炸的地方，他們被分配到一家可怕的軍備公司，而且還是一家以特別不人道的工作和極差的生活條件聞名的弗里克分公司（Flickkonzern）。位於萊比錫舍納爾街101號（Schönauer Straße 101）的這家通運公司（ATG：Allgemeine Transportgesellschaft mbH通用運輸有限公司），是一家戰機裝配廠，德國戰鬥機飛行員都熱烈地為它歌頌：

讓引擎如歌曲般轟鳴，
自由的時刻來臨。
你們這些驕傲的鳥兒飛翔之處，
你們的飛行要有必勝的信心……

「驕傲的鳥兒」是由九千五百名工人在弗里克（Flick）工廠製造的，其中二千五百名是強制勞工，他們必須幫助建造用來殲滅他們祖國的機器。父母親這時被分開，父親被送去男子營區，母親被送到女子營地。從此他們不再有名字，只是寫在

勞工證上的編號。他們必須在衣服右胸口上佩戴「東工人」
（OST）的徽章，藍色的底上三個白色字母，是「東方工人」
（Ostarbeiter）的縮寫，在猶太星章之後最低的身分。其他國家
的工人禁止與他們交談，否則會受懲罰。

新來的人會得到一份寫著烏克蘭語、俄語和德語的須知說
明：

以下規定適用於來自占領區的前蘇聯俄羅斯工人：

1. 無時無刻都必須遵守監管人員的命令。

2. 只有監管人員陪同，才能離開營地。

3. 禁止與德國人和其他外國平民工作人員或者戰俘發生性
關係，否則處以死刑。女性則被關入集中營。

4. 任何放下工作、煽動其他工人、任意離開崗位或者支持
反對第三帝國勢力的人，將被關入集中營強迫勞動。在嚴重的
情況下，他將被處以死刑。情節重大的話，處以死刑。

5. 規定的「東工人」字樣配章必須佩戴在相應外衣的胸部
右側。守紀律、認真工作的人，就會受到公道的對待。

在斯拉夫人身上強迫勞動的純粹功利主義（Utilitarianism）
觀點，海因里希・希姆萊（Heinrich Himmler）在波森（Posen）
的祕密演說中毫不遲疑：

俄羅斯人過得好不好，捷克人過得好不好，我完全不在乎

（……）他們是否死於飢餓，我只在需要他們作為我們文化的奴隸時，才會對其感興趣。在建造反坦克溝渠時，是否有一萬名俄羅斯婦女因筋疲力盡而死亡，這種事只有在給德國使用的反坦克溝渠是否能順利完工，我才感興趣。

天經地義般地，強制勞工不允許辭職，也不可能更換工作地點。當然，返鄉也不被准許。

弗里克軍工廠的工人分散在二十座營地，整個大萊比錫總共有六百個這樣的居所。弗里克通運公司是一個巨大的工廠，等於是一個由工作坊、祕密地下生產設施、居住用的木板房、經濟板屋、廚房板屋、洗衣房、廁所與員工食堂組成的小城市。女性的強制勞工禁止進入男人居住的營房，反之亦然。母親到底知不知道父親住在哪個營房？在廣大的廠辦裡他在哪工作？他們有機會見面，交換目光、話語嗎？他們在員工食堂裡吃飯時，也許能見面，或者在任何允許男女在一起逗留的場所？按照性別和國籍分開的強制勞工，在營區內是否有夾室讓他們可以在一起？

這些營地有著陽玫（Sonnenrose）、樺林（Birkenhain）、綠草（Wiesengrün）、紙莎（Papyrus）、（Weißflog）、童話草地（Märchenwiese）、蘿皓（Rohhaut）、幸福（Glückauf）、美境（Heiterblick）、黑玫瑰（Schwarze Rose）、布倫希爾德（Brunhilde）、山楂薔薇（Hawthorn）、幸運草（Kleeblatt）或

蒂芙蘭（Tiefland）這類如詩如畫的名字，在此僅舉出上列幾例。母親的營房是哪個呢？已經沒有任何文件可以提供我訊息了。弗里克通運的檔案已經不存在了，也許被燒毀，或許被美國或者俄羅斯占領軍直接帶走。最可能的是，公司管理階層為了不留下任何證據，在戰爭結束時自己把資料銷毀了。從一個紀念館中我得到少許的信息，其中包括弗里克通運廠區的草圖及位置。我又遇到了在尋找線索時，不斷出現的現象：在二十個A軍工營地中，只有一個不是集中營、名字是布亨瓦爾德（Buchenwald，意指山毛櫸森林）的營房被記錄在案，在這個營房裡住的是五百名在弗里克工廠工作的匈牙利籍猶太人。關於這座營房的資料非常豐富，在營房舊址上還立有一塊紀念她們的牌子。至於在弗里克工廠工作、大約二千名主要來自斯拉夫的強制勞工，不但一個字的資料都沒有，更不用說為他們也立一個紀念牌匾。

我一再地直視著廠區草圖，用手指沿著街道的線條描繪。母親住在匈牙利猶太婦女營房的可能性，已可以先排除，但是她工作的位置還有其他十九個可能性。她在這裡的某處活動，早晨、陰暗的冬日裡、走入綜合廠房工作，在傍晚時分，同樣是在冬日的陰暗裡，走回營房。四季中比較明朗的日子裡，她也許會讀讀德語寫的路牌：Asternweg, Rosenweg, Dahlienstraße……她是在上班途中經過施雷貝爾園區，一個有草坪的住宅區？還是我必須想像的是一個飽受戰爭蹂躪的工業區荒地，而以鮮花命名的街區只是不可見的過往殘餘？

有的勞工營房是允許獨立自主地運作與工作，也有的勞工營被警衛嚴密監視，充斥著辱罵和毆打以驅動勞工。街上，婦女們腳上的木鞋卡喇卡喇響。當帶來的鞋子磨損到無法再穿時，令人懼怕的木鞋，就是別無選擇的選擇，只能從管理人員那裡購買的昂貴木鞋，像船形、堅硬的拖鞋，每一步都是傷痛與摩擦，讓腳變形。運氣不好的話，腳上傷口會腫痛發炎，而不能去工作、生病的人，很快就有被挑出來處死的危險。有些婦女抱著鞋子赤腳走路，否則的話便無法跟上速度。有些時候她們一邊走路一邊輕聲唱歌，唱歌是她們在家鄉就有的習慣，她們在家鄉時幾乎總是在歌唱，不論是在田野、在家裡、在街上。即使是母親也唱歌，用她美麗、明亮的女高音的歌聲，之後我還如此頻繁地聽她用這副嗓子歌唱，但是在此當下應該只是輕聲地哼唱，如之前弗朗茨・富曼（Franz Fühmann）在烏克蘭火車站所聽見，當婦女們被趕進載運牲畜的火車廂時那樣。和所有的婦女一樣，她們也戴頭巾，身上穿著或許還是她們從馬里烏波爾帶來的衣服。但是也許她們的衣物已經破損、碎裂了，瘦弱、半饑餓的身體在深色斜紋布製成的工作服中顫抖，腳上是僵硬、摩擦著皮膚的木頭。生活在這條有強制勞工會穿過街道上的德國居民，難道不會日復一日，每天早上被外面鋪石路上，許多為趕赴工作的木鞋的咔嗒咔嗒聲吵醒？

　　在工廠裡等著她們的，是一天12個小時的工作。我還記得聽見她和父親之間不停歇地爭吵時，父親要求她像「這一區」中大多數的婦女一樣去工作補貼家用，她因為覺得自己做不到

而哭泣。過去強制工作的營地可能永遠毀了她的健康和神經，光是工廠這個詞就足以引發她的恐慌。雖然如此，她還是去嘗試了，她在百葉窗工廠找到一份工作，但是一周之後她就累垮、無法進行了。

那時的她是怎麼辦到不崩潰的？每天在流水線上工作十二個小時，每週六天，遇到趕工時，週日也必須工作。而工作的同時，她還因為飢餓、因為在蟲多與人滿為患的營房裡度過吵雜、寒冷的夜晚，造成健康嚴重損傷。她的工作不是任一尋常的工作，而是組裝用來對付自己的同胞，目的是要殺死他們的戰鬥機。監管人員有權體罰工人，她應該經常因為動作太慢而挨打。

有一些人會冒著生命危險，工作中故意犯錯，以此來破壞德國的軍事工業。神經質如驚弓之鳥的母親不會是其中之一。相反地，她會盡量讓自己的舉止適應群體，不引起注意。這種態度可能早在馬里烏波爾已經成為她的第二天性 —— 不突出才是生存策略。

騷擾和懲罰是日常生活的一部分，處於種族等級最底層的烏克蘭人受害最深，他們被認為比其他「東歐工人」更懶惰、更不想工作、更狡猾。不戴胸徽、不問候長官、以物易物、盜竊糧食、工作不力、毀壞物品等情事，都會被刑罰。最輕的懲罰是所謂的打耳光，更重的是鞭笞、懲罰性的工作、使其挨

餓，以及夜裡每小時被叫醒一次。在冬天，會有工人被澆上冷水、關進牢房，讓他們凍死。一點小事就足以將工人關進勞改營。這可謂是一舉兩得：除了強制勞工受到懲罰之外，被關押在這些集中營中的德國人也被懲罰 —— 因為他們被與斯拉夫次等人置於平等地位，等於是受到羞辱和貶低。在這種集中營裡存活的機率特別低，據說有些營地的條件比集中營更殘酷。弗里茨·紹克爾（Fritz Sauckel），勞動力調配全權總代表（der Generalbevollmächtigte für den Arbeitseinsatz），鼓勵監管人員懲處強制勞工：如果他們在工廠有絲毫的不端行為，請立即報警，吊死，槍斃！我一點都不在乎。

斯拉夫工人所居住的是條件最差的木板房，得到的是最低工資以及最可憐貧乏的伙食。他們的主要食物是所謂的俄羅斯麵包（Russenbrot），這種麵包由黑麥粉、甜菜片、稻草粉和樹葉組成，它是引起胃腸道疾病的主因。取代所承諾的烏克蘭餃子（Wareniki）和起司麵疙瘩（Galuschki），午餐和晚餐給的是一公升渾濁的湯水，從中勉強可撈出幾片白菜葉、豌豆或蘿蔔片。菜色變換的話，就是換上有蟲漂浮的菠菜湯。菜單的補充有每週100公克人造奶油（Margarine）和80公克香腸或肉類，肉類大部分是來自屠宰場的低檔生馬肉。工人們必須拿著鋁碗在食物發放處排隊 —— 來得太遲，便只能空手而回。

雖然餐食配給如此貧乏，從挨餓的工人身上，德國還是嘗試榨取更多的成效，即所謂的獎勵食物被引入。誰的工作量更

大，得到的食物就愈多。這種獎勵對弗里克工廠不會增加任何額外成本，只會重新分配。工作量大的工人所得的獎勵口糧，是從弱者的口糧中扣除。這個結果導致身體健康比較不好的工人，無可避免地變得更虛弱，工作表現得更差，更直接陷入危險境地。弗里茨認為這是可以接受的。遞補的人力資源隨時都有，來自被占領國家更新鮮的、未使用過的勞動力。斯拉夫人被認為是特別的強韌。根據約瑟夫‧戈培爾（Joseph Goebbels）的說法，有些生物因為太過低賤，所以特別抗壓耐勞。一條野狗也比精心豢養的狼犬更結實凶猛。

我還記得八〇年代我去看過一位醫生，他檢查了我的眼睛。他知道我的身世來源，所以對他透過診斷設備在我的眼睛裡所看到的，感到非常震驚。我的虹膜呈現出這麼多的結構缺陷和弱點，並不是他所認定斯拉夫婦女身上因基因遺傳的強健有力和經久耐用，以至於他不願意相信我的出身。那時，是戰爭結束四十年之後，他原以為的所理解的世界崩垮了，他用又驚愕又懷疑的眼神看著我，好像我是一個騙子。

而透過苦力工作，盡可能大量地將斯拉夫人消滅的方式，也符合希特勒消滅斯拉夫種族的計劃，以便為主要種族雅利安人騰出生活空間，並讓剩餘的斯拉夫人為他們服務。這些人應該沒有受過教育，沒有家庭、沒有社會關係，也沒有自己的文化和民族認同。當然可以允許他們過得好，他們可以吃飽、可以唱歌跳舞自娛，以強化他們的職業道德，為第三帝國帶

來盡可能多的利益。在蘇聯，被德軍占領地區的大學和其他高等教育機構——被關閉 —— 用來勞動的牲畜不需要有教育，只需要服從命令。根據希特勒在其著名的「桌邊座談」（Tischgesprächen）中提出，四年的基礎教育，對於未來的僕役來說太多了。

關於強制勞工的工資則是笑話一場，而女性的收入比男性還低。扣除稅金、社會保險、東歐勞工稅和食宿費用後，如果我計算正確，母親每週所得拿在手中的，剩不到六德國馬克（Reichsmark）。這點錢她根本買不到任何東西。在那個時候一條麵包大約要十個德國馬克，而且除了在黑市，金錢反正沒有價值，如果沒有購物券，在商店裡幾乎得不到任何東西。

有時候營地裡的勞工會像動物一樣搶奪食物殘渣、幾個凍壞或腐爛的馬鈴薯或紅蘿蔔，其他人則冒著生命危險，設法在夜間衝出上鎖、守衛森嚴的生活區，以便在周邊領域偷走任何可以從營地偷走的東西。有些人則冒著生命危險，在夜間設法逃出警衛森嚴的營房區，去偷鄰近的田裡任何可以偷走的物品。一些仍然有體力的人在周日休息的時候（在戰爭的最後一年，能休息的星期天越來越不可得），到附近地區某個農民那裡工作，賺一點外快或者吃一頓飽餐。也有人用在工廠和倉庫找到的廢料，製作裝飾品或玩具，以在黑市上換取食物。這些行為如果被發現，會有被關進很少有人能活著離開、令人懼怕勞改營的風險。

餓了一輩子的母親早已經習慣飢餓，但是再加上勞工營的日常、一天十二個小時的勞動，身體已開始耗損。她可能處於屬於「非人」的營養不良狀態，她腦中所想的，也只能繞著食物打轉。她在流水線上工作時，腫脹的雙腿刺痛，她的背部疼痛、眼睛灼痛，耳邊滿是機器轟鳴的噪音，而這些噪音帶著回音跟隨著她至營房，直到她終於睡著。也許她因視力模糊、頭暈、腸絞痛而痛苦，但是這些只會讓她對那一塊食物，她放在褲子口袋裡，以免有人偷走的堅硬、水泥般的「俄羅斯麵包」，更加渴望。如果她抵擋不住誘惑，吃了應該是晚餐的麵包，晚上她就會因為飢餓而無法入眠，那麼早晨要從木板床上起身，她可能就辦不到了。而起不了床，會讓她喪失性命。她是為了活命在工作，她知道，她的體力是她唯一的資本，如果她因為疲勞而無法堅持下去，屈服於衰弱的身體，她就真的輸了。

　　至於對貧困的斯拉夫人所承諾的明亮、配備浴間、收音機和其他舒適設施的生活空間，實情不過是破舊的木板營房，而且還極其擁擠。越來越多的營地在空襲中被摧毀，也越來越多的人像牲畜般被趕進窄小的空間。不僅出生於飢餓時期，也生於蘇聯壓縮政策時期的母親，被迫永久地與陌生人共同生活，對此她早已習慣。像隱私這類的東西，她只隱隱約約地知曉，即便如此，在營地裡她的整個生活空間也只有一張睡覺用的木床可用。因為衛生原因，乾草墊被替換成裝滿木屑的紙墊，但是蟲害並沒有因此而減少，仍舊繼續整夜地騷擾疲憊不堪的婦女們。

二戰的最後一個冬天，氣溫非常極端。營房裡雖然有火爐，但是沒有能夠生火的燃料。女人們被迫在外面尋找木材廢料、樹枝、樹葉，所有任何能夠燃燒的東西。漸漸地，她們開始拆解屬於營房家具的木凳，最後她們終於不得不從木板床上拆下木板來燃燒，就為了能有幾分鐘的溫暖。我猜，母親可能只有一條薄薄的破被子能蓋在身上。夜裡的她只得穿著所有她剩下的衣物，然後蓋著她灰色的大衣，最後在大衣上鋪蓋營房分發的被子。幾乎整個冬天她都在感冒，乾裂的皮膚凍傷剝落，雙手粗糙龜裂，嘴唇迸裂流血。她的腳上長著閃閃發亮的紅色凍瘡，每一次穿鞋都像酷刑，而且當雙腳隨著白天的氣溫而漸漸升溫時，便會發癢難耐。她在強迫勞動中染上的風濕病一直折磨著她，直到她生命終結，而營地受污染的飲食也損傷了她的肝臟。

　　一天中最驚心的時刻就是從夢中醒來，凌晨五點被尖銳的汽笛聲叫醒。也許母親被叫醒時是從夢魘跌進現實，但是沒有一個夢魘比一睜眼又在面前的營地這個現實還更糟糕。每一天都沒有盡頭般，有些時間是不知道一切還會持續多久，以及是否有結束的時候。監獄裡的囚犯知道，他們的刑期何時結束，而德國強制勞工營裡沒有釋放的日期。母親沒有未來地活著，過去也已如此遙遠，她似乎被遺棄在世界之外的某處，被遺棄於別的、距離無限遠的星球，永無歸期，再也回不了家。她一定是用盡全力抵抗撕心的鄉愁，因為如果任其發展，她的心理防禦系統必然會整個崩潰。在以前的生活中，她不曉得日常生

活中最簡單、最自然而然的事情有多麼珍貴 —— 想出去就出去、上廁所可以關門、晚上可以隨心所欲地開燈關燈、身上能穿一件乾淨的、燙平整的衣服是多麼幸福。而如今她在流水線上，不斷地重複操作同一個已經成為身體反射功能的動作時，她腦海裡想的，是這些無價的、永遠失去的幸福。一次又一次，幾乎是不由自主地，她所認識的面孔在她的心中掠過，父母的面龐、姐姐的、朋友和熟人的臉孔。她與這些面容的每個人進行對話，在對話中尋找自己，尋找她曾經存在的那個人。

營地裡的生活日常總是反覆無常和專斷。上面經常有新的命令下來，監管人員的心情每天都變化無常，而營規也不斷地在改變。鐵絲網被移除之後，又出於某種未知的原因重新裝設。食物配給略有增加之後，又再繼續減少。允許自由出入之後，又長時間禁止。一再重複的是，工人無緣無故被毆打至死或槍殺。飢餓、恐懼以及營房裡不堪忍受的擁擠，只會導致告密、竊盜和賣淫。為了一塊麵包、一塊肥皂，女人們冒著生命危險出賣她們消瘦的身體給德國人，或者種族地位較高的外國勞工。而收一塊奶油麵包 —— 監禁一年；接吻 —— 監禁兩年。性交 —— 被砍頭，根據紹克爾所聲明的口號。

「東方勞工」是納粹無法解決的兩難困境。對於德國戰爭工業的運作維持，他們是不可免除的人力資源，但是這種人力卻與國家社會主義種族意識形態不僅如同水火，無法相容，還危及德意志民族的純粹血統。德意志男人與斯拉夫女子的性交

是嚴格禁止的，雖然如此，在強制勞工營裡，女勞工被強暴還是屬於日常、司空見慣的事。為什麼母親能倖免，尤其她外形比那些從俄羅斯和烏克蘭村莊、大量被綁架來的單純、庸俗的村姑還標致？也許女性工人之間外表的視覺差異根本無關緊要，她們都只是身體，只是隨時可使用的性器官。一個被抓現行性交的德國男人受到的懲罰非常輕微，甚至可直接被放行，而被強暴的女人可能被處死或者關進集中營。被證明與斯拉夫男人有染的德國女人會被國家社會除名，頭髮被剃光，被視為妓女並遊街示眾，而膽敢接近德國女人的斯拉夫男人則公開處以絞刑，任憑他的屍體在絞架上晃蕩，以為警示。

斑疹傷寒和痢疾在營房中蔓延肆虐。生病的工人被帶到人滿為患的醫護營，但是只能得到最低度的醫療救助。剛開始，病患還會被遣送回鄉，但是現在已經不會因此而費力了。如果生病的工人不趕快康復，將面臨拿到永久喪失工作能力的證明──而這樣幾乎等於被判處死刑。病人不再獲得醫治，因為會奪走太多德意志民族急需的藥劑。他們將被放任自生自滅，只會得到所謂的減食口糧，通常短時間內病人便會死去。

屬於典型的營區流行病還有肺結核。由於免疫力減弱，大多數工人都有感染，但並非所有的人都會發病。只有體力已經弱到極限的人，才再也抵擋不住「白色死亡」（Weißer Tod，譯注：肺結核也被稱為白色死亡，像X光片顯示被肺結核破壞的肺部，蒼白無生氣）。對生產再無貢獻的工人會被送往所謂

的療養院，在那裡透過讓他們服用過量藥物來淘汰 —— 如果在這之前他們沒有因為營養不良和沒有醫療救助而在短時間內自行死亡。在這之外，1944年9月海因里希·希姆萊還下令殺死所有在精神病院的斯拉夫人。因為德國醫院裡已人滿為患，若要在這些醫院增加治療這些在可預見的未來，帝國已無法再使用的斯拉夫勞力，是無法擔負的。其他文獻資料也證明，不僅是猶太囚犯，斯拉夫強制勞工也被當成人體材料作為醫學實驗。他們在冷水池裡、高壓艙中領受試驗，被注射實驗疫苗，被暴露在強大的X光射線下，以及其他也都是致命的折磨中。

強制勞工隨著時間過去，承受的痛苦越來越多。當時外交部的一位官員記錄道：

東歐工人普遍處於一種對生活不再抱有任何希望的冷漠心態，所以會出現有女人被有釘子的木板打臉這類情事。男人和女人會因為小事，在冬天被脫掉上衣關進水泥的寒冷地牢裡，不給食物。因為「衛生顧慮」，東歐工人在冬天會在營房空地上，被以冷水沖澆。飢餓的東歐工人會因為偷一塊馬鈴薯，在聚集的工人面前以最不人道的方式處決。

「東歐工人」不能享有權利的程度是，每一個覺得他們應該被責打的德國人，都可以毆打他們。戰爭快結束時，即使是失手打死了他們，通常也不會受到制裁。

盟軍的轟炸也越來越厲害。母親居住的營房如果離工作的地方很遠的時候，她就必須每天忍受辛苦、漫長的步行；如果她被安排住在工作的地方附近，可能是1號營地，也就是直接在工廠裡，那麼她便會直接暴露在盟軍軍備設施工廠的重點轟炸的火力之下。防空洞一般而言，是預留給德國人的，無數的「東歐工人」夜裡被禁閉在營房中，於轟炸中因無法逃生而死。一個當時同樣被安置於萊比錫的俄籍強制勞工如此敘述：

　　英國人挑選夜晚來空襲，而美國人則是白天……時間點準時到可以用來對時。天一黑，空襲警報隨即響起。然後，他們就來丟炸彈了。轟炸機多得嚇人，這些飛機被稱為「飛行堡壘」（fliegende Festungen）。抬頭一望，頭上的天空都被飛機遮蔽得看不見了。我們的營房只被小的燃燒彈炸到，這些炸彈像冰雹一樣在陽光下降落。到了地面炸彈爆炸，把磷散射開來。有一次我們到午夜都還不能睡，因為我們在等空襲，但是它沒有發生。我們覺得很奇怪，最終我們還是忍不住睡著了。突然間炸彈來了，早晨四點，什麼警告都沒有。然後您知道嗎？半個城市或者更多……這次這些炸彈是大型的，裝有幾噸重火藥的爆破彈，整座城市都陷入火海。天亮了，可是天色被煙霧遮擋得亮不起來，夜晚卻如白晝，就是這樣的火光。我們的工廠最終也被炸到了，我們的營房還是在比較遠的市郊。工廠的作業停頓，我們被押著到城裡去清理廢墟。做這個事的我們，過得反而比較好，在瓦礫堆中我們找到吃的，當然就祭了五臟廟，是配給口糧之外的加餐。有一次配備機關槍的黨衛隊

271　　　　　　　　　　　　　　　　　　　第三部分

（SS-Männer）押著我們上工，工作是填補被爆破彈擊中後形成的彈坑。現場有一個全家都死於炸彈下、信奉法西斯主義的人（Faschist），他從小瓶子裡喝了一口酒，只有一口，德國人一般喝得不多，然後他扯下手臂上那只繡著納粹黨徽的臂章，然後把眼淚鼻涕都擤在裡面⋯⋯

有一個陌生人展現給母親的，是她一定也見過的景象：飛行堡壘、燃燒的城市重現了。德國炸彈在馬里烏波爾這裡落下，之後在去羅馬尼亞的航程中，威脅她生命的蘇聯炸彈落下，接著她再次陷入美國與英國所投的，如下冰雹般的持續轟炸中。在馬里烏波爾，她起碼可以躲入自家地下室以自救，但是在德國營房裡，身陷如此的地獄中，只能聽天由命。她甚至連出營房、跑到曠野都不可能，她被關閉在隨時會起火燃燒的營房裡。

是不是在戰爭最激烈的那些轟炸夜晚，讓她開始失去理智？還是在她生命中某個災難性時刻已經將理智丟失了，這場於她猶如噩夢般的生命？她應該也是被她的母親，那個看似天主教徒，但顯然深信俄羅斯東正教的母親，教育成信徒，從小就相信救贖、免人於苦難的上帝。空襲時她會祈禱嗎？她會召喚聖像，曾經被釘在她的床頭上的，她的守護神烈女葉甫根尼婭嗎？她是祈禱，還是已經在與無情、冷漠的權威，那位沉默、無所作為、令她滅亡的上帝，進行不會有結果的決鬥？如果她現在心中仍有一絲希望尚存，那麼這個希望只能是那能放

她自由，同時也可能謀殺她的盟軍。

直到她去世幾十年後，我才萌生起推算的念頭，結果很明確：我的生命初生之始，開始於弗里克工廠的營房裡，誕生在世界大戰最後的階段。這是怎麼辦到的？強制勞工中的已婚夫婦允許發生性關係嗎？他們有機會在不受監視的清況下單獨會面嗎？這真的很難想像，因為強制勞工生孩子是不受歡迎的，尤其是劣等種族斯拉夫人生下的孩子。

我想像那是一個星期天，大多數工人用來補眠、洗衣服、好好洗個澡的星期天。但是這個在三月初、春天的喜悅已經飄散在空氣中的星期天，對父親、母親而言是一個喜慶的日子。他們得到外出假，可以一起離開營地，他們獲准在沒有監管的陪同下進城。終於他們可以離開那些日日夜夜、無所不在的眼睛監視下，一起度過幾個小時。母親因為飢餓而暈眩，而且突如其來如此多的自由空間讓她不適，她夾緊了父親的手臂。她消瘦的身軀裹在灰色大衣裡，可能她還擁有那一雙她從馬里烏波爾帶來的、應該打了補丁，令她免於拖著木鞋的磨難的鞋子。天氣還很涼，也許她戴著頭巾，頭巾下濃密、高高挽起的深色頭髮，當她解開髮髻，這一頭秀髮便會一瀉而下，如披肩般攬住她 —— 只是如今可能因為頭蝨而被剃短頭髮。父親身上鬆散地飄著一件襤褸的西裝上衣，為了慶祝這一天，他把從家裡帶來的唯一一條領帶圍繫在他瘦削的脖子上。兩個人右胸上都佩戴著強制性的「東歐工人」徽章。也許在這個星期天，

他們有幾個馬克可以買點吃的。被炸毀如鬼域般的城裡，很多店鋪都不做衣衫襤褸的強制工人的生意，有時候門上都已經寫著禁止他們進入，但是也有其他商店主人並不在乎錢從哪裡來。也許他們有足夠的錢買得起用真正麵粉做的麵包、檸檬汽水。也許父親也在黑市上交換貨品，也許母親也是因為丈夫從事這些祕密活動，才能活到現在。

走在滿目瘡痍的街道上會帶來危險。任何時候警報都可能響起，新的空襲來臨；父母隨時都可能被到處巡邏的軍用車輛、人民國防軍或黨衛軍等組織攔住，這些人可以任意凌虐他們，尤其是戰爭即將結束之時，針對強制勞工的暴力行為越來越隨意專橫。母親的手一直伸進大衣口袋去摸通行證，焦慮地一再檢查，如果沒有這個證明，他們就糟了，馬上會被逮捕，而且可能被槍殺。在這裡和那裡，到處都有可能看到一些綠色的花蕾，初綻的金雀花遲疑、膽怯地開放，如是般大自然的片羽吉光，母親在營地永無止境的冬天裡，幾乎忘記了它們仍是存在的。

也許就是發生在這樣的一天，他們也許在廢墟中的某個地方，或者城市邊緣的灌木叢後找到一個遮蔽處。或者也許是在營地某處急促地、連呼吸都停止那樣地擁抱的結果，在那裡他們隨時可能被發現，尤其可能被警衛用來尋找逃犯的德國狼犬嗅聞到。也許「我」的誕生育成是一時輕率的後果，因為戰爭要結束的氛圍已經散布在空氣中，即將解放、令人心醉的謠言

在營地中流傳，更因為盟軍的空襲越來越猛烈。

有一天，母親發覺她懷孕了。她的身體早已經給她各種徵兆，但是她沒能理解這些訊息。體力貧乏令營地中許多婦女沒有月事，晨吐也是長久處於飢餓狀態的一個症狀。她被掏空的身體於她早已陌生不已，這副身軀不再屬於她，而是屬於弗里克工廠。但是某個時刻她猛然醒覺，在她的身體裡一個孩子正在成長，一個第二生物，從此她必須與之共享她的糧食配給。一個透過她生存的孩子，要求著她的生命力，要求她的保護，要求在世界上具有地位。而孩子渴求的所有這些，她自己一個都沒法擁有。

她是否知曉，在營地裡出生的孩子會遭逢何種命運？如果她懷上我的時間早一點，可能我就不復存在了。剛開始時，懷孕的婦女會被送回家鄉，但是隨著愈來愈多的婦女為了逃離營地而故意懷孕，弗里茨·紹克爾便改變了他的策略。德國女人應該盡可能地生產，來強大日耳曼民族，她們絕對禁止墮胎。而對於斯拉夫強制勞動的婦女，相對地，墮胎不僅是允許的，而且還是必須的，因為劣等種族的後代是不必要的存在。數以千計的「原始、矮小的斯拉夫婦女」，希特勒如此稱呼她們，在不墮胎便會受到懲罰的威脅下被迫打胎，如果她們仍然拒絕，還是得強制執行。

成功地讓孩子足月生下的婦女也不會有產假。根據納

粹的想法，斯拉夫婦女不需要任何特殊照護，因為她們的懷孕和分娩猶如牲畜懷孕與生產一樣原始、自然。新生兒一生下隨即被帶走，送到一個名字有時叫「外國小孩照護所」（Ausländerkinder-Pflegestätte），或「外來種族育幼院」（Fremdvölkische Kinderanstalt），有時候又叫「雜種撫殖所」（Aufzuchtsraum für Bastarde）的地方。在這些名字的背後大多隱藏著集中嬰兒謀殺的處所。有些新生兒得到看似慈悲的對待，若他們一出生便被藥物注射處死的話。但是大多數嬰兒卻是被放任漫長而痛苦的死亡 —— 身上長滿瘡、濕疹、癬，挨餓、受凍。他們死於不衛生、疏忽照料，或死於有意圖的冷落與無情。放在人造奶油盒子被掩埋之前，孩子們的屍體一個接一個地堆疊，在滿是糞便、蟲子和蛆的營房裡。根據消息來源，在納粹相關的機構中，「東歐工人」的孩子中有十萬至二十萬名死亡 —— 未報告的案件數量被認為比這個數量明顯高很多。

1943年8月，黨衛隊分隊長（SS-Gruppenführer）埃里克・希爾根費爾特（Erich Hilgenfeldt）寫信給海因里希・希姆萊：

這裡的做法只有兩種。其一，若不想讓孩子們活下去的話，就不應該讓他們慢慢地餓死，而且還必須從一般人的口糧裡扣除這許多公升的牛奶；另一種方式可以達到目的，而且沒有折磨和痛苦，也就是為了以後能夠作為勞工使用，或也會讓孩子順利長大，但是就必須以他們在投入勞力工作時，是完

整、沒有缺陷的勞力情況，以此方式去餵養。

顯然，希姆萊採納了黨衛隊分隊長的第二個建議，因為至少有幾個收容新生兒並提供充足的食物和照顧的托兒所設立了。據此可推知，即使是在戰爭的最後階段，負責勞務派遣的人，還沒有意識到這種努力是徒勞的，因為奴隸勞工很快就會沒有用處了。

混亂籠罩著萊比錫。營房與工廠愈來愈常被轟炸、摧毀。無主的強制勞工在燃燒冒煙的城市裡到處尋找容身之處和食物。他們被視為是盜匪，是黨衛隊和國防軍專橫的臨時軍事法庭裡不受法律保護的人。數千名強制勞工因為未經許可就離開不再存在的工作崗位而喪命，或者因為害怕被他們報復或指證而槍斃他們。

然後，他們 —— 美國人終於到來。美國大兵們（GI：美國軍人）踏進營房說：You are free.（你們自由了。）他們笑道：The war is over.（戰爭結束了。）一邊說一邊分發香菸和巧克力。

軍工廠的管理階層人員以及員工早已經逃走。工人們踩躪踐踏管理人員的辦公室，他們衝進經濟管理營，撲向食物倉儲、果醬桶、存放麵包和奶酪的地方。在城市裡他們洗劫德國商店，能夠找到的都放進嘴裡，在街上生起火，煎肉吃。他們

從城裡所有的營地湧出，在街上稱兄道弟，俄羅斯人與義大利人、法國人與波蘭人、烏克蘭人與塞爾維亞人，每個沒有因為陶醉於歡樂而太虛弱的人都與人集結在一起。德國人害怕得需要設置障礙以自衛。槍的矛頭轉向了：當權者變成失敗者，受壓迫的人成為勝利的一方。幾千人在城市中遊蕩，成為失業者、不再有用處的強制勞工。有些人認定家的方向，徒步上路；有些人則漫無目的地流浪 —— 不受管束的人們，淒涼地、潦倒頹喪地，經常成群結隊在一起。一夜之間一種新的族群成形：流離失所的人（die Displaced Persons，簡稱DPs）。這些數以百萬沒有姓名、沒有身分定位的斯拉夫人，很快地也讓美國解放者感到疑慮。與史達林一起，他們懷疑這些人與德國人勾結，在軍報《星條旗報》（*Stars and Stripes*）中，他們被描述為遷徙的罪犯、法西斯分子和布爾什維克分子。

在雅爾達會議（Konferenz von Jalta）⁷上所做的強制遣返所有蘇聯公民的決定，於是數百萬被強制遣送德國的勞工，運送他們返鄉的旅程開始，數百萬人將面臨史達林的制裁懲罰，他們的餘生都將過著悲慘的生活。對於史達林來說，相對於他們數百萬的同胞為了保衛祖國而獻出生命，那些不反抗而屈服於戰爭敵人的剝削、到德國去工作的人，是祖國的叛徒和通敵者。有些人一回到家便遭槍斃，另一些剛逃出德國強制勞動營，又直接進了蘇聯的勞改營。他們大多數被判定在社會的邊緣度過餘生，得不到工作，生活也必須依賴父母或者親戚，受高等教育更是不可能被准許。他們不僅貧困度日，還被孤立，

因為所有人都害怕與被冠上叛徒罪名的回歸者來往,而且女性強制勞動者還被視為是德國人的妓女。

直到幾十年之後,德意志聯邦共和國支付前強制勞工賠償金,這件事才變成一個議題。申請賠償的強制勞工必須提出所做過的勞動的證據。只有少數人有能力做到,因為大多數人的證明文件不是在戰爭的動盪中丟失,就是由於對蘇聯的恐懼而將之銷毀。對於那些獲得賠償的人來說,他們要面臨生活困難的日子無盡頭地持續,那些賠償金額只不過是杯水車薪。

在運送強制勞工返鄉期間,悲劇不斷地發生。蘇聯的被迫流離失所者撲倒在美國人腳下哀求,如要把他們遣送回鄉,不如開槍打死他們。有些人因為懼怕史達林的報復而自殺,將自己吊死在營房的橫樑上。他們被迫離鄉,勞動力被最大限度地剝削利用,現在他們又得被運送回鄉,任由一個殘忍的獨裁者擺佈。

戰前居住在波蘭領土上,然後從那裡被解送到德國的波羅的海人(Balten)、比耶洛俄羅斯人(Bjelorussen)和烏克蘭人是例外。他們可以自由決定要返鄉、留在德國或者移民到另外一個國家。因為這個特殊規例,父母得救了。一個美國人在填

---

7 不僅是向德國人妥協,使他們不能再使用鮮血流盡的工人,並且他們也會害怕被報復,這個決定也符合美國人希望盡快恢復秩序的想法。

寫他們的資料時，在籍貫一欄裡寫下「克拉科夫」（Cracow，譯注：位於波蘭），雖然上面幾行有寫明，母親居於馬里烏波爾，父親則是在卡梅申（Kamyschin）與馬里烏波爾，兩人都是從奧德薩遣送到德國的，資料上與波蘭一點關係都扯不上。雖然如此，遣返地還是被寫為克拉科夫。這個美國文件的大謎團，彷彿為父母編的謊言，也許是一個美國軍人大發慈悲，或者只是他沒有地理常識的誤寫 —— 無論如何，一定是「克拉科夫」這個詞護衛了父母，讓他們不必被遣返回馬里烏波爾，而這也意味著我不是出生於蘇聯，而是出生於德國。

1945年7月美國撤出薩克森（Sachsen），將德國的這一部分領域留給蘇聯紅軍。父母重新落入蘇維埃政權手中，蘇聯的魔掌一直跟隨著他們去到德國。他們再度逃跑，這一次朝在美國占領區內最近的大城市紐倫堡（Nürnberg）去。宣布強制勞動是危害人權的戰爭審判，很快地也將在這裡舉行，弗里克公司也被起訴。軍工廠的一名員工宣誓作證說，德國工人和外國工人之間並沒有被區分，外國工人可以得到適當的安置，德國營房的領導人因而受到外國工人的歡迎。他繼續說道：

作為外籍勞工，生活當然不是有如天堂一般，因為他必須和家人以及故鄉分離。以公平正義看來，公司的管理階層已經盡了一切努力讓工人的生活負擔減輕。（……）吃和住在當時那種情況下，已經算很好了。（……）為了照顧外國人，管理人員除了給他們固定配額之外，自主在萊比錫市外廣闊的農村

地區購得大量的食物，尤其是馬鈴薯和蔬菜。工人其他各式不同的需求，也以同樣的方式真正地被關注。（……）定期為外籍勞工舉辦的文藝演出，也不曾有一次耽誤。通運公司的營房長期以來都是模範營房，直到近期因為轟炸而毀壞，所以需要與其他營地合併之後，它才不再能夠為新近的綠地設施提供它早期特別優良的好模範。

起訴者所得出的結論是不同的：

弗里克集團所有工廠所提供的條件都特別惡劣；很多廠房的住宿條件很差，工作時間過長；工人感到恐懼、自由被剝奪、身體遭受痛苦和疾病、各種虐待，尤其是鞭打，這些都屬於生活日常。

審判中被指名的被告中，也有父母親的最高主管弗里茨・紹克爾（Fritz Sauckel）。我在紐倫堡的語言環境，恰好是跟著勞工全權代表弗里茨・紹克爾所說的方言長大的。他的德語是我這一生開始學習的第一件事。據說他的弗蘭肯腔（Fränkisch）嚴重到在審判期間，他的發言一再被要求說得更清楚一些。當被判以絞刑處死時，他流下了眼淚。他堅決相信，所聽到的判決是翻譯的錯誤。

弗里德里希・弗里克（Friedrich Flick）否認犯下任何罪行，他認為自己是國家社會主義專橫統治下的受害者。他的判決從輕發落；刑期七年，三年後他即獲釋，而且之後迅速躋身

為新成立的德意志聯邦共和國（Bundesrepublik）最富有的人之一。他的集團仍然是唯一一家沒有賠償過強制勞工一分錢的集團。萊比錫的軍械工廠被蘇聯軍隊拆解：機器被運往蘇聯，廠房則被炸毀。

　　我又問自己，父母逃離蘇聯時，是如何從一個地方到達另一個地方？這一次是從萊比錫到紐倫堡，穿過三百公里毀滅的大地。他們簡單地買了車票，直接上火車？他們有錢買車票嗎？有火車可坐，還是月台全被炸光了？他們分段前進，有時坐火車，有時步行？其他幾百萬的人們與他們一起在路途上的，有被迫流離失所的人，來自所有其他國家的強制勞工、被放出來的集中營囚犯和戰俘，也有疏散結束要返家的德國人、無可計數來自西利西亞（Schlesien）、東普魯士和波希米亞（Böhmen）被流放的人。所有的人帶著他們最後的家當向西移動，獨自一人或者在難民的遷徙行列中 —— 有史以來最大的人口遷移之一，這是「千年帝國」（Tausendjähriges Reich，譯注：第三帝國自稱）的末日。

　　父母親與另外一對可能在萊比錫或者之後才相識的烏克蘭夫婦結伴，一起逃難。當他們四人到達紐倫堡時，才目睹城市也已是斷壁殘垣、所剩無幾。紐倫堡最後一次空襲中，英國皇家空軍（die Royal Air Force）在半小時內，朝這座弗蘭肯大都會投下了六千枚爆破彈和一百萬枚燃燒彈。紐倫堡成為只剩瓦礫的鬼城。雖然如此，父親、母親又一次成功地逃離了蘇聯的

魔掌。

　　他們在城裡四處走蕩了數小時，雨開始落下，天已經黑了。在兩個城市紐倫堡、福爾特（Nürnberg-Fürth）的交界處，一個位處偏僻的工廠院子裡，他們發現一個顯然屬於隔壁的冶煉鐵器工廠，沒有上鎖的雜物棚。他們溜進去，希望不會有人發現，並且能夠在存放生鏽廢鐵的棚子裡睡上幾個小時。母親並不知曉，當時她的哥哥謝爾蓋也在德國，在她剛剛逃離的蘇聯軍隊占領區裡，他為紅軍士兵獻唱俄語詠歎調。她不知曉，她的母親還在世，只是她跟女兒莉迪亞一起，被戰爭驅趕到了世界的另一端，被疏散到哈薩克的阿拉木圖，幾乎已到中國。又濕又餓，幾乎筋疲力盡、幾乎暈倒的她，睡在冷硬的木板地上。而她體內的孩子仍活著，在踢動。這個孩子驚嚇了她，她的驚恐也直接深入沉落到她無夢的睡眠中。

第 四 部 分

在紐倫堡一個工廠院子的雜物棚裡所度過的夜晚，從偷偷度過一個晚上，變成了將近五年的時光。工廠的廠主，也就是雜物棚的主人，似乎是一個特別的德國人。他不但沒有將下等斯拉夫人趕走，而且還同情他們，在他的土地上給予他們庇護，為他們不惜違犯盟國的法律。無鄉可歸之人沒法得到允許自己尋找去處，他們必須被安置在特殊的流離失所者營地中，再次受到控制，但能獲得基本照顧。顯然對父母親和他們的同伴而言，比起到新的營房，更想要那種雖不安全，但可如飛鳥般自由的狀態。

逃難後父母親在供給需求的系統之外生存下來，是如何辦到的，我不知曉。也許那個德國工廠的主人不但讓他們住在棚子裡，還送給他們一些食物，一些我仍存有記憶的「家具」，如行軍床、紅十字會的毯子、一盞煤油燈、一張桌子，這張桌子在棚屋半遮半掩、歪歪斜斜小窗下的輪廓，仍在我的眼前。我們一定還得到了一個暖爐，否則在這破爛腐朽的住處，不可能熬過五個冬天。

母親一直生活在恐懼之中。工廠主人隨時可以將我們賴以

生存的基本生活撤回，官方機構也可能會注意到我們，誰都可能檢舉我們，簡短總括：達摩克利斯之劍（Damoklesschwert，譯注：指命運）時刻懸在我們頭上，被驅逐、被押進異鄉營房隨時會發生。五年來這座棚子一直是一個居所，一天又一天，整整五年，德國工廠主人伸出的庇護之手為我們擋風遮雨，為我們冒著被刑罰的風險。他為什麼要這麼做？難道他被母親如深淵般的美麗外貌感動，忍不下心來趕走如此無助、徬徨的母親與她的同伴們？他也曾奴役過強制勞工，還是他希望在這幾個無家可歸的斯拉夫人身上補償些什麼？

1945年12月的一個夜晚，母親開始陣痛。在我的出生證明上，出生地填的是福爾特（Fürth），因此我知曉，我不可能是在棚子裡生下的，因為它還在紐倫堡市的範圍內，也許是在一家福爾特的醫院裡來到這個世界上，而我只能猜想推測著，母親是如何到達那家醫院的。距離紐倫堡邊境只有幾百公尺，她也許是步行過去，由父親陪伴著她，在黑暗中、在冰天雪地裡，在間距還不頻繁的陣痛之間。也許有人叫了救護車 —— 那只能是在院子另一端的房子裡居住的工廠主人，只有他才有電話。

恐怕從來沒有比身在德國醫院的產房裡更令她感到害怕，更感到迷失的，若是她終於被遺棄，也只剩她孤身一人，任憑擺佈，而擺佈她的人不僅將她視為用髒血污染產房的下等斯拉夫人，同時她也被看作是戰勝國蘇聯政權的化身，殺害數百萬

德國父親與兒子的共產黨人和布爾什維克人，她是襲擊德國的殺人犯、掠奪者和強姦犯，在德國領土上割據大片土地。赤裸、被疼痛撕裂，她以犯人的身分躺在被害者之前，逼迫他們接生她的孩子。這一切她能夠感受到嗎？還是分娩本身這一種自然界的暴力，足以令其他感受都退居其次？約莫早晨七點，她，一個嚴重營養不良、命中注定必須逃難、筋疲力盡的女人，生下一個除了僅有常見的新生兒黃疸，出人意表地強壯、健康的女孩。

從第一眼開始，這個膚色像硫黃、青蛙一般，頭上有白金色細軟絨毛、不間斷地哭鬧的生物就讓她感到疏遠，這個生物不可能與她或者她的父親有關係。從一開始她就覺得自己的身體孵化出了某種邪惡的東西，生下了一個小怪物 —— 一個幾乎不停地在尖叫，任何什麼都無法讓她安靜下來的孩子，這變成她的酷刑，一直以來任意擺佈她的暴力有了新的形式，已經筋疲力盡的她無力反抗。孩子咬著她疼痛的乳房，乳房流出的只有稀疏的乳汁。除了母親的乳汁，其他則一概拒絕。抱著她來回踱步，搖她，對她說好話，唱歌，親吻，緊抱，一切辦法似乎只有讓她的哭鬧更加劇烈。這個孩子是不是哪裡在痛？孩子體內難道填滿了她傳遞給他的恐懼？孩子生病了嗎？病重到隨時會死亡嗎？孩子狂熱的索求她無法理解，不識其中意義，有時候她感覺，孩子似乎憎恨她，希望母親不是她。她搖著懷中的孩子，筋疲力盡又絕望地流淚，她害怕自己會失去理智，為了想讓孩子不再哭鬧、安靜地睡上一個小時而對孩子做出可

怕的事情。

　　她和丈夫被美國憲兵逮捕的那個夜晚來到。那天的情形我是不可能能夠記住的，我腦海裡的景象一定是後來聽聞父母的模糊敘述而被啟發、勾勒出來的，雖然如此，我總覺得似乎像是透過黑色簾幕上的一個小洞，彷彿真的看到了。兩個裸體的人形在黑暗的棚子裡靠著木板牆站著，高舉雙手。他們身上被一種悚然的、不知來源的光亮照著。這兩個人形也有可能是娃娃，但是我知曉，那是我的父母親，我在後面所看見的父母親奇怪的蠟狀身體被一種無形的力量壓在木板牆上。只有那麼一剎那，燈光隨即熄滅，一切又重新沉入這剎那之前的黑暗。但是靠著牆上兩個無助的裸體人形，永遠地烙印在我的腦海裡。到底我是真的看見了這幅圖像，還是想像出來的，於我，這即是世界的開始之時。

　　父母親被逮捕，也許是因為美國人懷疑他們如所有在戰後仍滯留德國的蘇聯強制勞工一樣，與納粹勾結合作。令人感到奇怪的是，只有父母親被抓走，而和我們一樣逃過被迫遣返的命運、跟我們住在一起的另一對烏克蘭夫婦，卻毫髮無損。原就已在飢餓中度日的父親在監獄裡絕食抗議，為了讓他的妻子獲得釋放，因為要是沒有妻子的奶水餵養，寄託的孩子，甚至寄託同住朋友的孩子就無法存活。若不是因為擔心我，監獄於母親幾乎是一個天堂般的地方。自長久以來，她終於可以吃飽，不再飢寒，耳邊的哭叫聲也停止了，終於可以安穩地入

睡。可惜她丈夫的絕食抗議生效，僅一週之後她便被釋放。父親接著也很快地重新獲得自由。

父母親的罪嫌，不論那是什麼，顯然並沒有得到足夠定罪的證據。他們甚至沒有被轉移到安置異鄉人的營地，相反地，父親反而被美國人聘僱了。他自孩童開始，就在俄國教堂唱詩班裡養成的男高音音質，成為他在德國有利的資產。他第一次演出是在紐倫堡劇院，和其他來自蘇聯的流離失所者一起演唱美國士兵想聽的俄羅斯名曲。他所得到的實物報酬，是大多數戰後德國人夢寐以求的精美食品。白麵包、罐裝奶酪、鹽味奶油、奶粉、幸運牌香菸（Lucky-Strike-Zigaretten）、片裝與罐裝都有的好時巧克力（Hershey-Schokolade）。固態與液體形狀的巧克力，是我童年時的主食。

工廠空地上的雜物棚由兩個空間組成，朝向空地的前面一間，父親、母親與我住在裡面，面對圍牆、後面的那一間安頓另一對夫妻，我早已遺忘他們的名字，但在我敘述的這一刻，卻從我腦海深處浮出，重新覺得熟悉可親的音調讓我自己也深感訝異。齊嘉連科（Zyganenko）── 他們的面容我想不起來，但是記起的名字證明，之於我，他們早在很久以前即存在著。

共享棚子裡空間的，不僅僅是我們住在裡面的人，還有那些莫名其妙存放在這裡的廢鐵容器，散發著刺鼻的鐵鏽味、滿

是灰塵。一切聞起來都充滿這股鐵鏽味：我們的衣服、頭髮、被子、我們所吃的美國白麵包。我們沒有櫃子、沒有置物的架子，我們僅有的所有都攤放在一摸到便會染紅手指的鐵器上。鑄鐵廠讓小屋整天隨著打鐵機器的節奏安靜地震動，我們已經習慣到幾乎聽不到聲音了。甚至附近鐵路路堤上短短間隔就一班的火車轟轟聲，我們也聽不見了，那些火車大多數是貨運，沉重、鐵鑄的車廂在跳動、咆哮的車輪之上，奔馳在不健全的戰後鐵軌上，將看不見的貨物不停地運送到看不見的目的地。

雜物棚裡既沒有電，也沒有水。照明來自懸掛在窗鉤上的煤油燈，水則必須從工廠院子另一頭、鐵路巡守員的小屋裡汲取。母親一次提兩桶，這樣她就可以盡可能地減少往返。這位鐵路巡守員仍然忠於納粹，毫不掩飾他對俄羅斯的仇恨。他之所以不拒絕工廠院子裡的下等人去使用他的水龍頭，完全是由於我們居住在工廠主人的財產上，他對他權威的服從，此現實讓巡守員不敢吭聲。即便如此，母親每次去取活命需要的水時，還是不能確保他會如何反應，是否允許。

威脅著我們的幽靈叫做「瓦爾卡」（Valka），這個營地是巴伐利亞州內這類營地裡規模最大的，因為生活狀況條件非常不好而臭名昭彰，是所有難民恐懼的縮影。而此營地基本上就在我們的住處附近，它位於紐倫堡的朗瓦瑟（Nürnberg-Langwasser），如果我們不能在小屋繼續居住，就會被送進那裡。水的主人，也就是那位鐵路巡守員，我們是否必須住進瓦

爾卡營，他握有最後決定權。他似乎在積蓄必要的勇氣，想假裝不知道工廠主人的意願而為，甚至可能會舉報他。當母親在他眼前等待著水龍頭裡細細的水流灌滿兩個水桶時，他充滿敵意同時又貪婪地盯著衣著破舊的年輕的母親，隨時都會發生意外，導致牽住她能生活在瓦爾卡營地之外的細線斷線的事。她經常在取水回來時眼裡含淚，沉重的水桶拖著她的肩膀往下垂，臉上認命、絕望的神色，是「我再也受不了了」的表情。父親對她的感受無法諒解，他覺得她歇斯底里、愛哭、沒有用。他什麼都得自己做 —— 在煤氣灶上煮湯、補衣服上的破洞，他必須賺錢養家。他期待妻子至少也要做到維持房子的清潔和打水。

除了鐵路巡守員之外，還有其他人也不喜歡工廠院子裡的俄羅斯無賴。夜裡常常可以聽到棚子外有人走近、竊竊私語的聲音、小碎石的嘎吱聲，有時突然間，窗戶上會出現手電筒的光線，有時候門也會劇烈地晃動。孩子開始哭鬧，母親從床上跳起來，慌張地掩住孩子的嘴巴。門外是誰在鬼鬼祟祟、在打探，沒有人知道。他們是流氓？是盜賊？但是我們屋裡有什麼可以偷？最有可能的是仇恨俄羅斯的人，如鐵路巡守員，他們不斷地驚擾屋裡的非法居民，讓他們從睡夢中驚醒，置他們於死亡的驚懼中，也許還想謀殺他們。

雖然情況很糟糕，但是我們也有所謂的日常生活。父親除了是娛樂美國大兵的藝術家之外，他也做別的事情謀生。他作

為工資收到的美國香菸和巧克力，部分會拿去黑市交換其他物品，還像當時許多人一樣收集廢鐵。他等於是「把貓頭鷹帶到雅典」（Eulen nach Athen tragen，譯注：指多此一舉），因為我們就住在廢鐵中間，雖然這些廢鐵不屬於我們。晚上，當父親去為美國人唱歌時，我們 ── 母親和我必須辛勤地整理他白天在街上撿到的廢鐵。煤油燈光下，我們坐在地上工作。有一種有趣的東西叫做磁鐵，它可以分別優質與劣質的鐵。母親教我，用磁鐵不僅可以讓鐵跳起來，還可以在不碰到鐵的情況下，讓鐵在地上移動，因為它會一直跟著磁鐵。我們需要的是從鐵堆裡將優質鐵分辨出來，父親隔天便可以帶去廢鐵商那裡賣，而賣得的錢，我們就拿來買德國雜糧麵包、包心菜、蘿蔔和鹽。

有一次父親從黑市帶回來一輛笨重的老舊男用自行車，還有一次他給母親帶回來一個秀氣的小型腕錶。她從來不曾擁有過這種物品，這麼貴重之物讓她幾乎不敢佩戴。到那個時候我已經約略明白，德國人看不起我們。我要證明給他們看，他們對我們的看法是錯誤的。所以有一天，我想到將這只有金色鏈子的漂亮手錶展現給工廠院子裡一個完全陌生的人看。一開始他只是笑著搖頭，但是等到我說出少量德語和相應的手勢，表明他可以把手錶拿走，我們家裡還有很多時，他小心地打量我，迅速接過這份不預期的禮物，放進口袋，騎上腳踏車，像風一般消失了。幾週之後母親還在尋找這只錶，比起賠錢，更讓她害怕的是父親的想法，擔心父親認為她不珍惜他的禮物，

胡亂丟放。這只消失得無影無踪的手錶還被說了很久，每次父親都用這個例子來責備母親的精神錯亂和不負責任。

她周遭的環境，首先是烏克蘭，然後是德國，可能早就讓她相信自己是不合格的，但是當她試圖贏回自信，做些什麼，哪怕只是一點點，她的丈夫總是再度讓她失去信心。他對她的初心似乎所剩不多，她明顯只是成為他的累贅。在德國，我是唯一她還可以期待愛情的生物。當她告訴我她不是我的生母時，一半可能是想安慰我，另一半可能是想激起我的反駁。我的生母和我一樣是金髮，她如此說，那是一個美麗的德國女人，住在有自己的家具和水龍頭，以及真正的房子裡。有一天那個女人會來到，把我接走。她講述摩西小時候的故事給我聽，被他母親放進籃子裡遺棄在尼羅河的摩西，最終在蘆葦叢中被一位國王的女兒發現，將他救起。她詠唱關於布穀鳥的俄羅斯民謠給我聽，歌曲敘述布穀鳥失去牠的孩子，不斷地用悲傷的鳴叫呼喚著幼鳥。這一切都鼓勵我想像自己是一個棄兒。我心生猶豫，不知如何是好。一方面我若是一個德國母親的孩子，住在一棟像院子另一端工廠主人所居住、漂亮的德國房子裡，花園裡種滿了果樹和玫瑰，那真是再好不過了。另一方面，我可能不是母親的孩子，這點又讓我心中充滿無盡的悲傷。我開始流淚、叫喊、撒野，我要母親說她是我真正的母親，告訴我說她說謊了，但是母親卻不出聲。

有時，她跟我講述玻璃城的神祕情事。有一個什麼都是玻

璃做的城市，房子、街道，甚至居民腳上的鞋都是玻璃做的。所有的人腳底都踩著一塊白色抹布走路，一邊走一邊擦玻璃，去除每一粒微塵、每一縷氣味。我不明白她為什麼跟我講這個故事，光潔明亮、玻璃做的城市是什麼意義。難道是她所居之處的貧窮髒污的反面圖像？難道她覺得自己是髒污？也許當時這個玻璃城的畫面已經表達出她渴望不再有感覺，渴望死亡。

絕大多數的流離失所者如我們，生活在有天能夠移民去美國的希望中。在美國占領區某個灰色軍營裡，設置了一個美國領事館的臨時代表處，希望離開德國的難民被帶到這裡安置，他們想去美國的申請事項也在那裡辦理。到這個地方的旅途應該是我這一輩子的第一個旅行，但是我什麼細節都不記得。我只記得破舊的軍營，在通風、擠滿人的走廊裡站了整天之後才得以見到一個美國女人。當她用破爛的俄語詢問父母問題的同時，指甲修長、紅色指甲油又耀眼的手指，以令人屏息的速度敲打著一台鑄鐵打字機的鍵盤。她有淺金色的捲髮，血紅的大嘴唇角叼著一根冒著煙的香菸。菸味與難以形容的香水味混合在一起 —— 這就是我第一次所看見的美國。

那是冬天，在軍營裡非常寒冷，所有的人都在咳嗽，連我也開始生病，得到肺炎。夜裡我們睡在一間滿是陌生人的大廳裡，一隻又大又黑的兔子坐在我的胸口，用兇惡、黃澄澄的眼鏡從黑暗裡狠狠地瞪著我。牠是這麼的重，重到我無法呼吸，我要窒息了，我好熱，我喘氣，掙扎著要得到空氣，然後我感

覺到母親冰涼的手指，感覺到她在我的胸部塗抹美國醫生開給我的綠色神奇藥膏。我從來沒有像渴望這個藥膏一樣地渴望任何事物。藥膏刺激的氣味撲鼻而來時，我頓時得到解脫，空氣馬上湧進肺裡，可怕的黑兔子消失了。

幾千個想要移民美國的難民聚集一處，我對那段時間的記憶深處，只追憶了一對俄羅斯雙胞胎姊妹。我恢復健康了，牽著母親的手走在街上，這時綁著蜂蜜顏色的粗辮子的她們，朝我們迎面而來。她們是被選中的人，得到簽證獲准與父母一起去美國。即使是現在，在戰後這條荒涼的德國街上，在殘破骯髒的軍營之間，未來即將生活在神話般的輝煌自由國度，有治療一切的萬靈藥的幸福可能，這麼一個遙遠世界的氣息與盼望，已經悄然圍繞著她們。

母親潛意識裡其實害怕我們也會拿到簽證。她堅信我們所搭的船半途會沉沒，臆測她從奧德薩到羅馬尼亞的航途中，自虎口逃脫的命運將再次追上她。但是她的擔憂完全沒有理由：我們屬於絕大多數被拒絕簽證的人之一。只有少數幸運的人獲准前往應許之地，其他人都必須回到各自的難民營，我們則是回到工廠空地上。基本上，母親可說從來沒有相信過簽證。幸福和她的生活是不可相容的，感覺就像是會對她那些遺留在烏克蘭、被監禁或受虐待的親人，再一次的背叛。這樣看來，回到我們雜物棚的路途，對她來說幾乎已經是歸鄉之路了。

與我們同處一室的齊嘉連科夫婦理智地認為自己不會有機會獲得美國簽證，於是就申請移民巴西，不久後即得到簽證機會。我還記得當嘎嘎作響的「歌利雅」車（Goliath）載著我們的室友和他們的所有家當，從工廠院子裡開出時，那種突然襲來的狂野、無可宣洩的疼痛感。我必須意識到一點，原來自己認為只是遊戲的事變成真實了。某個屬於我，屬於自然而然、不可動搖的世界一部分的人，可以走開、消失，永遠地遠離，不管我願意還是不願意。我想尋死，我把自己擠進棚子和工廠之間老鼠出沒的黑暗縫隙裡，那裡一切都在震動，而除了機器叮叮叮運轉的聲音之外，什麼都不會有。母親跑遍整片空地，尋找我幾個小時之久。直到傍晚，當她已經在思考要去尋求德國警察的幫助時，她用手電筒照進縫隙，才發現我在那裡。雖然她很瘦，但是還是不夠瘦小到可以擠進縫隙，縫隙的空間剛好是孩童身形的大小。她必須請求，甚至乞求我自己出來。我一從縫隙出來，淚眼模糊、身體因寒冷而僵硬，父親便開始對我拳打腳踢。母親拉扯著父親的外衣，哭喊著要他停下。但是父親不斷地打我，直到我倒在地上，熱熱的血從我的鼻子裡滴下來。母親撲到我身上，還在尖叫不止，而父親已進屋坐下，開始喝酒。他這樣的行為最近越來越多。

　　齊嘉連科夫婦承諾會寫信給我們，但我們從此不再有他們的消息。母親的預感似乎一一得到證實 —— 那艘本該載著她的夥伴到達巴西的船，一定沉沒了。後來我們從某處聽說他們以更可怕的方式死去，巴西的食人族殺害了他們，並把他們的

肉身吃掉了。這也可能是粗野的、俄羅斯式對恐懼的幻想的流露，這類的表達方式我日後還非常頻繁地遭遇到。

母親開始孤獨地跟丈夫、孩子被遺留在木棚裡。她失去了在陌生的國度裡，唯一庇護她的人，她在德國能擁有的小烏克蘭。也許這是她愕然醒覺的一個時刻，從內心深處她陡地意識到，她與烏克蘭真的永遠分離了，除了這個感謝德國工廠主人恩惠的棚子，在世界上她再無其他可容身之處，她的命運是生活在自己成為永遠的陌生人的土地上，她將永遠被唾棄，被拋下，與一個似乎憎恨她的男人一起。也許那時候我已經感覺到，她再也忍受不了這樣的生活，她不斷地想離開，從我身邊脫離。大概在當時，我們的角色已經互換過來，大約從四歲開始，我就一直背負著她，一直害怕失去她，這份我一出生就有的恐懼。

大部分時間我都在工廠的空地上度過。我玩碎鐵，或者坐在我們家門口目送火車經過，想像這些列車從哪裡來，要到哪裡去。母親因鄉愁而憂鬱，而我則因渴望遠方而心痛。我不斷地想著，因為後方有寬敞而危險的萊赫街道（Leyher Strasse）就從這後面展開，我因此不被准許離開工廠空地，好奇它後面的世界是什麼樣子。每當有人走過時，我都會乘機使用一些我知道的德語單詞。我快速地接連說「grüß Gott」和「auf Wiedersehen」，grüß Gott意思是你好，而auf Wiedersehen則是道再見，我不明白德國人為什麼一聽就笑。

有時候我實在忍不住，還是想跑到大馬路上，通向大馬路的是一條狹窄的土路，然後我站在那裡凝望。我觀察著德國的房子，是真正用石頭砌成的房子，驚嘆它們猶如宮殿一般。德國人的窗戶會掛著白色的窗簾，窗玻璃後面立著花盆，有綠色像皮革般的植物。我渴望地看著那個麵包店的櫥窗裡陌生的糖粉糕點，如果我們有錢，母親就會在那裡買與蓬鬆的、與美國白麵包味道完全不同的德國黑麵包。我觀察德國人的臉，他們的眼鏡，他們的頭髮、包包、雨傘、帽子。最讓我感到驚異的是，德國人裡也有孩童。他們在人行道上用粉筆畫方格，然後從一個格子跳到另一個格子。我迫切地側耳傾聽這個陌生的語言，傾聽他們說出我不理解的聲音，我已料到這些聲音是打開德國世界的鑰匙 —— 有水龍頭和電的世界。

　　大多數時候，為了我的這份考察，我付出高昂的代價。如果被母親抓到（通常都是這種情況），會被脫光屁股、鞭打十下。這是她和我之間的約定，我可以選擇被處罰而皮肉疼痛，或者放棄偷跑出去。母親不會大聲責罵，她並不生氣，她只是根據我們的約定履行賦予她的職責。我選擇了疼痛的後果，我就得到疼痛。鞭子揮下之處猶如火燒，就像我幼兒時不顧羞恥地嚎叫，但現在我已經學會假裝無動於衷。我從不讓母親在懲罰我時，看見一次抽搐、聽見一聲哭泣，不讓她知道我因為她的懲罰而受傷害。

　　有一天，我在工廠主人房子前面的綠色灌木叢後面發現了

一個小女孩 —— 她是在工廠院子裡跟我同年齡的第一個生物。縱然我也被明言禁止接近德國廠主的房子，但是那個站在花園門後向我招手的陌生女孩對我產生的吸引力，我無法抗拒。我們面對面站著，好奇地打量彼此。女孩穿著淺色蝴蝶袖衣服，一頭棕色捲髮。她微笑著，為我打開花園的門，我第一次踏進籬笆後面的未知之地，那是我們的主人和接濟者的領域，我們的存在與毀滅都在他手上。女孩給我看一個栩栩如生的娃娃，它的眼睛會開合，也會叫媽媽。能夠抱這個娃娃讓我高興得昏了頭。這個女孩還有一輛輪車，她示範給我看怎麼騎，然後叫我試試看能不能騎上去。但我還來不及上車，母親便扯著我的衣領把我拖出了花園。無法跟上她的腳步的我，摔倒了，就這樣被拖著穿過整個工廠空地，穿過廢鐵和碎玻璃，接下來幾個星期我的膝蓋一直在潰爛化膿著。那個籬笆後的女孩，我再也沒有見過了，無論我多麼頻繁地觀望，看她在不在，也因為我右膝上留下的傷疤，直到今天我都還記得她。

終於，可預見的那一刻，母親從一開始就害怕的那一天真的來臨。我們不知道是什麼造成了這個後果，但是德國當局命令我們去住瓦爾卡集中營。工廠主人無法再為我們做什麼，他的方法已經用盡了。作為告別的禮物，他送給母親一枚價值不菲的舊胸針：一隻金色的蜾蠃，背上鑲嵌著閃閃發光的小小綠寶石。

這件珠寶，出於某種原因，無論對我們來說是多麼糟糕的

時刻，父母親也從未將它換取現金，母親去世後我自己還一直戴著它很長一段時間，直到在某個時候我遺失了它。而即便是今天我仍然想知道，這個勇敢的德國工廠主人是誰，他在他私人的土地上非法庇護了我們將近五年，送給母親這一枚胸針的價值等於是弗里德里希・弗里克（Friedrich Flick）從強制勞工那裡所剝削的工資的補償。我們謎般的恩人名字我已經忘記，或者從未知曉。當我有一次循線尋找，開車到紐倫堡和菲爾特之間的城市邊界，到我們的棚屋曾經所在之處，那裡什麼都沒有，工廠也消失了。我只看到當時的批發市場仍留在那，快速道路還在，鐵道上仍有火車在上面奔馳。

紐倫堡 — 朗瓦瑟（Nuremberg-Langwasser）的瓦爾卡（Valka）營地的營房，在戰爭期間被用作納粹黨大型遊行集會和「旗幟奉獻」（Fahnenweihe）參與者的住宿營地。裡面也臨時安置了蘇聯戰俘。當我們搬進去時，這個營地已經形成一個小城市，在這裡擠滿來自三十個國家的四千個「難民」（DP，流離失所者），這些人大多自戰爭結束以來就住在這裡，四千個被挽救下來的生命，四千個不知道如何開始他們的生活的人。在這裡幾十種語言被交混在一起，但是幾乎沒有人會說德語。所有人在這裡只有一個共同點：這裡的人，大家都是希特勒帝國下的強制勞工。曾經一度非常被需要的勞奴，現在無勞動可做，他們是戰爭失敗下惱人的殘餘。

這個美國管轄營地的名稱是以拉脫維亞、愛沙尼亞邊境的

小鎮瓦爾卡命名的，但是俄羅斯人在講這個名字時，會在前面多放一個S，說成斯瓦爾卡（Svalka），德語是：Müllhalde（垃圾掩埋場）。與波羅的海小鎮瓦爾卡一樣，營地後來被分為兩個部分：直到1949年納粹黨（NSDAP，國家社會主義德意志勞工黨）的高層官員被拘禁在東半部，而那時，西半部已為流離失所者（DP）預留。受害者和加害者比鄰而居，無人照管的納粹黨代表大會會場，他們的下場和我們一模一樣：不再被需要。在多石的荒蕪曠野，在希特勒曾經發表演講的巨大的看台下，現在成為美國士兵在打拉格比足球（Rugby）之地。

　　盟軍期望從被釋放的奴隸勞工那裡得到感激，期待他們因此溫順容易管理，但是事與願違。勞動營剝奪了他們對在德國土地上的法律和秩序的信念，他們喪失道德感，仍然被認為幾乎無法馴服，以及具攻擊性。瓦爾卡營地很大程度上是一個有名的、因其無政府主義罪行而令人懼怕的地方，是友好和敵對國家的大熔爐，是所多瑪（Sodom）和蛾摩拉（Gomorra），它有可能是世界上名聲最糟糕之處。每個人都為了想得到一個工作、一些收入而搶破頭，為了生存不計一切。想得到的和想不到的事情，在這裡都有人做。有人在垃圾掩埋處翻找廢鐵以及其他可換錢的垃圾，有的人走私香菸、販賣色情圖片、胰島素或其他藥品，或夜裡強行闖入雜貨店偷盜、詐賭，以竊盜和詐騙為生。一天到晚都有人吵架、打架，刺殺、謀殺以及自殺都所在多有。德國人認為斯拉夫人就是野蠻的「霍屯督人」（Hottentot）[1]的所有偏見，都得到證實般。納粹宣傳機制將霍

屯督人描繪成野性的、危險的動物，有時候還長角和尾巴。因此，德國人仍然生活在被報復的恐懼中，但是報復德國人的犯罪事件，幾乎從未發生。營地裡的人與德國人隔離，生活在自己的世界裡，在這個世界裡持續執行警察任務的只有德國人，幾乎每天都有人被襲擊。父親不是例外，他也做那些不能說的、見不得人的生意。母親總是提心吊膽，害怕有一天警察會來敲門。

難民每天可得到三次餐點，食物已經分裝好擺在分發處，那些食物盤子必須自己去領取。除此之外，他們每個月還能獲得12.50馬克的零用錢。電力每隔一天供應一次，木造營房和石造營房之間互相交替。每個大約住有三十人的營房，配備有一個廁所和一個水龍頭。

我們所居住的是一個木造營房，與我們一起住的還有整夜煩擾我們的老鼠與臭蟲。一下雨，水就從漏水的屋頂流下來，所有可用的容器都必須拿來接水。窗格歪斜的窗戶關不上，爐子不通風、冒著濃煙，整個冬天我們都在受凍與咳嗽。這段時間我也經歷了我童年時期大部分的疾病，從麻疹到腮腺炎、水痘以及百日咳。

---

1 譯注：歷史上曾用於指南非某原住民，現在Hottentot指文明文化低下的野蠻人。

這段時期的亮光之一，是母親懷孕時展現的。她只有三十出頭，但是我的記憶中她的樣子卻已衰老、乾枯、病態，中分的頭髮嚴謹地在腦後結一個髻。她穿著一件綠白圖案的衣服，在身前飄動的裙褶被鼓脹腹部撐起，她的腹部像一個不成比例的大球黏在她細瘦的身體上。當我問她，她為什麼有這麼大的肚子時，我看到她和父親交換一個合謀的微笑 —— 父母親之間一個親密的時刻，這種時刻在我的記憶裡是稀有的，幾乎是寥寥可數。我不知曉是否自己曾見過他們互相擁抱，更不用說親吻或其他任何溫柔的舉動。我童年的大部分時間都和他們睡在同一個房間裡，當他們在辦事，做著那件於他們而言，幾乎不能稱為愛的行為時，照例我一定在場。但是如果它發生的方式不是完全隱蔽、無聲，就是因為那時的我覺得發生在父母黑暗床上的事情太過可怕，以至於幼小的大腦立即將它壓抑、忘卻了。

　　在瓦爾卡營地，母親每天的苦刑就是她無法適應噪音。在勞動營裡，聲響的效果可能比較溫和，因為勞累了一天之後，每個人都癱倒到床上，幾乎馬上就能睡著。在我們的瓦爾卡營地裡，四處充斥各種聲音，在這裡生活的人整天無事可做，而且大多數患有現代所謂的創傷後壓力症候群：失眠、做噩夢、焦慮、易怒、抑鬱、妄想、不受控制的攻擊性行為等等，再加上各種健康疾病，不少難民在解放之後仍死於這些疾病。狹小的營房空間裡籠罩著各種緊張的氛圍。沒有人輕聲細語，因為在這樣的噪音下每個人都必須大喊大叫才能被聽到。吵架的鬧

聲一直都在，痛苦的尖叫和大笑交替出現，隔壁的每一個字、每一個噴嚏和每一次嘆息都可以聽到，這些聲音在巨大的、永無止境的混亂中流動不止。尤其是冬天，特別是冬日天氣不好的時候，長長的、陰暗的走廊成為孩子的遊樂場，他們總是被某個要去廁所的人，或者帶著容器必須到走廊盡頭、唯一的水龍頭所在處的人所驅趕。

噪音讓已經無以歸家的母親更加無依。她搗住耳朵，跳起來跑出營房，而營房外面除了噪音折磨之外，還加上一個發瘋的鄰居 —— 一個愛沙尼亞老人，隔著薄薄的木牆，不斷地以俄語用荒唐的侮辱言詞虐待她。不知道出於什麼原因，這個瘋狂的女人把她所有的敵人形象不偏不倚地都投射、轉移到母親身上，她斥責她是共產黨人、猶太妓女、美國間諜、納粹婊子。母親無能為自己辯護，有時候她一整天都在哭泣，其實她永遠都在哭泣著。她最重的疾病便是思鄉。這個疾病不斷地折磨她，它似乎是一種饑渴症，永遠不會減輕之外，還會越來越強烈，直到有一天因此走向死亡。

於我，瓦爾卡營地的意義首先是，它是我開始上德國學校的地方。一張開學第一天的照片能證明這一點：在破舊的營房背景前，有三排總共二十九個孩子。其中兩排是女生，最前面一排是男生，蹲在女生的腳下。四個孩子沒有書包，其中一個是我，也是所有的孩子中髮色最淺的，雖然沒有書包，神色仍然綻放著光芒。

每個人首先都必須學習德語，這是一個給營地孩子上的營地學校。因為在工廠空地的棚屋裡，母親已經教過我俄語，所以一進德國學校，我的俄語已經到可以讀寫的程度，我知道伊萬・克雷洛夫（Iwan Krylow）的寓言故事，薩穆伊爾・馬爾夏克（Samuil Marschak）令人著迷的兒童故事，我至少可以背誦出普希金（Alexander Puschkin）和托爾斯泰（Alexej Tolstoi）的十幾首詩，但是德語於我，仍然像是背景噪音般陌生。進入德國學校後，這個音聲角色突然變了。德語單詞於我猶如閃電一般 —— 所有這些單詞彷彿都在我心中沉睡了很長的時間，它們只是在等待被喚醒的時刻。德語變成了一條我能立即抓住的堅實繩索，我抓著它將自己擺盪到另一邊，進入德語的世界。這個世界當下雖然還遙不可及，但是我知道它在等我，總有一天我會成為這個世界的一部分。

　　一場與父親、母親的語言戰爭爆發了，他們拒絕聽懂我的德語。父親是真的聽不懂，他到死也不願意去聽懂，母親 —— 我身邊所有的人之中德語最好的，也不願意聽我說德語。而我也不再跟他們說俄語，再不想跟他們有什麼關係。我們一直在爭吵，她想打我，但是我躲開了她，而且她的手也太沒有力氣，打到時根本不會痛。她拿我毫無辦法，因為我不怕她，我怕的只有父親的手，他很少會打我，只在母親把我交給他的時候，最後不得已時父親才會打我。母親對付我的唯一手段，唯一讓我害怕的威脅：「我要告訴妳爸爸！」有時候她會原諒我，如果我含淚用俄語為我的無禮行為和謊言道歉的話，

但大多數時候判決都會被執行。每到晚上，當父親從他見不得人的工作回家時，大多已是喝醉的狀態。他是一個喝醉就變得很急躁的人，碰上母親的抱怨來得正是時候，他罵我是霍亂、寄生蟲、白癡，他一隻手緊緊抓著我，另一隻手則像斧頭一樣落在我身上。母親是法官，他則是劊子手，刑罰執行的實體。

　　放學後，我通常會在營地外面的空地閒逛。我不記得那裡有任何其他孩子，只記得那是一塊荒涼的、灰色的廣大空地，幾乎是焦土，在其上一棵樹都沒有。我沒有能離父母再遠的可能 —— 營地比工廠院子大得多，但它是一座被鐵絲網圍起來的監獄。只有當入口處的守衛打開拴門的木頭時，才能離開或進入。

　　然而，會做見不得人的事的，不是只有父親，包括我也是。一個俄文破爛、總是戴著髮網且令人噁心、腫脹的男人從窗戶裡對我招手，叫我進去只有他一個人住的房間。我必須把內褲褪下、裙子拉高，跳舞給他看。我很害怕，覺得他令人作嘔，但是我向他展示自己的同時，當他用眼睛舔噬我，搖晃著他從褲子裡伸出來的難以理解象鼻一樣的東西，一邊呻吟時，我自己並非沒有得到暴露的樂趣，也不是沒有隱約感覺到我可能擁有的支配他的黑暗力量。我不理解他為什麼這麼做，但是我知道，某種男人將用手帕接住的乳白色液體，很快地便會從那個神祕的身體部位噴出。到這時，我的演出就告一段落。他重新把萎縮的象鼻藏進褲子裡，警告我，來找他的事不可以告

訴任何人，然後給我十分錢（Pfennig）。我拿著工資跑到雜貨鋪去買一支櫻桃棒棒糖和口香糖。同樣的事一直重複，直到有一天，這個男人抓住我，要把他的象鼻塞進我的嘴裡。他答應給我50分錢，如果我願意的話。這是好大的一筆錢，但是我無法克服我的噁心感。好不容易，我擺脫了他，停止了我祕密的有錢領的工作，從此我對甜食的渴望只能抑制了。

有時候母親會敘述，當她還住在烏克蘭時，一度她想加入修道院，成為一名修女。她哭著說道，她現在的生活是因她沒有聽從上帝的召喚，是上帝給她的懲罰。我知道修女不允許有小孩，所以我問她：「那我呢？如果妳成為修女，世界上就沒有我了。」她用陰鬱的眼睛看著我。「也許沒有出世，對妳會更好。」她說。「如果妳看到了我所看到的……」然後她的眼光又望向了我看不見之處，一個沒有我的地方。

白天，父親不在家時，一個聖徒經常來看我們，這個俄羅斯人看起來像我們俄羅斯掛曆上的托爾斯泰，這份日曆我們也掛在瓦爾卡營地的房間牆上，雖然它不再是更新過的。安德烈‧扎哈羅維奇（Andrej Sacharowitsch）是個瘦削的小個子男人，他的皮膚像吃素的人，白色鬍子很稀疏。他是礦山的強制勞工，隨身總是帶著一本用報紙包著的聖經。父親說，他對母親有不好的影響，他會讓母親更加神經質，他還懷疑他們兩人有破壞婚姻的隱祕情事，所以禁止她再見他。當她再威脅我，或要父親打我時，我便威脅地回嘴：「那我就跟他說，安德

烈・扎哈羅維奇又到家裡來了。」

　　根據我的觀察，母親與他之間的關係是單純神祕主義的、宗教的，是彌賽亞（Messias）與絕望、對信仰不再有信念的修女之間的關係。母親想讓他改變自己，重新相信她所曾經相信的善良、慈愛上帝的存在。當他開口說話或誦讀聖經之時，她依戀著他的每一句話，但是他們的相見幾乎總是以我無法理解的激烈爭吵與內容結束。我只明白，安德烈・扎哈羅維奇在捍衛上帝，而母親則在指控祂，指控的原因也許是因為她的感知，而我也希望看到她的所見，了解她的感受，好理解藏在她無止境、無可估量的痛苦裡的祕密是什麼。我對這種痛苦很恐懼，但是我還是想體驗一次，就一次。於是我的床前禱告幾乎便總是這種熱切的祈求：「親愛的上帝，請讓我感受母親所感受到的，一下下就好，以便我能夠理解她。」

　　安德烈・扎哈羅維奇到我們家來的時候，帶的不只是聖經，通常也會帶同樣用報紙包裹、他在家裡用煤油爐煎的「麵糕」（Küchlein），比起營地每天的食物 —— 我從來最多只能吃到幾勺的黏黏的湯和粥，這個麵糕簡直是另一個世界來的。而我因為瘦得有生命危險，成為紅十字會所資助的戰後營養不良兒童，被送進療養院。那些位於巴伐利亞州山區某處的食療餵養院，我還必須去兩個地方報到，當我從那裡回來的時候我比之前更消瘦，因為我無法習慣陌生的德國食物，馬鈴薯丸、血腸、燒牛肺、巨大的甜饅頭，這些食物被強行塞進我嘴裡

後，我無法克制地，立即都吐了出來。

但是像乳霜一般、香甜的俄羅斯煎糕，是我所有吃過的東西裡最好吃的。母親所敘述，上帝從天上為祂在沙漠中的以色列子民所降下的蜜甘，我想像就是這個味道。只是安德烈‧扎哈羅維奇帶來的不僅只有甜蜜，也帶來了苦澀，一種叫做奎寧的黃綠色粉末。這種粉末據說能夠治百病，母親的關節炎、頭痛、心痛、胃痛，所有不只是折磨她的心靈，也折磨著她的身體的疼痛，都能醫治。即使我也必須規律性地服用大約刀尖那麼多的劑量，但是母親和我只能在服用後立即喝一大杯水的條件下，才能吃下這種粉末，因為它真的是沒有言語能描繪的苦味。但是安德烈‧扎哈羅維奇則不同，他可以不喝水就吞下，而且臉上毫不動容。「它不苦，」他說，「它苦，只是因為我們這麼相信。」

我真的感受到奎寧的威力，我有能力跑得更快、更持久，我的身體裡有一種新的、我不認識的精力，幾乎像是無所匹敵般。也許這也讓母親和我之間的爭吵越來越激烈。我不再聽話，不再忍受被說我能做什麼、不能做什麼，也幾乎不在家，最重要的是我謊話連篇。說謊是我童年的恥辱，是我無法逃脫的詛咒。我像有強迫症般地說謊，沒有理由，沒有任何目的，我說謊只是因為，真相永遠不會從我的口中說出，不管原因為何。我那位絕望、不知該拿我怎麼辦的母親，求助於舊約聖經裡記載的懲罰措施。她將一大張硬紙板牢牢黏貼在牆上，紙上

用粗體黑色寫了一些字。娜塔莎對她的母親說謊，她以俄語與德語同時寫在紙板上。我不但不准出門，而且還要忍受公開曝光，每次有人進入房間，看到牆上的文字後再看我的時候，我都羞愧難當。尤其最讓我害怕的是安德烈‧扎哈羅維奇，我感覺在他的注視下，我會立即燃燒起來。而他真的來拜訪了，他站在紙板前良久，戴上眼鏡，仔細研讀母親的文字。然後不可思議的事情發生了，他重新收起他的眼鏡，將紙板從牆上撕下。「您在對您的孩子做什麼，葉甫根尼婭‧雅科夫列夫娜？」他憤怒地說。「您，一位有智慧的女性……這是史達林還是希特勒褻瀆神祇的手段嗎？我們大家到底是怎麼了？怎麼變成如此？！」他悲傷地補充道。我看到母親臉上的羞紅迅速升起，矛頭轉向了，現在羞愧的人是她。垂下雙眼，她轉身向我輕聲地說：「妳可以出去了，去玩吧！」

　　妹妹出生的時間點正好是我們搬到一個新的居處時。雖然瓦爾卡營地到60年代中期才關閉，但是我們在1952年就已經遷移出去，而也正是在那一年，美國將流離失所的難民移交給剛剛成立的德國難民局，而稱為流離失所者的難民也被賦予了新的身分。從那時起他們不再是「流離失所者」（Displaced Persons），而是「無家可歸的外國人」（Heimatlose Ausländer），他們沒有所屬的國家，但是擁有居住德國的權利。在弗蘭肯地區，紐倫堡北邊的一個鄉下小城，為了這些少數人口在小城周邊蓋了一個社區，它有一點像一個小型的瓦爾卡營地，只是現在這個社區不再是即興拼湊的、臨時的住所，而是定居之處，

對大多數流離失所的難民而言，這是在德國的第一個和最後一個地址，終點站。在雷格尼茲河（Regnitz）的河邊，這些為我們建造的居所被當地居民稱為「那些房子」（die Häuser）。我們新的、被圈住的居所，比我們所能想像的要舒適得多，再也不是軍營似的房子，而是石頭建造的真正的房屋。社區裡有四個街區，一個綠意盎然的庭院，種了三棵還是幼苗的白樺樹，這些樹的用意是慰藉東歐居民的思鄉之情。每個人都得到有自來水、有電、有烤箱設備和水缸的大型鑄鐵爐灶的公寓，公寓裡還有裝有熱水爐的浴室 —— 真是意想不到的豪華！我們的街區在小城邊緣最後那些房舍的後面，這些低矮歪斜的房屋也同樣已不在柏油路的範圍內，地理位置上來說幾乎更屬於我們，而不是他們的。尤其是炎熱無風的日子裡，空氣中充滿著從所謂的骨頭工廠傳出的濃濃腐臭味，在工廠裡動物的骨頭被加工成膠水，而這種惡臭當地人稱為「瓦斯」（die Gas）。這個工廠所排出的氣體與附近一家巧克力工廠散發出的甜美黏稠氣味混合在一起。一種令人頭暈、絕不會認錯的嗅覺混合。

這座小城沒有受到戰爭的損害，舊城的中心於我而言，像是置身德國童話故事中。城裡有一座中世紀建築的市政大樓，夏天時市政大廈的半木構造建築（Fachwerk）立面沉浮於五顏六色的天竺葵之後，一點聲響都沒有、似迷宮般的街道，就像一條走廊穿梭於互相緊挨、門窗總是緊閉的半木構造小屋之間，一條木輪在其中轉動的湍急小河，長滿苔蘚、有瞭望塔與彈孔的城牆，護城河環繞但已風化腐蝕了的古時皇帝行宮

（Kaiserpfalz）。這座小城是所謂進入弗蘭肯瑞士（Fränkische Schweiz）的大門，而弗蘭肯瑞士是在州裡的一州，在這裡只有許多令人想起過往的災難，以及因戰爭而傷殘的人。與我相較，這些見識過俄羅斯的男人們現今有的獨臂，另一邊外套袖子裡空盪盪的，或者一個眼睛戴著黑色眼罩，也有的則拄著自製的木頭拐杖單腿前行。美國坦克一次又一次地、單獨或成列地穿過狹窄的街道，讓小城轟轟震動，這也是日常。從敞篷吉普車裡美軍大兵向已經在路邊等候的孩子們丟出糖果和口香糖。從鄰近村莊來城裡購物的農婦仍然穿戴傳統的弗蘭肯服飾。幾年之後一部名為《無情小鎮》（*Stadt ohne Mitleid*，原文：*Town Without Pity*）的美國電影於此拍攝，影片的主題是小鎮居民的雙重道德標準和迫害者的心態。影片中的女主角由克里斯汀・考夫曼（Christine Kaufmann）所飾演，與母親有些相似之處：她在片尾時也於雷格尼茨河終結、溺斃。

母親並沒有跟著父親與我搬遷，她是稍晚之後才過來，直接從醫院過來的。我站在我們新廚房的窗前，看著她在院子裡從一輛汽車裡走出來。她對我們的新居看來並不興奮，她臉上的表情表達出的，似是介於狂亂的絕望和不再懷抱希望的寂靜之間。她的懷抱中是一個白色的包袱，妹妹藏於其中，一個安靜、溫柔的黑髮女嬰，將來也證明確是如此 —— 即使在孩提時候，她也已像極了母親。她於我真的是一個謎般的生物，從不喊叫，而是滿足地、顯然沒有任何願望地躺在小床上，大部分時間她都在睡眠中。

新居這邊我們不再得到分派好的三餐，而是每個月一次去市政處領取福利金，自行餵飽自己。慈善機構捐贈給我們幾件家具，其中有帶玻璃櫥的餐邊桌、散發霉味和薰香氣味的巨大的過海行李箱（Überseekoffer），以及一個華麗的老舊五斗櫃，這個櫃子在今天看來是珍貴的古董，但是在當時卻被認為是廢物。在德國，那是一個什麼都想要嶄新的時代，房子、家具、人，是屬於重生的時代、必須將過去遺忘的戰後時代。光是這個原因，小城邊界的「房子」就不受到歡迎，這些房子讓人憶起沒有人想再知道的事。瓦爾卡營地的名聲一直尾隨著我們至此，即使在此地我們仍然被視為是野蠻人，是一群罪犯。

　　母親一定感覺自己在雙重陌生的人群之中。在瓦爾卡營地雖然有大量的人被遣返回國，仍然留有說俄語的俄羅斯人、烏克蘭人和其他蘇聯公民，然而在此，這些人都不在了。我們最終來到了東歐巴比倫（Babylon，譯注：多種語言混雜之地），一個人只能理解另一個人所說、與自己語言相似的單詞而已，這樣的語言混亂中。除了我們，還有一個只有一條腿的俄羅斯人，但是他並沒有久留。他思鄉的嚴重程度到連死亡都不害怕，有一天他存夠了買票的錢，不顧母親的哀求便拄著拐杖，啟程前往俄羅斯。他保證會寫信給我們，但是我們不再有他的消息，他和齊嘉連科夫婦一樣下落不明，永遠消失了。

　　身為俄羅斯人的我們，不僅是德國人公開的政治敵人，在我們的街區中同樣也是邊緣人。一天晚上，要對付我們的可怕

事情正在醞釀，類似集體霸凌的情況。喝醉酒的男人們聚集在我們住處的窗下，叫嚷著像「共產黨人」、「布爾什維克人」、「史達林走狗」這類的字眼，這些詞在所有語言中聽起來都一樣。一塊石頭連同玻璃碎片飛進了我們的屋子裡。

從我對「房子」灰濛濛似流霧的記憶中，個別的、仍可辨認的人物身形浮現出來。其中有瑪麗安卡（Marjanka），她是一個碩大的波蘭女人，因酒精而浮腫的身體，似乎一碰就會流漫而出，溢在手上。她顯然在「那些房子」的街區裡沒有自己的居所，而是有時候住此處，有時候住彼處，帶著她的孩子們從一個男人家搬到另一個男人家。每個男人都搞大她的肚子、毆打她，再把她趕走。最後她住到我們鄰居家裡，他是一個有一隻眼睛是玻璃的羅馬尼亞人。當她因為腸阻塞死亡時，他不得不接受被獨自留下，並與她的孩子們一起度日。他不知道該拿這些孩子們怎麼辦，所以沒有把他們送走。大部分時間他都在外面的院子裡喝著啤酒，極力捍衛他身為男人的名譽，以及追捕令他不得不撫養這些無名孩子的父親。

還有法麗達（Farida），我祕密的塞爾維亞朋友，她被禁止與我玩在一起，因為我會引誘她和我偷溜去城裡冒險，在河床邊濕地和礫石堆上遊蕩，直至夏日，白日將盡後的黑暗來臨。沒有人知道我們做了褻瀆神明的破壞行為：我們打開了座落河床邊的一個小教堂，一扇大門意外地沒有上鎖。外面的天空是會灼痛皮膚的豔陽，而在這裡面我們被涼颼颼的、陰暗的寂靜

包圍，空氣中散發懸浮著沉悶、發霉的氣味。我們觀察老舊、可翻折的整排座椅，穿著淺藍色長袍、頭上有星星光環的德國聖母，還有沉重的古銅燭台，我們去觸摸精緻的白色祭壇桌布，將手指伸進一盆不再新鮮、聞起來已經腐敗的水中，我們望著德國的耶穌基督，祂的肋骨隆起，裹著纏腰布，高懸在祭壇上方的木製十字架上，而身為回教父母的孩子，法麗達對這一切比我還感到陌生。我們不知道該怎麼辦，所看到的這一些代表什麼，法麗達鼓起勇氣，用手指去撫觸釘在十字架上耶穌被粗釘所刺穿的腳上流血的傷口，很奇怪地，什麼也沒發生，德國耶穌基督甚至連眼皮都沒眨一下。我們去搖動十字架，祂也完全沒有反應，我們對祂說不好聽的話，祂還是冷冷地不理我們。我打了祂的小腿一下，讓祂在我們無法企及的高度微微地顫抖了一下，但是當我們仍然沒有被閃電擊中時，我們開始向這個緘默的德國聖物吐口水，把花從祭壇上的花瓶裡拿出來，用滑溜溜半腐爛的花莖去打祂。我們大肆破壞直到荊棘頭環從黏土救主的頭上掉落，摔碎在石頭地板上。直到這時，我們才從破壞的興奮中清醒過來，看著因我們所造成的破壞，我們慌張奔逃，穿過田野，穿過成熟的玉米田，讓追捕的人看不見我們，我們很確信他們會因為我們的褻瀆暴行而將我們終生監禁。

然後還有一個陰鬱、不說話的男人，沒有人知道他是從哪裡來的、什麼背景。猶如赫拉克勒斯（Herkules，譯注：希臘神話裡的半神，形象是大力士）的他，總是和一個來自吉普賽

營區的瘦小女人一起走過院子。她穿著他的一件夾克，身子陷在幾乎長到她腳後跟的夾克裡，夾克下面有黑色裙子的荷葉裙襬顯露出來。我從未見過他們兩人交談，也許兩人之間根本語言不通，又或者兩人根本沒有什麼話好說。女人身上金色的首飾叮噹作響，油亮的髮上戴著一朵紅色的塑膠玫瑰花。她就這麼走著，總是穿著巨大的男式夾克，與沉默、嚇人的赫拉克勒斯並排走著，不知在何種幸運的境況下，她能倖免於毒氣室而倖存下來。

還有一個年輕的捷克人，他和「那些房子」裡的許多其他人一樣患有肺結核，肺結核在當時是一種戰後仍在危及窮人生命的疾病。他最近才娶了一個德國女人，但是大部分時間他都在院子裡拉手風琴 ——「羅薩蒙德」（Rosamunde）、「藍色多瑙河」（An der schönen blauen Donau），以及我們不知道的其他捷克樂曲。我有一點愛慕他，因為他演奏得太美了，總是流露著悲傷的眼睛裡帶著堅毅不懈的努力、近乎痴迷的喜悅。有一天，當他的妻子下班回家，發現他躺在家中地板上已經身亡。他的臉朝下，埋在被撕咬開的肺所流出來的血泊中。

還有耶米拉（Dschemila）的母親，她的哭號連續幾天從敞開的窗戶傳到院子裡，她哀泣她的那位小女兒，一個被德國孩子們推進雷格尼茨河（Regnitz）的女孩。院子裡一片沉寂，沒有人在外面，只有我坐在家門口的門檻上，聽著從耶米拉所住過的那扇四角形窗戶，黑暗中傳出來的奇怪哭聲，一波又一

波，有時候只是聲音，有時候是我聽不懂的語言。院子裡張貼所有重要宣告的燈桿上掛著一張紙條，上面寫著耶米拉葬禮的時間。這是謀殺，一樁不會被起訴、不會受到懲罰，德國警方也不會開始調查的謀殺。

漸漸地也有德國人搬進「那些房子」。我們不歡迎他們，他們是入侵者，讓原本許諾單獨只給我們、原本就狹小的空間更加擁擠。他們覺得住在「那些房子」裡是一種侮辱，這當然毫無疑問。除了是被社會邊緣化的人之外，而今還得在過往強制勞工之間生活，他們一定感覺人生被扔進了垃圾堆般。

我想起的還有那對德國雙胞胎，兩個金髮平頭的年輕人，都穿著流行的混織圖案外套，都是油漆工人，每天一起去上班，一起回家，臉上永遠是令人看不透的表情。他們的母親，一個圓胖、髮髻整齊的女人，她推著坐輪椅的癱瘓丈夫，穿過院子。他們四個過著完全螫居的生活，不與任何人打招呼，也沒有跟任何人說過一句話。

「那些房子」裡最暴躁、最愛鬧事的克雷勒（Kreller）先生和他的家人，正好就住在我們樓上。他是一個有重度酒癮的人，經常毆打他的妻子與已經成年的女兒安娜麗絲（Anneliese），其暴力程度，宛如天花板都要倒塌般。我和母親常被響雷般的吼聲嚇得壓低了頭，家具也彷彿要裂開了，整個院子裡都能聽到克雷勒的妻子和女兒刺耳的尖叫。安娜麗絲是

做頭髮的，她把賺的錢藏起來。而克雷勒先生的舉止起因就為了找這些錢的藏匿處，他的妻子曾偷偷跟我的母親說，錢藏在縫紉機裡。美麗、有野心的安娜麗絲很快地為自己改變處境，她嫁進位於主幹街道大型、有社會地位的皮革商店，從最底層的階級上升到城裡最受人尊敬的富裕資產階級，在我當時的想像中，這是所有星星中最遙遠的那一顆，是可能發生在一個人身上，最幸運的幸運。記得在我們家門口，她被白色浪花般的婚紗簇擁著，握著新郎的手從天藍色有天窗的歐寶車（Opel Rekord）裡出來 —— 真是一件轟動的大事，是在「那些房子」中這類轟動事件的第一個也是最後一個。女兒的婚禮後不久，克雷勒先生就中風了，我們頭頂上的聲響安靜下來。只在偶爾還會聽到他發出嘶啞的咒罵聲，或輕輕的嘆息。

街區對面住著一個身軀巨大猶如猛獁象、沒有門牙的德國女人。大家在背後謠傳，說她從商店裡偷咖啡豆和烈酒來款待她的情人。她嫁給一個有肺結核、骨瘦如柴、矮小的男人，他大部分時間都坐在外面的院子裡，喝瓶裝啤酒，咳嗽，吐血，讓虛弱的身體在陽光下取暖。他們有個大約十歲、脖子細瘦、捲髮像小鹿般淺褐色的女兒，是她母親的女傭。她在樓梯間擦地，在院子掃地，扛著採買的東西回家，擦洗窗戶。冬天的時候她必須從木炭商人那裡買煤塊回家，每次都只是很少的量，更多就沒有足夠的錢買。又瘦又蒼白的她，也許她被她父親傳染，也患有肺結核，整個冬天都可以看到她，每個星期她都拉著一輛小推車穿過院子，車上裝滿一小堆煤炭和幾顆煤球。

我們的房屋管理人也是德國人，他是一個不起眼的老人，從早到晚都靠在窗邊，警惕地守衛著院子裡的德國草坪，那裡有如我們之間一塊綠色的德國聖地。如果球滾進去，或者有人想抄捷徑欲從草坪穿過時，看我們誰敢在草坪上踩上一腳。夏天當所有的窗戶都開著時，整日都能聽到亨施（Hensch）先生像犬吠般的警告，說他就是教不會我們這些野蠻人遵守秩序。

　　於母親而言，在「那些房子」裡開始了她新的一段苦難時光。她的第一個孩子已經是一場災難，而此時她有兩個孩子要照顧，而且擁有自己的房子也代表她最終還是有必要承擔起家庭主婦的角色。父親對她的耐心已經到極點，他不再幫她分擔家務，現在她什麼都得自己做：煮飯、打掃、洗衣服、補襪子、燙衣服 —— 所有在她那個時代，那些屬於女人的天命與任務。

　　之前在瓦爾卡營地，她有一些可以交談的人，分享她對家鄉的回憶，尤其是安德烈·扎哈羅維奇，當時有他對上帝信任的堅定態度，來跟她的孤單淒涼抗爭，他於她而言也許有點像是一個父親的角色。現在她沒有這些人，她完全孤獨了，是一個不論到哪裡都是被拋棄的人，不僅在她身所處的德國環境中，不僅在她身為「俄羅斯人」而始終感到格格不入的「那些房子」中，還在於她那成為地獄的婚姻中。

　　天主教學校拒絕我入學後，此時我可以去上基督教學校二

年級。一開始基督教學校也不願意收我，因為我是俄羅斯東正教徒，但是最終校長對我憐憫或抱以同情，就通知我可以特別許可的方式去上學。相較於在難民營裡我只是所有小孩中的一個，但是在這個學校的第一天開始，我就體驗到了自己的例外地位，某種負面的特殊性。

校舍位於有著厚重舊城牆的市立公園後方，學校大門上方是兩條鱒魚圖案的市徽。每天早晨，這裡就是通往塔爾塔羅斯（Tartarus）[2]的入口，那裡面住著二十三個孩子，雖然和我一樣，他們也是大約在戰爭結束時期出生的，但是他們在吸入第一口母乳時就吸入了對俄羅斯人的仇恨，在七、八歲時就已經知道俄羅斯人是下等人，俄羅斯人是世界上最壞的人。舍恩（Schorrn）小姐，我們的女老師，她是一個有著鋼藍色眼睛的金髮日耳曼人，教鞭從不離手，也不放過任何伸出駭人爪子的機會，她對我不但完全沒有發揮保護作用，反而造成反作用。她講述俄羅斯人的暴行、對謀殺和獸交的慾望，激起同學們的憤怒，大家都恨不得把我吃了。對於怒氣囤積在心的孩子們，我是一個受歡迎的出氣筒，雖然已是戰後，但是在這些孩子們的家裡仍然籠罩著國家社會主義紀律（譯注：納粹）的精神。在戰後毫無孔隙的啞寂裡，他們感到窒息，而透過在我身上施加兇猛的暴力，讓他們得以短暫地喘口氣。

2　譯注：地獄冥界。

比起每天課間休息時，在操場上對我的襲擊和放學後對我的追獵，我更害怕的是被嘲笑，嘲笑也成為德國同學拿來對付我的手段中最複雜、最有效的武器。舍恩小姐點名我的時候，從來不叫我的名字，只叫她不會發音的姓氏。她拼不出吳朵溫（Wdowin）的聲音，而是叫我度文（Dowin），接著我的同學便根據這個聲音叫我「笨文」（Doofin）。這成為我在學校的綽號。我的一切他們都能拿來開玩笑，他們嘲笑我的腳、我的頭髮、我的鼻子、我的衣著。「小便便！」自從有一次我在黑板前因為驚惶而尿了褲子後，他們就這麼叫我。他們也叫我「臭臭！」「笨文不穿內褲，笨文不洗澡，笨文好臭，俄羅斯人在馬桶裡洗馬鈴薯。」在班上如果有任何東西不見了，例如一塊橡皮擦或者削筆器，小偷嫌疑犯馬上落到我頭上。偷竊的人會說謊，這是一則德國諺語，而我總是說謊，所以一定是一個小偷。只要「偷」字一被說出來，血氣就會即時衝上我的腦袋，座位上的我立刻會雙頰滾紅發燙，等於提供了可見的證據，彷彿能證明懷疑我是正確的，儘管我從未動過德國的財產。

　　如果我要偷的話，只會從母親的錢包裡拿錢，為的是在去學校的路上，可以在麵包店買一個美國派（Amerikaner，譯注：一種德國糕點），或者至少買個小麵包，來替代其他孩子會帶去學校的餐點，而母親無法幫我準備的午餐 —— 她無法切直麵包之外，我們也沒有可以夾麵包的食物，沒有可以裝麵包的紙，她的身體也總是這麼的虛弱和不舒服，所以早上我必須去上學時，她根本起不了床。最重要的是，似乎是不會結束的、

神祕的思鄉疾病，讓她的身體越來越虛弱。幾乎每一天，她都會不斷提到她早逝的父親，提到她如此喜愛的哥哥，尤其是述說她不知是否尚在人世的母親。她一邊敘說一邊哭泣，她一直在流淚，整個人似乎愈來愈浸沒在她的淚水裡，而我不能明白，到底是何種失去會導致如此長久、無盡的苦痛。有時候她會坐在廚房的桌子旁，用鉛筆畫一些臉，實際上是一遍又一遍地畫著同一張臉。就是這個樣子，我所想像的，她告訴過我的玻璃城居民，瞪著虛無、眼睛森冷的玻璃人，應該就是如此。這些畫堆積在廚房桌子的抽屜裡，幾乎每天都會再添加一張新的作品。

唯一能讓她短暫地從憂鬱中解脫出來的，就是唱歌。唱歌是我們的反咒法術，暫時可以驅散鬼魂。我們的曲目裡不僅包括俄羅斯和烏克蘭歌曲，還包括我在學校學到的、父母親也喜歡的德語歌曲，「黃昏處處是寧靜」（Abendstille überall）、「如果我是一隻小小鳥」（Wenn ich ein Vöglein wär）、「雪山上」（Dort in dem Schneegebirge）等等。大多數時候母親以明亮的女高音唱第一聲部，我唱第二聲部，而父親唱第三聲部。實際上是男高音的他並不唱歌詞，只用低音為我們的歌聲伴奏，與母親不同，他無法說德語跟著歌詞一起唱。他模仿深沉鐘聲的賓巴布（bimbambom），給德國歌曲增添了俄羅斯風情。夏天時鄰居們經常聚集在我們敞開的窗戶下聽我們唱歌，為我們鼓掌。在我們的私人音樂會裡，在這一小段時間裡，我們促成他們與俄羅斯人的和解，就像我們在唱歌時，感到自己與自己在

和解，感到我們彷彿可以有所歸屬一樣。

　　放學後若我沒有被追趕到「那些房子」時，或是同學們剛好對我沒有興趣，可以讓我一個人不受打擾，我會繞道穿過貫穿市立公園的墓園，經過綠色扇葉的尖端，伸進黑暗、泥濘池塘裡的高大垂柳，經過在五顏六色的遮陽傘下的德國人在吃冰淇淋的公園前方。我的目的地是太平間，可以看到死人的地方，在那個時代，亡者仍然被放在敞開的棺材裡，他們於我有魔幻的吸引力。我仔細端詳莊嚴肅穆地躺在太平間窗後死去的德國人的臉，他們頭的兩側各有深色的絲柏和白色的蠟燭。我研究著這些緊閉的眼睛、嘴巴、頭髮、白色棺材蓋上交疊的雙手。有一次我看到一隻蒼蠅在一個老婦人小小的、乾癟的臉上游走，然後消失在她的一個鼻孔裡，片刻之後又從她張開的黑洞似的嘴裡鑽出來。我一直被這樣的想法所困擾，就是死人並不是真的死了，他們能夠聽到和感覺到一切，然後只是被活活埋進土裡，但無法為自己發聲。我總是期待著他們其中一個會抽動睫毛或嘴角，像母親暈倒時，彷彿死去般地躺在那裡一樣。從父親那裡我知曉，母親不僅從親人那裡繼承了精神病，還繼承了太小且又衰弱的心臟。她會突然抓著這樣的心臟，然後暈倒在地上。這一套我已經看多了，但是我永遠不能知道，這次究竟嚴不嚴重。我試著叫醒母親，我掐她，向她扔東西，扯她的頭髮，每次都愈來愈慌張，因為她一動都不動，我就會持續尖叫、不斷地折磨她，直到她的嘴角浮現一抹微笑，突然輕鬆地坐直，然後她會粗暴地拳打腳踢，以對我懲罰。我不知

曉我的內心裡哪個想法更強烈 —— 希望她真的死去，還是害怕她真的就此死去，我再也喚不醒她，害怕她貫徹她發出的威脅，真的投水溺斃。夜裡我不敢合眼沉睡，因為害怕醒來時，她再也不在了。我把一根繩子綁在她的腳上，拉著繩子的另一端上床緊緊地握在手上，我總是在擔心受怕，擔憂的同時又畏懼她。

有一次她問我，我比較想留在父親身邊，還是比較想帶著小妹跟她一起去投水。「不會痛哦。」她說道。由於我絕不願意留在父親身邊，而且反正投水大概也不會痛，我馬上欣然應允，同意帶著妹妹跟她去跳水。她想帶我一起去自殺，這個提議於我幾乎是領到獎般的驕傲。

或許是河水覺得母親、妹妹和我去到它那裡所花的時間太長了，變得不耐煩 —— 所以它向我們奔湧而來吧。連日傾盆大雨之後，原本無害的、小小的河流雷格尼茨（Regnitz）膨脹成巨大的、骯髒的棕色洪流，將樹木連根拔起、將石頭捲走，並且繼續壯大。很快地，河水漫過我們的院子，一開始只是幾個水坑，孩子們赤腳在水坑裡跳過來跳過去玩耍，然後水坑漲成一片封閉的水域，橫在我們家門前，一開始安靜平坦無波，接著逐漸被水流和漩渦帶動。我又夜不成眠，不敢入睡。也許我們已沉在水底，也許水已經來到我們窗邊，下一刻就會闖入，將我們埋在水下。幸好大水只是虛張了一下聲勢。它在院子裡溢滿晃蕩了幾天，然後就慢慢退去，像它來時一樣地神

祕，雷格尼茨河又變回平靜、田園詩般的小河流，如往昔湛藍、閃閃發光，蜿蜒地穿過我們屋後的鄉村風景。只有田野和草地遭到蹂躪破壞，包括我們在岸邊種著黃瓜、番茄和南瓜，以養活我們整個夏天的小菜園。

然後那一天來了。父母坐在收音機前，收聽充斥電子噪音、背景音樂是巴哈的俄羅斯新聞。史達林病重垂危。母親從未像憎恨與害怕史達林一樣憎恨與害怕過誰，那個手臂肌肉無力的喬治亞（Georgier）矮子、鞋匠和農奴的兒子、原名朱加什維利（Dschugaschwili）但自己改名「鋼鐵堅強」（Stählerne）的史達林。母親除了稱他為怪物之外，對他從來沒有使用過其他詞語。現在他病危了，她突然間可憐起他來。她聽著巴哈的音樂，一邊擦拭眼角的淚水。「他不是大惡人嗎？」我驚訝地提出反對意見，問她道。「是的，他是大惡人。」母親說，「但是我們不知道他現在正在經歷什麼，他要面對的是神的審判。」就我記憶所及，這是最後一次我從她口中聽到源自信任公正上帝的話語。

史達林死亡，這一件空前的事發生了，一件可以改變一切的事。我們現在能返回烏克蘭了嗎？世界要重新開始了嗎？烏克蘭成為自由的國度了嗎？我不知曉父母親是否曾問過這些問題，如果他們有的話，那麼他們應該很快會發覺，透過史達林的死亡，於他們什麼都沒有改變。即使在所謂的「解凍時期」（Tauwetterperiode），蘇聯仍然是一個極權主義國家，與外界

隔絕，像我父母這樣的人仍然被認定是人民的公敵、祖國的叛徒和通敵者。儘管如此，每次父母被傳喚時，德國當局的重點都是勸導他們返鄉，對於他們在蘇聯會面臨什麼遭遇一點也不感興趣。母親從傳喚出來後總是流著淚回家，看起來像被打了一頓。

很快地，我們獲准移民美國的希望也破滅了。我們申請了好幾次簽證，在必要的強制體檢之後，我的父親此時被告知患有結核病。眾所周知，美國只歡迎身體健康的人，結核病確診也成為簽證被拒絕最終的、不可逆的理由。結核病對父親而言，是死亡的威脅，也許對我們所有的人亦是，因為我們可能受到感染，只是自身還不知道而已。突然之間，除了偶爾患上瘧疾之外，從未生過病的父親，成為我們之中最虛弱的人，比一直在生病的母親更接近死亡。

我們四人全部都必須去德國衛生局，我們逐一照X光，抽血檢驗，必須被檢測是否被傳染。幾天之後門鈴響了，外面站著的人，出乎我們意料之外，是德國官方醫生，他沒有穿白色長袍，而是穿著灰色西裝、打領帶。他親自來到我們「那些房子」這裡，為了請母親安心，告知我們所有的人都很健康，美國醫生的診斷是錯誤的，您丈夫的肺部裡只有一個無害的斑點，成因可能是很久以前的肺炎。母親請醫生進屋，做了一杯加果醬的茶請他喝，果醬是她用我們在河邊的小菜園栽種的覆盆子做的。年輕俊美的醫生還喝了第二杯，並和母親用我從來

沒有聽過的德語，親切地交談。之後母親說，這個人是上帝派來的。她確信肺結核確診並不是誤診，而是美國人卑鄙無恥的謊言，他們毫不猶豫地以這種殘酷的疾病作為藉口，以永遠擺脫像我們這種人。

但是這場驚嚇也治癒了父母。他們放棄了移民的嘗試，在失業的父親心裡，創業的想法逐漸成熟。他想買一個養雞的農場，想買至少一百隻生蛋的母雞和幾隻公雞，這樣他就可以提供雞蛋給德國商店，並提供屠宰用的雞給車站附近那個大飯店。在母親的幫助下，她一如既往充當他和德國人之間的翻譯，他向位於主幹道（Hauptstrasse）上的市立儲蓄銀行（Stadtsparkasse）申請貸款 —— 母親並不相信我們會從德國人那裡得到信貸，幾週之後，雖然在這段時間，父母不得不一次又一次地跑去銀行和當局機構，貸款申請終於通過了。信貸的數目是令人不能置信、讓人頭暈目眩的一千馬克。

城市准許父親在離城很遠的雷格尼茨河（Regnitz）岸邊荒地上興建他的養雞場，只需支付少許的租金。一個有胃病的亞塞拜然老先生在父親身邊幫忙，他的工資是一個可居住的棚子。這個棚子是他除了雞舍外在這片土地上建造的，他可以住在裡面 —— 在「那些房子」裡，他可以和他女兒、女兒的丈夫以及四個孫子，住在一個和我們一樣大小的兩房公寓裡。

從那以後，父親開始整天不在家，但是我們卻比以往任何

時候更加活在對他的恐懼中，我們害怕看到他騎著自行車從農場建築工地回來的那一刻，那時他大多已經喝得醉醺醺。他開始有工作了，對於女人該盡的義務，我們就更責無旁貸了。

每天，我和母親都在與公寓裡的髒污和混亂進行無望的鬥爭。父親稱呼我們的居所是豬圈，我們之中誰都不曾踏入德國人的住所，但是他一直舉出德國女人做母親的榜樣，據他不知何處得來的訊息，德國人家裡是如此乾淨，以至於可以在地板上吃飯。在我們家的地板上是絕對不可能吃飯的，沙子總是在我們的鞋底下摩擦，無論我們用凌亂的鵝翅掃帚掃過多少次，無論我們擦洗過多少次。把事物從錯誤的地方轉移到正確的地方，我們做不到 —— 這些東西只會削減我們所有的努力，並且會立刻從我們的抹布、用來清潔的水中回到錯誤的地方。我們屋裡那些半腐爛的舊家具，也許正以我們跟不上的速度在解體，家具本身可能就是我們不斷在清掃的髒污來源。除此之外，還加上混亂，我們對此更加無能為力。在我們家什麼東西都要找，雖然我們其實一直都在整理，但就是找不到放東西固定的地方，我們不知道何種秩序才能對付混亂。

還有食物問題，母親烹煮的食物，父親也不愛吃。有一次，他在他的羅宋湯（Borschtsch）裡發現一張煮爛了的十馬克鈔票，這張鈔票不知為何會在鍋子裡，然後，還剛好分到父親的盤子裡去。母親臉色瞬間煞白，我也跟著臉色發白。父親看著她的樣子好像他想馬上打死她。然後他將盤子從桌上掃落，

　　　　　　　　　　　　　　　第四部分

當母親用顫抖的手從地上撿起碎片時,「霍亂!」他大聲斥責:笨蛋(kretinka)!寄生蟲(parasitka)!白癡(debilka)!他用腳踢得她臉朝下並跌倒在一地的湯汁裡,碎片割傷了她的顴骨,鮮紅的血滴到地板上紅色的湯汁裡。

我還模糊地記得父親所做的另一件很危險的事蹟:我們——母親、妹妹和我,在臥室的床上縮成一團,以躲避危險降臨。門突然被推開,亮光射進黑暗的房間,父親搖搖晃晃地站在亮著燈的門邊,顯然已經酩酊大醉,口齒不清地喃喃說著什麼母親有「白色的小手」、「藍色的血」(譯注:藍血意指貴族)、「先天的神精病」。她即以雙臂緊緊擁著我們——妹妹和我,同時大叫:「別打孩子,求求你別打孩子!打我!別打孩子!」如果是在烏克蘭,她大可以離開他,逃離他,跟他離婚,但是在德國她別無選擇,只能任憑他處置。

我的妹妹沒有變,一直是那個溫柔、安靜、內向的孩子,一如她出生時的樣子。她遺傳了母親的黑髮、蒼白的皮膚和迷濛的藍色眼睛。但一說到她我就心生不悅,因為我不但經常必須照顧她,而且不知道該怎麼跟她相處。有一次我把她綁在桌腳,不讓她吵我。她毫無怨言地接受,幾乎所有的事她都接受。如果我們得到難得的美味食物,例如幾顆櫻桃,我通常會有雙倍的份量享受。我飛快地吃完我那一份的同時,妹妹還在用眼睛欣賞她的那一份。每顆櫻桃她都拿到手上觀察很久,對著櫻桃的每一個切面都要沉思一番,用櫻桃在桌子上擺出神祕

的圖案，虔誠地將其中一顆換成另外一顆，就像在玩單人紙牌遊戲一樣，她一直在推遲吃它們的享受，而她一定已經知道這一切將如何結束，因為每次都是一樣的。我不必強取豪奪，我只需開口問她，有時甚至連開口都不需要。她自己就會遞給我第一顆櫻桃、第二顆、第三顆，遞給我每一顆櫻桃時，她都謙和地微笑著，只有最後一顆她才會顯出一絲猶豫。起碼她也想吃吃看，一個就足夠了，但她仍無法保衛自己的所有，她辦不到。僅僅是知曉我對櫻桃的慾望，就足以使她帶著完美的高雅風範，將最後一顆櫻桃遞給我。

在我內心一直存在的這份饑渴，這種匱乏，妹妹似乎全然不識。尤其是我心中總是燃著對其他孩子的妒火，不僅是嫉妒德國孩子，對「那些房子」裡的孩子我也同樣嫉妒。我也想要一個會煎馬鈴薯、會烤蛋糕、會給窗戶縫窗簾，而且不會因為不好意思而把找的錢留在櫃檯上的母親。在學校裡同學嘲笑我，因為我襪子上有洞，或家政作業不及格。「這怎麼算是一個女孩子呢？」舍恩小姐說道，「妳其他科目都拿第一也沒有用。」我身上一個新的污點：我不是德國人，我說謊，偷竊，現在我甚至理解到，我連一個女孩都不是。德國孩子們有會用縫紉機縫補衣服的母親，會補毛衣的母親，但我的母親連一顆釦子都不會縫，沒有什麼比家務工作令她所知更少。她無法教我十字繡怎麼繡、反針怎麼鈎以及編織到底怎麼編。顯然我遺傳了她「白色的手」，因為我的鈎針總是掉下來，我總是必須全部拆掉重來。其他人都已經在織襪子了，我仍然還在跟鍋墊

奮鬥。

在夏天開始時父親蓋好了養雞場。在雷格尼茨河邊一塊遙遠的土地上，一百隻白色來亨雞（Leghorn）和幾隻紅冠肥碩，以及影響力十足的白色公雞在巡行。與瓦爾卡營地很像的木製雞舍有兩個活門，可以打開讓雞從狹窄的雞梯出去外面。亞塞拜然人的棚子裡還放著一張自製的床，只是從雞舍分離出來、有一扇小窗的部分。父親還開墾了一個小菜園，他教我如何在剛長出的南瓜上刻名字，然後整個夏天看著字母和南瓜一起長大。一隻牧羊犬，父親叫牠阿達（Ada），牠被鐵鍊拴著躺在狗屋前，舔著我沒有穿鞋的腳。

我們經常一起去農場，母親、妹妹和我，因為我們必須幫忙碌的父親分攤工作。在這麼遠的路上，母親把還太小走不了那麼遠的妹妹，放在一張有把手和輪子的木板上，拖在她身後拉著。我們走啊走，一直沿著雷格尼茨河，天氣很熱，我們又累又渴，但是路途還是沒有盡頭般地遙遠。有一次，當我們終於抵達，母親在農場大門前停下腳步，瞪著父親為我和妹妹做的木鞦韆。「鞦韆上掛著一副骷髏。」她無聲地說。我沒有看到什麼異狀，但是母親人已無法動彈，她的臉色蠟白，像被木架上的兩條繩子綁著，在空中晃動的鞦韆催眠了似的。

那段時間她不再多說什麼了，她愈來愈奇怪、愈來愈恍惚，愈常宣告她要去跳河。但是她同時又那麼無憂無慮、那麼

快樂，我從未見過她如此。她突然開始梳理她又長又黑的頭髮，嘗試新的髮型，她經常就這麼站在鏡子前面，良久地審視自己，驚嘆著，好似她忘記自己長什麼樣子，或者她才第一次見到自己般。她在等待自從第一次來訪後，就一直回來拜訪我們的德國醫官，他總是白天來，總是父親在養雞場的時候來，母親則會穿上她黑色小碎花、裙襬有花邊的長衣，在衣服上別上紐倫堡工廠老闆送的蠑螈胸針。她會突然和我及妹妹開起玩笑來，並且唱起「吹向烏克蘭的風」（Powij witre na Wkrainu）和那首唱著歌的風在河邊跟淡藍色的布玩耍的歌。有時候她唱的是「在滿洲里的山上」（Na sopkach Mandschurii），一首古老的俄羅斯華爾滋，在她母親那個時代也一定已經在流傳的歌曲，然後跟著節拍旋轉，又突然停下來低頭看著她的腳，好像在驚訝，不明白自己剛剛做了什麼，彷彿她必須檢查那雙腳是否真的屬於她。

這個名叫威爾弗里德（Wilfried）的年輕醫官體格非常高大，我必須像看教堂鐘塔一樣地把頭抬高，如果我想跟他面對面，眼神交會的話。他身上什麼都是淺色的，頭髮、西裝、眼鏡後面的眼睛。每次他都帶著東西來，橘子和巧克力，一瓶小小深藍顏色的法國香水給母親，有一次他帶來一個壁鐘，這個時鐘從此便掛在廚房的收音機上方，滴答滴答地走。他坐在我們從慈善捐贈處得到的椅子上，傾聽著母親說話，聽她敘述她的生活經歷。也許他是第一個對她提出問題的德國人，也許也是長久以來第一個對她感興趣的人。對我們 —— 妹妹和我也

是，從來沒有一個德國人像他一樣，對我們如此友善。他叫我們小白雪和紅玫瑰，和我們開玩笑，把妹妹抱在膝上跟她玩跳跳騎士遊戲（Hoppe, hoppe, Reiter），她也很喜歡。後來到了某一個時候，母親讓我們去院子裡玩，或者到另外一個房間去，因為外面天氣不好。從這些地方我可以透過門聽到半是低語的德語，有時比較大聲，然後又變得小聲，這些我都無法理解，我能聽懂的只有母親吃驚、防禦的「不！不！」然後私語、嘆息又再度出現。

然而威爾弗里德後來就沒有再出現了。母親對此沒有說什麼，她重新開始消失，好像結冰了一樣，她的身體彷彿在縮小。她不再照鏡子，不再唱歌，幾乎完全不再說話了。

在這時候實情也更清晰，父親的生意遠沒有他當初想像的那麼美好。城裡沒有一家商店想買他的養雞場的雞蛋，沒有人在等待他的商品，每家商店早都有固定的供應商。很明顯地，他從沒有考慮過會有這種可能，更不用說他的雞蛋對德國商店來說太貴了。他要收取新鮮雞蛋的價格，但是我們的雞蛋一點也不新鮮，這些蛋在我們的地下室裡堆放了好幾個星期，因為沒有人想買。於是大部分雞蛋不是我們自己吃掉，就是分給亞塞拜然人以及他的大家庭。偶爾會有來自「那些房子」的顧客來敲我們的門，但是這些客人一隻手就夠數了。即使是這裡，大部分的人也是去德國商店買蛋，而不是來我們家。

不過，至少火車站旁邊的大飯店，如父親所希望的那樣，會不時來買幾隻供宰殺的雞。而在這筆生意做成之前，總是會有可怕的場景出現，父親會追趕從他身邊跑開的雞群，牠們似乎已經知道他打算對牠們做什麼。當終於有一隻被抓到的時候，他會用斧頭砍掉牠的頭。一旦雞的頭被砍斷掉在地上，他仍然必須緊緊抓住這隻雞，因為牠還在瘋狂地拍打著翅膀，試圖逃跑。有一次一隻雞真的從他的手中逃脫，沒有頭的雞還飛了一段路，鮮血在空中噴濺，直到牠墜落在草地上不動了，位置離牠的頭竟有一百公尺遠。

　　每個星期六放學以後，我必須去賣雞蛋。我必須去按德國人家的門鈴，說：「養雞場新鮮的雞蛋？」在樓梯間裡既涼爽又像死一般的寂靜，而且真的乾淨到可以在地上吃飯。透過敞開的門，我第一次看見德國居所的內部，地毯、燈罩、塑膠樹以及其他我們家沒有的物件。此外，德國女人有燙捲的頭髮，穿著圍裙和家居鞋，這些於我們同樣陌生，而且這些一定是為什麼德國人這麼乾淨的祕密。只是 —— 他們大多數也不要我們的雞蛋。「哪一家養雞場？」他們問。「在哪裡？哦，原來是從『那些房子』來的……這些蛋也太貴了吧！威曼（Wiemann）的蛋比你的便宜三芬尼（Pfennig）。」我對這些從「那些房子」來的昂貴雞蛋感到羞恥，我最想做的事是把這些蛋送給那些德國女人，並且謝謝她們收下我們的蛋。

　　不過，我對自己感到的羞恥也有一份責任，因為我總是在

父親設定的價格上再加一、兩分錢。假設我在一個周六下午很累地背著沉重的籃子，挨家挨戶地按鈴賣出三十個雞蛋，那麼我就賺了三十甚至六十芬尼。用這個錢，我在麵包店買一個熔岩巧克力蛋糕（Granatsplitter，譯注：chocolate mountain），剩下的還可存起來，買一個裝筆的袋子（Federmäppchen），那種真正的德國筆袋，班上每個同學都有一個，除了我。有一次我賺的錢多到足夠我看一場電影，我去看了《入夜了，蘭巴雷內》（*Es wird Nacht in Lambaréné*）的下午場，影片描述阿爾伯特·史懷哲（Albert Schweitzer）在叢林裡的醫院。這是我生平看的第一場電影，好幾天之後我仍然暈陶陶的。

就算我能誠實地賣蛋，九歲的我也已經明白，父親的養雞場已徹底失敗了。家裡的食物不再足夠，我們常常必須餓著肚子上床。暫時的救贖辦法，似乎以母親接來的家庭手工形式出現，這份工作所要求的條件，她倒非常擅長。每週我們會收到一大包材料，然後我們，母親與我，坐在廚房桌前工作，把它們紮成每束十二朵黏貼之前，必須在帶綠葉的穿孔板上晾乾的花朵、小小的淡色玫瑰。我們除了黏貼花朵之外，幾乎什麼都不做了，學校變得毫不重要，我幾乎不再出門與其他孩子在礫石坑和河邊草地荒野中玩耍，我坐在廚房桌前拚命黏貼，儘管手指和眼睛都因膠水感到灼燙。母親和我，我們，比賽誰黏得多，我們的手腳愈來愈快，但是我們黏得再多，單憑賺到的工資仍然吃不飽。

我們就這麼勉強度日過了一段時間。父親決定，再次嘗試以歌唱為生，加入了一個全年在歐洲各地音樂廳和教堂巡迴演出的哥薩克合唱團。他將雞隻數量急劇減少的養雞場移交給亞塞拜然人，打包了一個在母親的幫助下，從慈善捐贈處那裡得到的舊卡紙的行李箱，動身前往合唱團指揮部所在的杜塞道夫（Düsseldorf），巡迴演唱的巴士在那裡等候著。我不知道合唱團成員中是否真的有哥薩克人，或者這個名字被選中只是因為在德國人聽來，哥薩克很浪漫。不管事實如何，當時合唱團裡的伊凡・李布洛夫（Iwan Rebroff）後來因為廣闊的音域以及被視為俄羅斯靈魂的化身而聞名世界，儘管他本人與俄羅斯完全沒有關係。他其實是德國人，名字也不叫伊凡・李布洛夫，而叫漢斯・李伯特（Hans Rippert）。

　　父親現在所過的生活，我們完全無法想像。幾乎每天身處另一座城市，在飯店過夜，在餐廳吃飯。他寄錢回來，還有繽紛多彩的明信片：小屋錯落於山谷、白雪蓋頂的阿爾卑斯山，遼闊巨大的荷蘭鬱金香花田，艾菲爾鐵塔，一個手拿響板的西班牙佛朗明哥（Flamenco）女舞者。妹妹把我們已經放棄清掃的神祕紙牌和明信片攤開在地板上，母親不看這些明信片，父親寄來的錢，她也毫不在意地隨便放在桌上，妹妹和我可以隨我們高興，愛拿多少就拿多少。我們去買大量的弗蘭肯香腸（fränkischer Stadtwurst）、櫻桃棒棒糖和冰淇淋小蛋糕，盡情地吃到即使必須嘔吐般地放任。以前晚上當城裡的街燈亮起，我總是必須留在家裡，現在母親不在乎了。我幾乎不再去上學，

而在外面遊蕩到天黑。偶爾母親會去養雞場拾蛋，但是她這麼做只是為了維持一個表面的工作。那些不再需要我背出去賣的蛋堆積在地下室，腐壞發臭。若有「那些房子」的顧客來按鈴，母親也不開門，她完全不再為誰開門，門鈴聲她似乎再也聽不見。當一個顯然感覺到我們家裡有什麼不幸即將發生的鄰居，有一次烤了蛋糕過來，母親禁止我們吃。那個蛋糕有毒，她說，然後把它丟進垃圾桶。

我們也不再打掃了，只有偶爾我還洗幾個堆在水龍頭下的盤子，或者將垃圾拿到地下室，其餘一切都淹沒在塵埃下。妹妹和我沒有乾淨的內衣穿了，秋天來了，屋子裡天黑就變冷，但是我們不生火，因為沒有木材和煤炭。

當我們 —— 妹妹和我，晚上睡覺前、下跪誦念祈禱文時，這是我們一直以來的習慣，母親在旁邊說：「上帝是不存在的。」然後開始禁止我們祈禱。隔天她在胸前畫十，開始哭泣，又命令我們還是必須祈禱。她經常看見我們看不見的東西 —— 穿白衣的修女在屋外窗前經過，院子裡的白樺樹起火燃燒，有一次則是有一條蛇在廚房裡逼近她，讓她後退躲避，背抵在牆上尖聲大叫。大多數時候她坐在廚房裡一張椅子上，楞楞地發呆。後來，就算搖她、掐她、扯她的頭髮，都不再有用，她逆來順受，對什麼都不再有反應。「媽媽，我們什麼時候去投水？」有一次我問她，而她終於開口說話，她說：「很快。」

有一天她的眼睛突然又有了生氣，她從椅子上跳起來，拿我的跳繩繞在我的脖子上，開始勒我。她相信我就是撒旦之子，她分娩到這個世界上來的邪惡化身。她必須將我殺死，這是上帝給她的命令。另外有一次，她把躲在床底下的我拖出來，用刀架住我的脖子。我叫得跟殺豬一樣聲嘶力竭，她才將我放開。

那之後我曾試著想殺害她，我偷偷把針藏在她的床上，想著若她睡覺時，針就會刺入她體內，然後跟著血液流到心臟。如果玩針的話，這種事就會發生，是她自己告訴我的。那一整夜，我都屏住呼吸在等待，但是第二天早上母親照常起床。床上的針她似乎根本沒有發覺。

我知曉家裡有可怕的事即將發生，但我只能掩藏在心，無法告訴任何人，更無法在任何地方發出警報，什麼事都不能做。整個時期我暗自希望有人可以發覺什麼異狀，但是沒有。父親身在何處，我是知曉的，但若要打電話向他尋求幫助，我想都沒想過。

母親有一個俄羅斯朋友，瑪麗亞·尼古拉耶芙娜（Maria Nikolajewna），她不住在「那些房子」裡，而是跟她的德國丈夫住在位於葡萄園山徑邊的獨棟房子。在那棟房子裡，一個鋪著地毯、牆上掛著畫的房間裡，我曾聽到母親彈奏鋼琴 —— 那種美麗與悲傷的聲音，我從未聽過，也無法形容。回家的路

上母親緊緊拉住我的手，告訴我那是蕭邦（Frédéric Chopin）的〈雨滴前奏曲〉（Regentropfen-Prélude），而蕭邦是一個波蘭的作曲家，非常年輕就因貧病死了。我想奔去找這位瑪麗亞·尼古拉耶芙娜，跟她求救，但是我知曉，我不被允許。有一段時間母親和她頻繁、規律地互相來往，但是後來瑪麗亞·尼古拉耶芙娜的丈夫禁止她到我們這裡來，他說必須維護他的律師事務所名譽，不希望妻子和「那些房子」裡的人來往。

當母親又一次叫我「撒旦之子」，而且把我搖得幾乎失去知覺時，我掙脫她，衝進臥室，從裡面把門鎖上。然後我拿剪刀，懷著強烈的仇恨把母親所有的衣服剪碎，一件又一件，所有我在衣櫃裡能找到的她的衣服。我奮力地破壞，直到除了她現在穿在身上的衣服，沒有一件剩下。當我醒覺過來，明白自己做了什麼事之後，我恨不得從窗戶逃出去，但是外面已經天黑了，還下著雨。一段時間之後，我除了把門打開之外，再無計可施。我拿著剪刀站在那裡，等著母親過來。等她終於進房間，看到地上這堆破爛的衣服時，她楞了一下，但是接著她的臉上馬上浮現沉思的微笑。「做得好，孩子，我的女兒。」她說，並且溫和地摸我的頭，「真的做得很好。」

從這個時候起，她完全不說話了。我拜託她，我哀求她，我搖動她，但是她什麼也不再說了。她又坐在那裡，兩眼呆滯、恍惚，看不透她置身何種現實，看見了什麼。

最終十月的第十天來臨。這一天我在沒有人在乎我逃學的學校，即使根本沒有把我當學生的新的女老師也不關心。我回家，然後按照老習慣，我開始滔滔不絕地敘說，我像瀑布一樣地說，沒有逗號也沒有句號，傾注我所有的熱情，跟母親說我們學校明天要去瓦貝拉（Walberla）郊遊。然後她忽然開口說話，「妳明天不能去。」她說，總共六個字，接著她又恢復啞然。我跟她解釋，我一定要去，因為這是義務教育的一部分，我大哭，並用力跺腳，「我要去！」我大叫大鬧，「所有的人都必須去！」但是她不再聽我說話。

　　我憤怒地奪門而出，在我身後把門用力甩上。每一次總是如此。我要做什麼都不准，在德國小孩的世界裡是理所當然的事，他們不但被准許，而且還必須去做。永遠都是：我們不是德國人。只是我不能知曉的是，這一次母親並不是禁止，而是預言。妳明天不能去 —— 我從她口中聽到的最後的言語。

　　我很晚才回到家，比平常更晚，當我把鑰匙插進我們房子大門的鑰匙孔要轉開時，已經九點了。但是門打不開。我多用一點力氣推，門稍微開了一些，突然間我聽到妹妹淒慘的叫聲。她把我們所有的椅子並排、相疊地堆在門前，把自己圍起來，做成她的堡壘。我再推一次，椅子砰砰砰地全部倒在地上。我擠進門到了走廊，馬上看出妹妹生病了。她的眼睛濕濕的，而且她在發燒，她的臉、她的胳膊上佈滿了紅點。當我得麻疹的時候，看起來也是這個樣子。

母親不在家，她這麼晚還不在家，這是第一次。如果她會去哪裡的話，一定是去養雞場，去拾雞蛋，但是如果真是這樣，她也早該回來了。此時，雷格尼茨河邊的路早已伸手不見五指。妹妹不知道她是什麼時候出門的，她發著燒，看起來已經完全迷糊了。我們坐在廚房桌邊，等待著。四周寂靜如死亡般，只能聽到收音機上方，醫官送給母親的時鐘在滴答響。我目不轉睛地盯著每分鐘跳動一次的長針。掛在時鐘下方的日曆上，今天的日期被打一個大叉。

　　等到某個時刻，我去臥室給發寒、顫抖的妹妹拿毯子，立刻看到房間裡的變化。一直掛在牆上的母親放大的照片，照片中她戴著烏克蘭頭巾，這張照片一直被視為是她的美麗印記、特殊的證明，現在這張照片被拿下來，放在床上，撕成兩半。

　　我跑去找法麗達的父母，告訴他們，我母親不見了。法麗達的爸爸按鈴把德國管理員從床上叫起來，他有電話可以報警。法麗達的媽媽把發燒的妹妹從家裡帶出去，把她帶回她家的床上休息。我必須給兩個開車來的警察指路去養雞場，因此我生平第一次坐在一部汽車裡，僅僅是因為這樣，這次就成為我人生歷史之旅。這是一個清冷的夜，我們沿著黑暗的雷格尼茨河岸行走，有月光出現的夜。

　　亞塞拜然人從他的棚子裡出來，睡眼惺忪，看到警察嚇一大跳。沒有，他說沒有看見母親，她今天沒有在這裡，最近她

不常來。拴在鍊子上的艾達發出嗚嗚的叫聲，牠琥珀色的眼睛是黑暗中唯一能看到的東西。一隻笨公雞在半夜啼叫起來。

「我媽媽在雷格尼茨河裡。」我跟警察說。他們兩個交換了一下眼色，說：「什麼！不要胡說。」但是回程的時候，他們仍將隨身攜帶的手電筒對準河上照射，沿著河岸非常緩慢地行駛。我深怕母親會突然出現在光束中，躺在岸邊死了。但是，能見的只有黝黑的河水。

這一夜剩下的時間我也睡在法麗達家，第二天，瑪麗亞‧尼古拉耶芙娜來接我，把我帶去葡萄山徑邊掛著畫以及有母親彈過的鋼琴的她的家。我很怕她的德國丈夫，他看到我一定會勃然大怒，但是他只是透過眼鏡良久地看著我，以深深的、悲傷的目光。

接下來的兩天裡，瑪麗亞‧尼古拉耶芙娜一次又一次地想跟我說什麼，但是後來她都搖了搖頭，然後開始哭泣。「我做不到。」她抽泣，「我做不到！妳媽媽出門去拜訪朋友，她很快就會回來。」我很驚異，母親能去找誰？她誰都不認識！而且她的好鞋子，她也沒有穿著，還放在家裡的走廊上。

從葡萄園山徑到墓園的路很遠，但我是經驗豐富的短跑運動員。我從小城的這一頭跑到另一頭，一次也沒有停下來過，一直跑到停屍房前才氣喘吁吁地站住。然後看到她在這裡，我

的母親。我並不期待在這扇窗後會沒有看到她，因為很久以來我都知曉，有一天我會站在這裡看著她，知曉從那些她這麼頻繁跟我玩的惡意遊戲，終有一天會成真。現在再怎麼搖她和捏她，都沒有意義了，此時我再也無法引出她的微笑，也無法做任何事情來阻止她的死亡。一直以來我被擺脫不了這樣的想法，這扇窗後的死人實際上只是看似死去的人，他們只是無法引起別人的注意，儘管他們聽得到也感覺得到一切，但是這次我清楚知曉，母親不再有任何感覺。她現在真的死了。

我想，事情變成這樣，她該有多高興，現在她再也感覺不到生活，如此折磨她的生活。又或者 —— 在最後那一剎那，她會想游回岸邊，如果她會游泳的話？在最後那一刻她還是無法如願，雖然不想死，卻還是死了？不知道是什麼原因，一想到十月冰冷的水，就讓我害怕。也許，我在想，她根本不是溺斃，也許她太小、太衰弱的心臟在溺水之前就已經停止，當她走入冰冷的水中時，已經破裂成碎片。

黑髮散開、躺在棺材裡白色枕頭上的她看起來好陌生，像是德國童話書裡的白雪公主。在她右臉頰上、眼睛上面和下面有藍色瘀青。她在水中撞到什麼？她的雙手被交疊擺放在棺材蓋上，和那天停屍房裡另外兩個被安放在棺材裡的死者一樣，只是她手裡沒有被塞入十字架。她的棺材前也沒有鮮花和蠟燭，沒有任何裝飾，她躺在那裡，獨自一人，與她身邊兩個死者，彷彿也都不處在同一個世界。

稍後我才得知，她灰色的外套與破舊的天鵝絨手套在河岸上被發現，那是她最後一套自烏克蘭帶來的衣服，離她被水流沖刷再無生命跡象的身體，相隔才幾百公尺。她將大衣脫下，細心整齊地疊好，放在草地上。她投水的位置可能很久以前就選好了，也許就在她在日曆上的十月十日作記號的那一天。這些是她所留下的痕跡：日曆上的記號、撕破的照片和岸上的大衣。她為什麼會將大衣脫下？難道她不知道大衣的重量能夠幫助她下沉嗎？

　　在她死去的這個時間點，這座城市古老的公園式墓地裡並沒有空的墓位，而新的墓園正在興建中。今日這座墓園看起來像是擁有漂亮前院的獨棟住家社區般美觀，但那時候它只是建築工地，刻著俄語墓誌銘的墓碑，立在被挖土機和推土機挖掘填埋輾平的沙漠中，放著很長一段時間。但是現今這塊墓碑已經不存在了，除了幾張黑白舊照片、一張鏡相顛倒的結婚證複印文件，和大概是家族財產中意外逃脫徵用、被她從烏克蘭帶過來的聖像之外，她的一切都不復存在。

　　我隔著窗玻璃凝視著她，直到天黑，直到墓園的柵門要關上、我必須離開為止。她的臉孔這麼遙遠、這麼封閉，不透露她死亡的情由，不說明為什麼她還是沒有帶著我們 —— 妹妹和我 —— 一起走，為什麼她最終仍是獨自一人離開了。

作者娜塔莎・沃丁的家族表

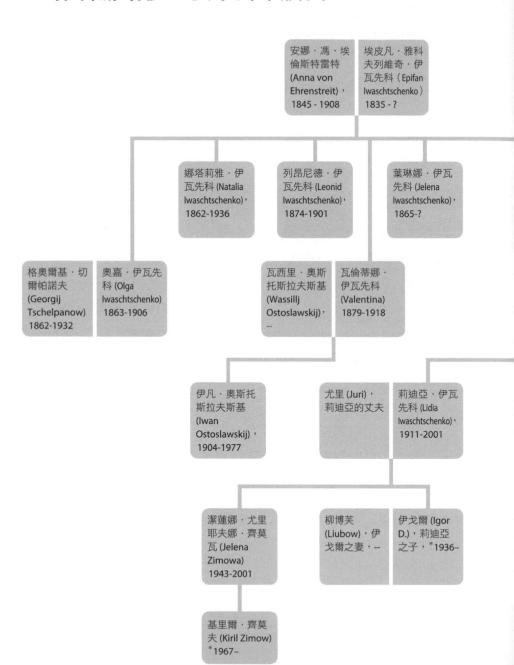

朱塞佩·德·馬蒂諾 (Giuseppe De Martino)，石匠，1818 - 1912

德蕾莎·帕切利 (Teresa Pacelli)，1860 - ?

朱塞佩·德·馬蒂諾 (Giuseppe De Martino)，船長，1839 - ?

雅科夫·伊瓦先科 (Jakow Iwaschtschenko)，1864-1937 (作者外祖父)

瑪蒂爾達·約西芙娜 (Matilda Iosifowna)，1877-1963 (作者外祖母)

瓦倫蒂諾·德·馬蒂諾 (Valentino De Martino)，--

費德里科·德·馬蒂諾 (Federico De Martino)，--

安吉麗娜 (Angelina De Martino)，1879-1953

伊力亞·皮夏其 (Ilja Pitschachtschi) 1870-1930

德蕾莎·德·馬蒂諾 (Teresa De Martino)，–

伊雷歐諾拉·德·馬蒂諾 (Eleonora De Martino)，–

瑪魯夏·皮夏奇 (Marusja Pitschachtschi) 1910-1930

妮娜 (Nina)，謝爾蓋的妻子

謝爾蓋·伊瓦先科 (Sergej Iwaschtschenko)，1915-1984

葉甫根尼婭·伊瓦先科 (Jewgenia Iwaschtschenko)，作者沃丁的母親，1920-1956

尼克萊 (Nikolaj)，作者沃丁的父親，1900-1989

葉甫根尼婭·伊瓦先科 (Jewgenia Iwaschtschenko)，作者沃丁的表姐，*1943–

作者沃丁 (Natascha Wodin)，*1945–

席娜，作者沃丁的妹妹，*1952–

感謝

感謝所有為本書的出版做出貢獻的人。首先，也是最重要的，伊戈爾‧塔西茲（Igor Tasiz），他在我尋找的旅程中不離不棄，並以他的專業知識支持我。

接著我還要感謝奧列格‧多布羅茲拉科夫（Oleg Dobrozrakow）、阿列克謝和德米特里‧多布羅茲拉科夫（Aleksej und Dmitrij Dobrozrakow）、柳德米拉‧多布羅茲拉科娃（Ljudmila Dobrozrakowa）、塔蒂亞娜‧阿諾欣娜（Tatjana Anochina）、葉甫根尼婭‧伊瓦先科（Jewgenia Iwaschtschenko）、伊琳娜‧雅庫巴（Irina Jakuba）、埃琳娜‧蘇蒂娜（Jelena Sujetina）、德米特里‧莫羅佐夫（Dmitri Morozow）、奧爾加‧季莫費耶娃（Olga Timofejewa）、羅曼‧列夫琴科（Roman Lewtschenko）、埃琳娜‧萊維納（Jelena Levina）、瑪麗亞‧皮爾戈（Maria Pirgo）、斯韋特蘭娜‧利哈切娃（Swetlana Lichatschowa）、塔蒂亞娜‧馬蒂齊娜（Tatjana Matytsina）、蒂姆‧沙奈茨基博士（Dr. Tim Schanetzky）、亞歷克斯‧科勒（Alex Köhler）、芭芭拉‧海恩策（Barbara Heinze）、貝蒂娜‧馮‧克萊斯特（Bettina von Kleist）、艾爾可‧里畢斯-埃特金德博士（Dr. Elke Liebs- Etkind）、加布里埃爾‧羅爾（Gabriele Röwer）、萊比錫強制勞工紀念碑的安妮‧弗里貝爾（Anne Friebel）。特別感謝沃爾克‧史特勞斯（Volker Strauss）。

　　最後但同樣重要的是，我要感謝我來自烏克蘭的祖先，是他們幫助編寫了這本書：瑪蒂爾達・德・馬蒂諾和雅科夫・伊瓦先科（Matilda De Martino und Jakow Iwaschtschenko）、莉迪亞和謝爾蓋・伊瓦先科（Lidia und Sergej Iwaschtschenko）、埃皮凡・伊瓦先科和安娜・馮・埃倫斯特雷特（Epifan Iwaschtschenko und Anna von Ehrenstreit）、瓦倫蒂娜・奧斯托斯拉夫斯卡婭（Valentina Ostoslawskaja）、奧嘉・切爾帕諾娃和格奧爾基・切爾帕諾夫（Olga Tschelpanowa und Georgi Tschelpanow）、娜塔莉雅・馬丁諾維奇（Natalia Martynowitsch）、葉琳娜・佩爾科夫斯卡婭（Jelena Perkowskaja）、列昂尼德・伊瓦先科（Leonid Iwaschtschenko）、德蕾莎・帕切利和朱塞佩・德・馬蒂諾（Teresa Pacelli und Giuseppe De Martino）、安吉麗娜、瓦倫蒂諾、費德里科和安東尼奧・德・馬蒂諾（Angelina, Valentino, Federico und Antonio De Martino）、瑪魯夏和沃洛佳・皮夏奇（Marusja und Wolodja Pitschachtschi）、萊迪亞・蘇杰蒂娜（Ledja Sujetina）、伊雷歐諾拉・朱布蘭斯卡婭（Eleonora Zhubranskaja）。特別感謝的是我的姨媽莉迪亞・伊瓦先科（Lidia Ivashchenko），她送給我的人生故事是價值非凡、無可計量的寶貝。

柏林，2016年秋天

感　謝

參考文獻

第116頁，阿赫瑪托娃（Anna Achmatowa）：〈安魂曲〉（Requiem）節錄，出自：《俄羅斯詩歌》（*Russische Lyrik*），Efim Etkind，魯道夫・沐勒（Ludolf Müller）譯，慕尼黑，派珀出版社（Piper Verlag），1981年。

第153頁，格奧爾基・伊萬諾夫（Georgij Iwanow）：〈無題〉（Ohne Titel）。出自：《俄羅斯詩歌》（*Russische Lyrik*）。Efim Etkind出版，凱・波洛夫斯基（Kay Borowsky）譯，慕尼黑，派珀出版社（Piper Verlag），1981年。

第245-247頁，法蘭茲・弗曼（Franz Fühmann）：Jedem sein Stalingrad。出自：《法蘭茲・弗曼》，作者授權版本八冊，第三冊，羅斯托克（Rostock），欣斯托夫出版社（Hinstorff Verlag），1993。

第270頁，〈一個當時外交官員的備忘錄〉[Notat eines Beamten des damaligen Auswärtigen Amtes]。出自：烏立克・赫爾伯特（Ulrich Herbert），《德國移民政策的歷史，季節性工人、強制勞工、移工、難民》（*Geschichte der Ausländerpolitik in Deutschland. Saisonarbeiter, Zwangsarbeiter, Gastarbeiter, Flüchtlinge.*），慕尼黑，卡爾・海因里希・貝克出版社（C. H. Beck），2008年。

第271頁，〈俄羅斯強制勞工的報告，於萊比錫的一家工廠〉[Bericht eines russischen Zwangsarbeiters, der in einem Betrieb in Leipzig eingesetzt war]，出自：錄音記錄，「記憶、責任、未來」基金會（Stiftung "Erinnerung, Verantwortung, Zukunft"），柏林。

第280-281頁，〈紐倫堡大審弗里克審判過程中通運公司員工的證詞〉（Aussage eines Mitarbeiters der ATG im Nürnberger Flick-Prozess）。節錄出自：記錄組群242（RG 242, National Archives Collection of Foreign Records Seized, M 891-33）。

第281頁，〈紐倫堡大審弗里克審判過程中的檢察官陳述〉（Aussage der Ankläger im Nürnberger Flick-Prozess），出自：托馬斯・蘭姆格（Th. Ramge），〈全面戰爭，絕對利益〉（Totaler Krieg, totaler Profit），《時代週報》（*DIE ZEIT*），Nr. 34，2004年8月12日。

圖片來源

書中照片來自作者的私人收藏。

頁14：葉甫根尼婭‧伊瓦先科（Jewgenia Iwaschtschenko, 1920 – 1956），與她的母親瑪蒂爾達‧約西芙娜‧德‧馬蒂諾（Matilda Iosifowna De Martino, 1877 – 1963），約於1938年。

頁59：雅科夫‧伊瓦先科（Jakow Iwaschtschenko, 1864 – 1937），葉甫根尼婭‧伊瓦先科的父親，他與他的妹妹葉琳娜（Jelena）、瓦倫蒂娜（Valentina）與娜塔莉雅（Natalia），大約於1915 – 1920年。

頁105：謝爾蓋‧雅科夫列維奇‧伊瓦先科（Sergej Jakowlewitsch Iwaschtschenko, 1915 – 1984），葉甫根尼婭的哥哥，與表妹們在聶伯河（Dnjepr）岸邊，約於1927年。

頁156：謝爾蓋與他的手足，葉甫根尼婭和莉迪亞，約於1928年。

頁196：莉迪亞‧伊瓦先科（Lidia Iwaschtschenko, 1911 – 2001），葉甫根尼婭的姊姊，約於1935年。

頁240：戴著頭巾的葉甫根尼婭，約於1943/44年。

頁286：葉甫根尼婭的墓碑，墓碑後面是她的兩個女兒（即作者沃丁與妹妹）與她們的父親，於1957年。

國家圖書館出版品預行編目(CIP)資料

她來自馬里烏波爾/娜塔莎.沃丁(Natascha Wodin)著；
宋淑明譯. -- 初版. -- 新北市：菓子文化, 遠足文化事
業股份有限公司, 2023.12
　　面；　公分. -- (Suchen)
譯自：Sie kam aus Mariupol.
ISBN 978-626-97257-7-9(平裝)

1.CST: 沃丁(Wodin, Natascha, 1945-) 2.CST: 女作家
3.CST: 母親 4.CST: 傳記 5.CST: 烏克蘭 6.CST: 德國

784.38　　　　　　　　　　　　　　112019651

菓 子
Götz Books

・Suchen

她來自馬里烏波爾：
沒有影子的媽媽與其歷史謎團

作　　者　娜塔莎・沃丁（Natascha Wodin）
譯　　者　宋淑明
主　　編　邱靖絨
校　　對　楊蕙苓
排　　版　菩薩蠻電腦科技有限公司
封面設計　兒日設計

出　　版　菓子文化 / 遠足文化事業股份有限公司
發　　行　遠足文化事業股份有限公司
地　　址　231 新北市新店區民權路 108 之 2 號 9 樓
電　　話　02-22181417
傳　　真　02-22181009
Ｅ ｍ ａ ｉ ｌ　service@bookrep.com.tw
郵撥帳號　19504465 遠足文化事業股份有限公司
客服專線　0800221029

印　　刷　東豪印刷股份有限公司
定　　價　460 元
初　　版　2023 年 12 月
法律顧問　華洋法律事務所　蘇文生律師
有著作權，翻印必究

Original Title: Sie kam aus Mariupol
Copyright © 2017 by Rowohlt Verlag GmbH, Reinbek bei Hamburg
through Bardon-Chinese Media Agency,
traditional Chinese copyright © 2023 by Götz Books, an imprint of Walkers Cultural Enterprise Ltd.
All rights reserved.

特別聲明：有關本書中的言論內容，不代
表本公司／出版集團的立場及意見，文責
由作者自行承擔。
歡迎團體訂購，另有優惠，請洽業務部
(02)2218-1417 分機 1124、1135

感謝歌德學院（台北）德國文化中心協助
歌德學院（台北）德國文化中心是德國歌德學院
（Goethe-Institut）在台灣的代表機構，五十餘年
來致力於德語教學、德國圖書資訊及藝術文化的
推廣與交流，不定期與台灣、德國的藝文工作者
攜手合作，介紹德國當代的藝文活動。

歌德學院（台北）德國文化中心
Goethe-Institut Taipei
地址：100 臺北市和平西路一段 20 號 6/11/12 樓
電話：02-2365 7294
傳真：02-2368 7542
網址：http://www.goethe.de/taipei